O SEGREDO DO MEU FILHO

Coleção **MODELOS DE VIRTUDE**

- *O Francisco que está em você,* Wilson João Sperandio
- *Madre Teresa: uma santa para os ateus e para os casados,*
  Raniero Cantalamessa
- *Um "santo" surfista: o servo de Deus Guido Shäffer,*
  Ricardo Figueiredo
- *Não eu, mas Deus: biografia espiritual de Carlo Acutis,*
  Ricardo Figueiredo
- *Nunca foi tão fácil ganhar o céu: biografia espiritual de São José*
  Sánchez del Río, Ricardo Figueiredo
- *O segredo do meu filho: por que Carlo Acutis é considerado santo,*
  Antonia Salzano Acutis; Paolo Rodari
- *Sou feliz, feliz, feliz! Biografia espiritual da Irmã Clare Crockett,*
  Ricardo Figueiredo
- *O padre do futuro: Tiago Alberione e o desafio da mudança,*
  Rosario Carello
- *O santo dos migrantes: João Batista Scalabrini,*
  Graziano Battistella (org.)

Antonia Salzano Acutis
com
Paolo Rodari

O SEGREDO DO MEU FILHO

Por que Carlo Acutis é considerado santo

Tradução
Pe. José Bortolini

Todos os direitos reservados pela Paulus Editora. Nenhuma parte desta publicação poderá ser reproduzida, seja por meios mecânicos, eletrônicos, seja via cópia xerográfica, sem a autorização prévia da Editora.

Original title: IL SEGRETO DI MIO FIGLIO. Perché Carlo Acutis è considerato un santo.
by Antonia Salzano Acutis and Paolo Rodari

© 2021 by Piemme, imprint of MONDADORI LIBRI S.P.A, Milano
Rights negotiated through Ute Körner Literary Agent

Dados Internacionais de Catalogação na Publicação (CIP)
Angélica Ilacqua CRB-8/7057

Acutis, Antonia Salzano.
    O segredo do meu filho: por que Carlo Acutis é considerado santo / Antonia Salzano Acutis, Paolo Rodari; tradução de Pe. José Bortolini. - São Paulo: Paulus, 2022. Coleção Modelos de virtude.

ISBN 978-65-5562-545-5

Título original: Il segreto di mio figlio. Perché Carlo Acutis è considerato un santo.

1. Acutis, Carlo. 1991-2019 - Biografia 2. Beatificação I. Título II. Rodari, Paolo III. Bortolini, José

22-1430

CDD 922.2
CDU 929

Índice para catálogo sistemático:
1. Acutis, Carlo. 1991-2019 - Biografia

Direção editorial:	Preparação do original:
Pe. Sílvio Ribas	*Caio Pereira*
Coordenação de arte:	Projeto gráfico:
Danilo Alves Lima	*Karine Pereira dos Santos*
Coordenação de revisão:	Impressão e acabamento:
Tiago José Risi Leme	PAULUS

Seja um leitor preferencial **PAULUS**.
Cadastre-se e receba informações sobre nossos lançamentos e nossas promoções:
paulus.com.br/cadastro
Televendas: **(11) 3789-4000 / 0800 016 40 11**

1ª edição, 2022
3ª reimpressão, 2025

© PAULUS – 2022

Rua Francisco Cruz, 229 • 04117-091 • São Paulo (Brasil)
Tel.: (11) 5087-3700
paulus.com.br • editorial@paulus.com.br
ISBN 978-65-5562-545-5

Dedico este livro a meu filho Carlo: possa realizar-se seu sonho de que toda a Igreja universal, sob a guia materna de Maria Santíssima, viva com sempre mais fervor e convicção estas palavras: "A Eucaristia indica que a Igreja e o futuro do gênero humano estão ligados a Cristo, única rocha verdadeiramente duradoura, e não a alguma outra realidade. Por isso, a vitória de Cristo é o povo cristão que crê, celebra e vive o mistério eucarístico" (*Lineamenta* da XI Assembleia Geral do Sínodo dos Bispos, 2005).

"Daqui eu não saio vivo, prepara-te"

Setembro de 2006. Depois de algumas semanas passadas primeiramente em Santa Margherita Ligure, e depois em Assis, para onde íamos vários meses por ano, estávamos chegando ao fim de nossas férias. Meu filho Carlo, como fazia todos os anos, antes de partir, foi ao túmulo de São Francisco para recomendar-se e pedir sua proteção para o novo ano escolar. Ficou muito mal porque não o deixaram entrar. Haviam fechado a basílica antecipadamente, mas rezou da mesma forma do lado de fora. Milão nos recebeu com seu habitual fervilhar. As estradas já estavam repletas de gente atarefada com mil preocupações. Para a frente e para trás. O trabalho diário não tardara recomeçar após a parada de agosto.

Carlo adorava recomeçar. Tinha quinze anos. E como sempre, viveu os primeiros dias do mês de setembro sem qualquer saudade especial do verão que ia chegando ao fim; antes, com grande expectativa. Queria rever os amigos, os colegas de escola, os professores. Desejava entrar novamente no jogo. Expectativa, esta era uma das palavras que, mais que as outras, melhor o descreviam. Postura de quem sabe que a qualquer momento pode acontecer algo, pode haver um acontecimento.

O SEGREDO DO MEU FILHO – Por que Carlo Acutis é considerado santo

Entrando em casa, com a correspondência encontramos um livro enviado por um amigo editor e dedicado aos santos jovens. Carlo quis ler o livro imediatamente. Tomando-o nas mãos, me disse: "Gostaria muito de fazer uma mostra dedicada a essas figuras".

As mostras eram uma paixão dele. Havia criado várias, especialmente uma muito apreciada no mundo inteiro. Era dedicada aos milagres eucarísticos. Ele as criava no computador e a seguir deixava que fizessem sua caminhada, fossem solicitadas também longe de Milão, rodando pelo globo. Criar mostras era sua estratégia para satisfazer seu grande desejo de anunciar a todos "a Boa-nova". Era animado por desejo não suprimível de trazer continuamente à luz a beleza dos conteúdos da fé cristã, de ser propositivo no bem em todas as circunstâncias da vida, de manter-se sempre fiel àquele projeto único e irrepetível que Deus, desde a eternidade, pensou para cada um de nós. "Todos nascem originais, mas muitos morrem como fotocópias" é, não por acaso, uma dentre suas frases mais conhecidas.

Aquele livro o tocou de modo especial. Eram contadas histórias de heroísmo, vidas de jovens despedaçadas em tenra idade e, ao mesmo tempo, oferecidas. Vinha à tona principalmente a fé desses jovens, seu saber acreditar, apesar das dificuldades, numa positividade de fundo, num Deus que, embora permita sofrimentos e contradições, nos ama infinitamente e jamais nos abandona. Muitas vezes, a vida lhes presenteara fadigas e dores, mas, em seu coração, haviam conseguido permanecer alegres e encontrar caminhos de luz.

Essa mensagem fascinava Carlo. Nisso ele se identificava. Entre outras coisas, lembro que, justamente naqueles dias, quisera estar perto de forma especial de uma colega de escola que adoecera. Os pais estavam muito preocupados porque inicialmente não sabiam do que se tratava. A suspeita era leucemia. Carlo lhe telefonou muitas vezes durante o verão. Dizia-lhe para entregar-se ao Senhor, ao mesmo tempo ficar calma. No fim, por sorte, a doença revelou ser uma simples mononucleose. "O Senhor te quer ainda aqui", comentou, em tom de brincadeira, falando com ela por telefone.

Também meu filho, durante aquelas semanas, não estava cem por cento. Sentia leves dores nos ossos. Tinha pequenos hematomas nas pernas. Todavia, nada que nos fizesse suspeitar de algo grave. Praticava muito esporte, e nós pensávamos que os incômodos vinham daí. De resto, ele próprio tendia a minimizar. Assim, não nos preocupamos além do normal.

As aulas começaram na metade de setembro. Foram dias que recordo como especialmente luminosos. Milão estava ainda em pleno verão. O outono parecia não querer chegar. As tardes eram ensolaradas, gostávamos de conceder-nos longos passeios no parque Sempione. Iniciávamos o ano letivo com senso de despreocupação. Meus sentimentos, de modo especial, eram de alegria e serenidade. Tudo poderia eu ter imaginado que pudesse acontecer comigo, acontecer conosco, verdadeiramente tudo, exceto aquela tempestade que veio, inesperada e violenta, transtornar nossa vida, atropelando-nos como repentino temporal de verão. Autêntico raio num céu de brigadeiro.

O último dia de aula de Carlo foi 30 de setembro, sábado. Quando saiu, nunca teria imaginado que não mais retornaria. No entanto, as coisas caminharam nessa direção. Frequentava o liceu clássico no Instituto

Leão XIII, dirigido pelos padres jesuítas. Chegou da escola cansado. Tivera uma hora de educação física, e o professor o fizera, correndo, principalmente, dar voltas ao redor do grande campo de futebol. Achamos que tinham sido essas voltas que o cansaram. De qualquer modo, na parte da tarde, encontrou forças para sair de casa comigo para levar Briciola, Stellina, Chiara e Poldo, nossos amados quatro cães, ao parque para passear.

Na manhã seguinte, junto com meu marido e minha mãe, decidimos comer fora. Haviam-nos sugerido uma *trattoria* perto de Venegono, lugar onde a diocese de Milão encaminha seus futuros sacerdotes para estudar. Quando Carlo desceu à cozinha para o café da manhã, percebi que, no olho direito, dentro da parte branca, havia uma pequena mancha vermelha. Parecia um simples golpe de frio. Também nesse caso não me preocupei mais que o normal.

Antes de partir para Venegono, fomos à missa. No fim da celebração, Carlo quis rezar conosco a *Súplica a Nossa Senhora de Pompeia*, oração à qual era especialmente devoto. Já conhecíamos bem nosso filho. Desde pequeno vivia estreita relação com a Virgem Maria. Falava disso frequentemente. Sempre rezava a ela e nos convidava a fazê-lo. Nós o acompanhamos. Há alguns anos, meu marido e eu nos reaproximamos da fé. Nós a redescobrimos graças a Carlo. Foi ele quem nos levou para perto do Senhor. Em minha vida, antes desse acontecimento, eu tinha ido à missa três vezes: no dia do meu batismo, no dia da primeira comunhão e no dia do casamento. E assim, de fato, também meu marido, embora diferentemente de mim, tendo os pais mais praticantes, de vez em quando frequentava a igreja. Não éramos contrários à fé. Simplesmente nos acostumamos a viver sem. Éramos como muitas pessoas ao nosso redor, preenchíamos o dia com tantas atividades, mas não conhecíamos até o fundo o sentido, o significado. Sêneca sintetiza bem esse modo de impostar a existência: "Grande parte da vida nos escapa no fazer o mal, a maior parte em nada fazer, inteiramente em fazer outra coisa diferente do que deveríamos" (*Cartas a Lucílio*, I,1,1).

A chegada de Carlo em nossa vida, nesse sentido, foi como profecia, um convite a olhar sob outro ângulo, a ser diferentes, a ir à profundidade.

Depois da missa entramos no carro. Chegamos a Venegono, onde comemos ao ar livre. Estavam conosco Briciola, Stellina, Chiara e Poldo. Depois do almoço, passeamos nos bosques ao redor e recolhemos castanhas. Enchemos uma sacola. Entre os ramos das árvores, infiltrava-se um pouco de luz solar que tornava toda a atmosfera quase como um conto de fadas. Havíamos soltado os cachorros e lembro que iam para a frente e para trás, despreocupados, entre os arbustos. De vez em quando, Carlo atirava-lhes pedaços de pau e se divertia fazendo-os trazer de volta. Sorria. Estava feliz. Daquele dia conservo belíssima lembrança. Luz e serenidade são os sentimentos que mais retornam à minha mente. Voltando para casa, à noitinha, Carlo teve febre, chegando a 38°. Dei-lhe um antitérmico. E decidi que, no dia seguinte, não iria à escola.

Segunda-feira, 2 de outubro. Telefonei à pediatra, perguntando-lhe se podia fazer uma visita a Carlo. Ela chegou rápido e percebeu somente que ele tinha a garganta um pouco avermelhada. Prescreveu-lhe um simples antibiótico e partiu. Eu ainda não estava preocupada. De fato, havia chegado a notícia de que metade da classe estava com gripe. Pensei que também Carlo tivesse o mesmo mal.

Meu filho transcorreu o resto do dia tranquilo. Recitou o rosário comigo, como me pedia frequentemente que eu fizesse. Era coisa natural para ele, interromper a atividade do dia para rezar. A relação com Deus era contínua, incessante, fazia tudo pensando no Senhor, referindo-se a ele. As orações eram uma ajuda, assim dizia, para retomar as energias e recomeçar com mais força e serenidade as ocupações de todos os dias. Fez as tarefas e trabalhou um pouco no computador, para as suas mostras. A febre não o deixava, mas, de algum modo, conseguia ser ativo e presente.

Reunimo-nos todos juntos para fazer-lhe companhia enquanto ele jantava no quarto, por causa da febre. De repente, declarou: "Ofereço meus sofrimentos pelo papa, pela Igreja, para não ir ao purgatório e chegar diretamente ao paraíso".

À primeira vista, pensamos que estivesse caçoando de nós. Carlo era sempre alegre e jocoso. Acreditávamos que quisesse brincar e não demos importância especial a essas palavras que parecia ter pronunciado propositalmente para fazer-nos rir um pouco. A febre, por outro lado, se não dava sinais de diminuição, não piorava. Outras vezes Carlo, desde pequeno, tivera episódios de dor de garganta. E sempre passava uma semana ou mais para recuperar-se totalmente. Também por isso continuávamos despreocupados.

Quarta-feira, 4 de outubro. Devia ser apresentado a toda a escola o site que Carlo fizera durante o verão, a fim de ajudar as obras de voluntariado dos jesuítas em prol dos necessitados. Pediram a Carlo que o fizesse, porque tinha familiaridade com computador e os programas de computador complexos, e também porque, sendo jovem, pensavam que, com o seu envolvimento, outros jovens o teriam seguido com maior prazer, imitando-o em dar o próprio tempo livre gratuitamente em benefício dos outros. Os jesuítas me disseram que, quando aconteceram as reuniões da comissão do voluntariado, composta por alguns pais da escola, todos ficaram muito impressionados com a vivacidade de exposição do meu filho, com a paixão que o animava e com sua inventividade. As mães estavam literalmente fascinadas com o modo de proceder e pelas capacidades de liderança de Carlo, com seu estilo tão gentil e ao mesmo tempo vivo e eficiente.

Carlo já investia muitas das suas energias para os necessitados. Fazia isso diariamente, quer em momentos pré-estabelecidos, quer quando as circunstâncias permitiam. Para ele, eram ações naturais, descontadas. Amava muito o exemplo dos santos que se haviam dedicado aos esquecidos. Transcrevera para si algumas frases de Madre Teresa de Calcutá que muito lhe agradavam: "Muitos falam dos pobres, mas poucos falam com os pobres... Não busqueis Jesus em terras distantes: ele não está lá. Está próximo de vós. Está convosco! [...] Se tiverdes olhos de ver, encontrareis Calcutá em todo o mundo. As estradas de Calcutá conduzem à porta de cada homem. Sei que talvez desejaríeis fazer uma viagem a Calcutá, mas é mais fácil amar as pessoas distantes. Não é sempre fácil amar as pessoas que vivem perto de nós".

Decidiram apresentar o site sobre o voluntariado mesmo sem Carlo. No começo da tarde, telefonaram-lhe e disseram-lhe que todos gostaram. A apresentação havia sido um sucesso. Carlo estava radiante, além de envaidecido. Fazer as coisas pelos outros, e fazê-las bem, era para ele motivo de alegria.

Saí e comprei doces de chocolate para a festa de São Francisco. Eu fazia isso todos os anos. Carlo era guloso. Também nesse dia comeu vários e com vontade. Estava ainda um tanto cansado, mas, como sempre, sorria e procurava fazer entender que tudo corria bem.

Quinta-feira, 5 de outubro. Meu filho acordou com as parótidas levemente inchadas. Chamei novamente a médica. Veio visitá-lo mais uma vez e disse que ele provavelmente tinha uma parotidite. Aconselhou-nos a continuar com a terapia que estávamos seguindo, e assim fizemos.

No dia seguinte, porém, outra surpresa. Carlo apresentava hematúria. Então a pediatra nos fez levar a coleta de urina para análise num laboratório clínico perto de casa. A análise foi confortadora: parecia mesmo que não havia nada grave.

Quando meu filho tinha dor de garganta e a temperatura subia, ele costumava sofrer episódios de *pavor nocturnus*, "perturbação" não patológica do sono, frequente, sobretudo, em crianças e adolescentes, que provoca insônia e pesadelos. Por isso eu preferia passar as noites com ele quando ele estava mal. Dormia num colchão no chão, ao lado da cama. Lembro que, na noite entre 3 e 4 de outubro, sonhei que me encontrava numa igreja. Estava presente São Francisco de Assis. Mais acima, no teto, vi o vulto do meu filho, um rosto muito grande. São Francisco olhou para ele e me disse que Carlo se tornaria muito importante na Igreja. Em seguida, acordei.

Pensei nesse sonho toda a manhã. Acreditei que fosse uma pequena profecia acerca do fato de que meu filho tornar-se-ia sacerdote. De fato, várias vezes partilhou comigo esse seu desejo. E me convenci de que o sonho estava ligado a isso.

Na noite seguinte, dormi com ele. Antes de adormecer, recitei um rosário. Sonolenta, ouvi uma voz que disse nitidamente estas palavras: "Carlo vai morrer".

Achei que não era uma voz que vinha do bem. Talvez fosse um pensamento mau que não devia ser considerado. Por isso, não lhe dei importância.

Sábado, 7 de outubro. Carlo acordou cedo. Queria ir ao banheiro, mas deu-se conta de que não conseguia se mover. Não podia levantar-se da cama. Não tinha forças. Estava acometido de importante forma de astenia. Chamou-me para que eu o ajudasse. Com muita fadiga, com meu marido, conseguimos levá-lo ao banheiro.

Ficamos muitíssimo alarmados. Decidimos chamar o antigo pediatra do nosso filho, um conhecido professor de Milão, já aposentado, em quem confiávamos cegamente. Disse-nos para levar Carlo imediatamente à clínica De Marchi, onde ele havia atuado por muitos anos. Foi muito gentil conosco. Antes que chegássemos à clínica, alertou os médicos. E, em particular, avisou o médico especializado em hematologia pediátrica: devia investigar imediatamente e procurar entender o que estava acontecendo.

Foi difícil transportar Carlo ao hospital. Rajesh, nosso empregado, havia tirado um dia de folga.

O SEGREDO DO MEU FILHO – Por que Carlo Acutis é considerado santo

Assim, junto com meu marido, pensei em fazer nosso filho sentar-se na cadeira de rodas da sua escrivaninha. Conseguimos transportá-lo de alguma forma até o elevador e em seguida fazê-lo embarcar no carro. Lembro que Milão estava isolada por causa da maratona que aconteceria no dia seguinte. Entre mil peripécias, conseguimos chegar à clínica. À entrada, dois enfermeiros acudiram e transportaram Carlo para dentro. Imediatamente fizeram-nos sentir afeto e conforto. Foram pressurosos com ele e conosco.

No umbral da clínica, meus pensamentos rodavam como um vórtice. Veio-me logo à mente que já estivera lá dentro, quando o antigo pediatra de Carlo o vacinara contra a hepatite B. Estávamos em 1996. A clínica ficara impressa em mim porque era especializada nas doenças oncológicas das crianças. O professor me contara que as mães com filhos doentes tinham suporte também da parte de alguns voluntários externos, que se punham à disposição para levar-lhes conforto. Esses voluntários participavam de cursos de formação denominados "Grupos Balint", assim chamados por causa do nome do seu idealizador, Michael Balint, que criara um método de trabalho destinado principalmente aos médicos, mas naquela clínica o haviam estendido também a voluntários externos. O trabalho, em substância, consistia em ajudar psicologicamente os pais das crianças doentes e também as próprias crianças, ficar perto delas, estar presentes e procurar servir de suporte naquela fadiga e dor. Lembro que o professor me dissera que, se eu quisesse, poderia juntar-me ao grupo. Quando me disse isso, senti fortíssimo sentimento de angústia e também de medo. Pensar naquelas crianças doentes e suas mães me abalava profundamente. Não me sentia pronta para um empenho desse tipo. Sendo também especialmente hipocondríaca, a simples ideia me aterrorizava. Também porque, como sou, teria sido natural colocar-me no lugar daquelas mães e creio que teria sofrido demasiadamente. Repensando bem, penso exatamente que, mediante aquela proposta, o Senhor tinha, de alguma forma, desejado preparar-me para a doença do meu filho. De fato, creio que, de tanto em tanto, Deus permita que se façam experiências que são como "saborear" aquilo que depois, sucessivamente, deveremos também nós experimentar. Como bem sublinhava São João Paulo II, é preciso recordar-se sempre de que "o futuro começa hoje, não amanhã". São os ensaios de eventos que só ele conhece, dos quais somente ele sabe a trama e também o final. A vida é um grande mistério. Às vezes, do céu, chegam sinais para nós. Hoje digo que as palavras do professor foram como uma primeira advertência: é essa a dor que também você deverá atravessar.

Esse pensamento não foi o único daquela manhã. Enquanto os dois enfermeiros levavam Carlo para dentro da clínica, de fato, voltei-me instintivamente para olhar para a parte oposta da estrada. Notei a igreja dos padres barnabitas, onde são guardadas as relíquias de Santo Alessandro Sauli. Conhecia bem aquela igreja, mas, naquela manhã, me senti como que atraída por ela. Algo me disse: volte, olhe lá. Imediatamente compreendi o motivo. São Alessandro Sauli casualmente naquele ano tornou-se companheiro na vida de Carlo. Com efeito, todo 31 de dezembro, em Milão, costuma-se fazer "a pesca do santo". Diz-se que o santo que sair acompanhará de modo especial, por todo o ano, a pessoa que o "pescou". Por isso somos convidados a conhecer a sua história, de alguma forma torná-lo amigo. Carlo sempre pescara ou a Sagrada Família, ou Jesus, ou Nossa Senhora. Caçoávamos dele por isso: dizíamos que era "recomendado". Nesse ano, ao contrário, coube-lhe Santo Alessandro Sauli, bispo barnabita que viveu em 1500, patrono dos jovens, cuja festa cai em 11 de outubro, dia que permanecerá esculpido para sempre também na história do meu Carlo. Causou impacto em mim o fato de que aquela igreja se encontrava justamente em frente à De Marchi. Instintivamente o confiei a Santo Alessandro e entrei na clínica.

Como se fosse hoje, voltam à minha memória as palavras que nos disse o médico pouco depois dos primeiros exames: "Carlo foi atingido, sem possibilidade de dúvida, por uma leucemia de tipo M3, ou leucemia promielocita".

O médico nos explicou, com ar grave e sem muitos rodeios nas palavras, que se tratava de doença silente que não se revela a não ser no último momento, de improviso, sem sinais precursores, e não é de tipo hereditário. É uma patologia que provoca velocíssima proliferação das células tumorais. Na prática, faz enlouquecer os blastos do sangue. Disse-nos que Carlo devia ser internado imediatamente e devíamos experimentar logo curas importantes para procurar salvá-lo. As mesmas coisas foram comunicadas a Carlo. Não lhe esconderam nada.

Quando o médico nos deixou a sós, Carlo conseguiu permanecer sereno. Lembro que abriu um grande sorriso e nos disse: "O Senhor deu-me um despertador!".

Sua atitude causou grande impacto em mim, essa sua capacidade de olhar para a situação com positividade e serenidade, sempre, qualquer que seja. Ainda hoje volta à minha memória aquele sorriso luminoso que ele abriu. Era comparável a quando alguém, entrando num quarto escuro, acende a luz de repente. Tudo se ilumina e ganha cor. Foi o que ele fez. Iluminou a nossa hora mais escura, o choque de uma notícia que abala. Não desperdiçou palavras de preocupação. Não deixou que a ansiedade e a angústia chegassem a atingi-lo. Reagiu confiando-se ao Senhor. E nessa entrega decidiu sorrir. Além do sorriso, me causou impacto a sua compostura. Creio que estava claro para ele que sua situação era desesperadora, mas se entregou confiante nos braços daquele que venceu a morte. Às vezes acontece de eu pensar nesses momentos e me perguntar quais foram os verdadeiros sentimentos do meu filho nessas situações, mas não consigo me dar outra resposta a não ser que somente "Cristo sabe o que há dentro do homem". Somente ele "sabe!", como disse o papa João Paulo II no discurso inaugural do seu pontificado.

De resto, a serenidade foi um dos traços distintivos que sempre acompanharam a vida dele. Saber contagiar a todos com sua alegria e contentamento. Conseguir, também nos momentos mais obscuros, infundir tranquilidade e paz e aquecer os corações. Transmitia serenidade, calma, compostura. "A alegria vive no íntimo silente e é profundamente enraizada. Ela é irmã da seriedade; onde uma está, aí está também a outra", escrevia Romano Guardini.

Carlo era sempre otimista. E também quando todas as coisas pareciam precipitar, jamais desistia e não se deixava levar pela resignação. Como escreveu numa carta o teólogo luterano Dietrich Bonhoeffer, quando, pouco antes da morte, era prisioneiro no campo de concentração de Flossenbürg: "Ninguém deve desprezar o otimismo entendido como vontade de futuro, mesmo quando tivesse de conduzir cem vezes ao erro. Ele é a saúde da vida, que não deve ser contaminada por aquilo que está doente". Um conceito que em, outras circunstâncias e com outras palavras, expressou bem também João Paulo II: "Não vos abandoneis ao desespero. Somos o povo da Páscoa, e Aleluia é a nossa canção".

Passaram poucos minutos e vieram transferir Carlo para a terapia intensiva. Puseram-lhe na cabeça um escafandro para o fornecimento do oxigênio e assim facilitar-lhe a respiração. Causava-lhe muito mal-estar. Impedia-lhe os movimentos. Não conseguia expectorar bem. O termo técnico desse salva--vidas é CPAP (em inglês; em português: Pressão Positiva Contínua nas Vias Aéreas); nos acostumamos a ver isso nas UTIs da terrível pandemia da Covid-19. Carlo me confidenciou que esse aparelho foi para ele uma autêntica tortura, mas a ofereceu pela conversão dos pecadores. Vendo todas aquelas pessoas internadas com o CPAP por causa da pandemia, voltou-me esse pensamento muitas vezes. Voltei a 2006, ano da morte de Carlo, e constatei que as profundas feridas provocadas por aqueles dias terríveis ainda estão "sangrando".

Permitiram-me permanecer com ele na UTI somente até a uma hora da madrugada. Depois, Carlo teve de permanecer a sós. Antes de sair, ele quis que recitássemos juntos o rosário. Quase não conseguia falar, mas quis de todo modo fazê-lo. Foram momentos terríveis para mim. As palavras do livro de Jó ricocheteavam, sem que eu pudesse fazer algo para me opor: "O Senhor deu, o Senhor tirou, bendito seja o nome do Senhor! Em tudo isso Jó não pecou e não atribuiu a Deus nada de injusto" (Jó 1,21-22). O Senhor estava permitindo isso. Uma parte de mim desejava bendizer, aceitar; a outra era lacerada por ver meu único filho sofrendo no leito do hospital, sem poder evitar que acontecesse.

Foi nesses momentos que senti dentro de mim nascer o desejo de fazer a Jesus uma oferta minha. A despeito do fim positivo ou não que a doença de Carlo tivesse, decidi oferecer meu profundo sofrimento para que houvesse sempre maior amor pelo sacramento da Eucaristia no povo de Deus. A Eucaristia era o grande amor de Carlo. E consequentemente tornou-se também o meu. Simultaneamente, rezei e ofereci meu sofrimento, também para que aqueles que não puderam conhecer o amor de Jesus Cristo pudessem experimentá-lo pelo menos uma vez na vida. De modo especial, pedi essa graça para o querido e amigo povo judeu.

Desde criança tive a oportunidade de conviver com várias pessoas de fé hebraica, muitas das quais haviam sido minhas companheiras de jogo em Roma, onde nasci. Eu morava num prédio do centro no qual, no último andar, vivia uma família judia com a qual meus pais haviam feito amizade e consequentemente também eu. Conhecia a comunidade inteira. Muitos deles eram parentes do rabino-chefe. Eu frequentava as festas deles. Muitas vezes, íamos de férias juntos. Por absurdo, eu conhecia melhor os costumes judeus que os católicos. Sempre me causava impacto o fato de que as crianças não podiam comer carne de porco, e eram muito leais em seguir qualquer prescrição imposta pela religião deles. A atenção que davam a regras e preceitos era, para mim, grande testemunho de fé.

Em Londres, como estudante, fiz vir morar comigo uma jovem judia. Era de Bruxelas. Eu a conhecera porque tinha amizade com um rapaz belga que, por certo período, havia sido noivo dela. Moraram juntos, mas depois se separaram. A jovem se encontrou fora de casa, sem saber para onde ir. Não tinha muitos recursos financeiros. Lembro que estava muito desmoralizada. Compadecida com a situação, propus-lhe que viesse morar comigo. Nasceu grande amizade. Foi ela quem me ensinou francês, e eu retribuí ensinando-lhe italiano. Graças a ela, tive a possibilidade de entrar em contato com a comunidade judaica inglesa que vivia na capital. Mais uma vez, aprendi a apreciá-los e amá-los, querendo o bem deles. Eis por que, naquela noite, na UTI, enquanto o meu Carlo sofria, decidi oferecer essa dor também por eles. Para mim, foi um gesto natural, e creio que produziu fruto. Muitas vezes, os caminhos de Deus são misteriosos. Não vemos logo o êxito de nossas ações e orações. Mas as respostas do céu chegam, antes ou depois, quando e como Deus quiser.

Naquela noite, não tive paz. Junto com minha mãe, fiquei na clínica para estar presente caso surgisse alguma eventualidade. Mas convenci meu marido a ir para casa descansar. De madrugada, fui à missa na igreja dos padres barnabitas para pedir a intercessão do Senhor e da Virgem Santíssima. Rezei também a

São Alessandro Sauli. Graças a Carlo, aprendi que os santos estão sempre presentes e, se os invocamos, do céu eles nos ajudam. E assim fiz.

Pouco depois, voltei à clínica. Permitiram-me ver Carlo. Ainda estava com o escafandro, sempre sofrendo. Confidenciou-me que conseguira dormir muito pouco.

Pouco depois, o médico que o acompanhava decidiu pedir transferência para o hospital San Gerardo de Monza, onde há um centro especializado para aquele tipo de leucemia. Não nos foi permitido ir com ele na ambulância. O médico, todavia, foi gentilíssimo e o acompanhou pessoalmente.

Meu marido, minha mãe e eu seguimos de carro. Em Monza, lhe fizeram logo uma espécie de lavagem do sangue que tinha o objetivo de separar os glóbulos vermelhos dos glóbulos brancos. O procedimento foi um êxito.

Conduziram-nos ao setor de hematologia pediátrica, no décimo primeiro andar, onde nos haviam reservado o quarto número onze. O setor logo causou impacto em mim. Havia uma cozinha moderna e havia várias comodidades. Disseram-me que o setor era frequentado por muitas mães que viviam ali junto dos filhos, algumas havia anos. Mentalmente me preparei também para essa possibilidade. Tinha consciência de que a gravidade da doença poderia levar Carlo a permanecer ali por um longo tempo.

Alguns enfermeiros o colocaram em sua nova cama. Veio visitar-nos uma senhora que se ocupava do ensino a distância. Tranquilizou-nos acerca da possibilidade de continuar os estudos e acerca do fato de que ali dentro Carlo não perderia o ano letivo.

Carlo pediu que lhe fosse administrado o sacramento da unção dos enfermos. As enfermeiras chamaram o padre capelão do hospital, que também nos trouxe a comunhão. Voltou nos dias seguintes.

Meu filho tinha imensa fé nesse sacramento, e não era a primeira vez que o recebia. A esse respeito, escreveu no computador:

Unção dos enfermos (e não mais como antes, extrema-unção). O momento da morte, percebido ou não, é para a maioria das pessoas sempre denso de preocupações, visto que nunca estamos preparados e purificados suficientemente. Eis por que há um sacramento apropriado para o grande momento. E há orações especiais. Mas é necessário que também os fiéis participem, de forma a preparar-se com tempo. Ou seja, a existência deveria ser preparação contínua para a morte. Não devemos deixar-nos levar por terrificantes tentações de desânimo e terror, porém também não ser superficiais e negligentes. Deveria haver terceira via, sobretudo grande equilíbrio alimentado pela confiança e orientado para os portos da esperança. Essa segunda virtude teologal deveria ser farol e força. A Escritura adverte para "prestar contas da esperança que há em nós". Quando a existência é atacada pela doença ou quando foi pronunciada a sentença definitiva de morte, é preciso adequar-se de bom grado à divina vontade. Além disso, é ótimo exercício unir-se intimamente à Paixão e à morte do Senhor. Paulo afirmou que completava nele aquilo que faltava à Paixão de Cristo: isso significa que o corpo místico sempre sobe o Calvário e é aqui e ali submetido a abusos e perseguições e lutas. Como a criação, também a Paixão continua. Isso até o fim do mundo, deste mundo. Essa união repercute, com vantagem, em todo o povo de Deus. Assim se chega a estabelecer um contínuo circuito de dores e de ofertas e de martírios. Esse circuito se põe ao lado do circuito das missas que são celebradas na proporção de cinco por minuto. "Jesus, a minha comunhão." "Jesus, uno-me às missas do mundo." São duas jaculatórias muito profícuas. Muito! Por que não aproveitamos?

Lembro que os enfermeiros e os médicos estavam todos muito admirados com o modo de Carlo enfrentar esses momentos. Nunca se queixava. Tinha as pernas e os braços inchados e cheios de líquido. No entanto, quando do setor de radiologia, onde fizera uma tomografia, levaram-no para o quarto, procurou fazer de tudo para passar da maca à cama. Não queria de forma alguma que as enfermeiras se incomodassem. Era típico de Carlo: até nas situações mais críticas pensava nos outros, em vez de pensar em si mesmo. Lembro-me dele agitado para alcançar a cama sozinho. Agitado, porém ao mesmo tempo sorrindo. Repetia frequentemente: "Não eu, mas Deus". Ainda: "Não o amor próprio, mas a glória de Deus"; "a tristeza é o olhar voltado para si mesmo, a felicidade é o olhar voltado para Deus".

Como devem ter-lhe ressoado interiormente essas palavras nesses momentos!

As enfermeiras com o médico de plantão lhe impuseram o escafandro para a respiração. Perguntaram-lhe como estava se sentindo, e ele, sorrindo, respondeu: "Estou bem, há pessoas sofrendo mais que eu".

Olharam-se incrédulos: sabiam quais sofrimentos tal tipo de leucemia provoca. No entanto, ele respondeu assim. Outros pacientes passaram por essas dores. São lancinantes. Não dão trégua. Carlo parecia possuir uma força que não era dele. Recordo que pensei que somente sua forte e estreita ligação com o Senhor podia fazê-lo enfrentar tal situação desse modo. Não foi o heroísmo de um instante. Foi o fruto de uma relação cultivada dia após dia, hora após hora. Sem saber, Carlo construíra para si a possibilidade de viver esse momento desse modo. Ele a construíra com anos vividos sob a luz de Deus, sob a sua proteção continuamente solicitada, sob sua luz continuamente desejada. Sucessivamente, foram muitos, entre os que o viram naquelas horas no hospital, que me disseram que naqueles momentos tiveram a impressão de encontrar-se diante de um rapaz especial, que, em virtude de uma força quase não humana, conseguiu não mostrar seu sofrimento, não incomodar, sorrindo na tempestade. O filósofo cristão Blaise Pascal tinha dezoito anos quando escreveu esta bela oração, durante a sua doença que o havia quase paralisado na cama, e descreve bem a postura com a qual Carlo enfrentou seu "calvário":

> Senhor, fazei que eu saiba, como estou reduzido, conformar-me à vossa vontade: doente como sou, vos glorifico com meus sofrimentos. Sem eles, eu não poderia alcançar a glória; também vós, meu Salvador, chegastes a nós assim. É dos sinais dos vossos sofrimentos que fostes reconhecido por vossos discípulos. Reconhecei-me como vosso discípulo mediante os males que devo suportar, tanto no corpo quanto no espírito por causa das minhas ofensas... Entrai no meu coração e na minha alma, para partilhar a minha dor (*Oração para o bom uso das doenças*).

O entardecer chegou, e a noite desceu. Das janelas do hospital de Monza, eu olhava em direção ao oeste, a Milão. E começava a perguntar-me se voltaria junto com o meu Carlo.

A mim e à minha mãe, foi concedido dormir junto dele. Por volta da uma hora, cochilei por alguns minutos. Todavia, escutei-o pedir às enfermeiras de plantão para não fazer muito barulho, de modo que eu pudesse descansar. Mas acordei pouco depois.

Não obstante tantas dúvidas e medos, eu esperava ainda que pudesse dar tudo certo, agarrava-me a qualquer coisa na esperança de que ele pudesse sarar. Mesmo se, em continuação, voltavam à minha mente as palavras que ele mesmo quis dizer-me logo que cheguei a Monza. Recordo bem, haviam acabado de descê-lo da ambulância. Olhou-me e disse-me: "Eu não saio vivo daqui; prepare-se".

Disse-me essas palavras porque não queria que eu chegasse ao momento da sua morte despreparada. Explicou-me também que do céu me mandaria muitos sinais, e por isso eu devia ficar tranquila. Sabia bem quanto eu era apegada a ele, e quanto estava apreensiva. Penso que sua maior preocupação era justamente a de me deixar aqui, na terra, sem ele. Quis de algum modo avisar-me, fazendo com que sua morte não chegasse à minha vida com a velocidade de um raio.

Algum instante antes de entrar em coma, ele me disse que teve um pouco de dor de cabeça. Não me alarmei com isso, pois continuava vendo-o, sim, sofrendo, mas, ao mesmo tempo, sereno.

No entanto, poucos instantes depois, fechou os olhos, sorrindo.

Não mais os abriu.

Parecia que estava apenas cochilando. Pelo contrário, entrara em coma por causa de uma hemorragia cerebral que, no espaço de algumas horas, o levou à morte.

Clinicamente, os médicos o consideraram morto quando seu cérebro cessou toda a atividade vital. Eram 17h45 do dia 11 de outubro de 2006. 11 de outubro, o mesmo dia em que morreu o seu santo do ano, Alessandro Sauli.

Parecia que eu vivia um sonho. Sob certos aspectos, tudo me parecia inverossímil. Carlo partiu em tão pouco tempo! Como pôde acontecer isso? Pouco havia a dizer. Carlo já não estava ali. Essa era a realidade. O Senhor o levara com apenas quinze anos, na plenitude de sua juventude, no ápice das suas energias, cheio de glória e de esplendor.

Queríamos doar os órgãos dele. Porém, infelizmente, não nos permitiram, porque nos disseram que eles já estavam comprometidos por causa da leucemia.

Os médicos decidiram não desligar o respirador até que o coração não tivesse parado de bater sozinho. Por isso nos mandaram para casa, dizendo que nos telefonariam assim que o coração tivesse cessado a pulsação.

Foi-nos dada a notícia de que o coração de Carlo parou de bater às 6h45 do dia 12 de outubro, vigília da última aparição de Nossa Senhora de Fátima. Para nós, essa coincidência não foi casual. Tínhamos perdido o único filho, uma dor imensa, mas nos sustentava a esperança de que ele não desaparecera definitivamente das nossas vidas – pelo contrário, estaria mais que antes perto de nós e nos esperava para uma vida melhor.

Recordo que, até o último momento, tanto eu quanto o meu marido estávamos convencidos de que o Senhor nos faria o milagre de curá-lo. Mas não foi assim. Depois que nos telefonaram, fomos logo ao quarto da minha mãe, que morava conosco, e a avisamos de que o coração de Carlo havia cessado de bater.

Recordo que minha mãe me disse que já estava sabendo, porque escutara a voz de Carlo dizendo-lhe: "Vovó, estou no céu entre os anjos, estou felicíssimo, não chore, porque eu estarei sempre ao seu lado".

Na manhã de 12 de outubro, o hospital de Monza nos deu licença para levar para casa o corpo do nosso filho. Um regulamento do município de Milão, de fato, permitia esse ato. A funerária foi diretamente ao hospital para preparar Carlo e transportá-lo para casa.

Seu quarto foi transformado em câmara ardente. Seu corpo foi deposto na cama. Eu o olhava, e não me parecia verdade. Carlo não estava mais ali.

A notícia de sua morte se espalhou por todo o quarteirão, na escola, entre os conhecidos e amigos, e também nos meios que eram então as "redes sociais", como Messenger. Todos os seus companheiros de classe, do jardim de infância ao liceu, foram informados. O burburinho envolveu muitíssimas pessoas. Todos estavam incrédulos e perplexos.

Em casa, imediatamente começou um vai e vem contínuo de pessoas. Muitíssimos quiseram vir vê-lo, saudá-lo. O que ficou mais impresso na minha memória, desses dias tristes, foi o fato de que, mais do que ser consolada, tive eu de consolar os outros. Sou grata por isso. Porque ser obrigada, como de fato aconteceu, a ter de confortar quem chorava e

O SEGREDO DO MEU FILHO – Por que Carlo Acutis é considerado santo

dizer-lhes que tivessem fé, porque o nosso Carlo vivia outra vida, foi o que me ajudou a não sucumbir; que permitiu que minha profunda dor fosse um pouco aliviada. Misteriosa e realmente, esse meu consolar os outros conseguiu de alguma forma até exorcizar essa dor, transformando-a em dom. Como nos recorda a Sagrada Escritura, nosso Deus "nos consola em toda a nossa tribulação, para que possamos também nós consolar os que se encontram em qualquer espécie de aflição com a consolação com a qual nós mesmos somos consolados por Deus" (2Cor 1,4).

Eu me escutava falando, e era como se me maravilhasse de mim mesma. Eu perdera meu único filho, mas consegui mesmo assim transmitir esperança e paz a todos aqueles que quiseram ver o corpo dele antes do funeral.

Entre as muitas pessoas que vieram visitar-nos, havia também uma amiga de Carlo que usava um moletom amarelo. Essa cor fez voltar à minha mente um episódio da minha infância, quando ainda não tinha superado o limite que nos separa da idade adulta. Por alguns momentos, voltei para trás nos anos e sem querer recordei que, quando adolescente, eu já havia enfrentado uma vez a morte, embora a tivesse, de alguma forma, afastado.

Era o verão de 1979. Como todos os anos, eu tinha ido visitar a minha avó, que estava de férias em Anzio, cidadezinha marítima perto de Roma. Ali encontrei muitas amigas minhas de Roma, também elas de férias no lugar. Uma delas me apresentou uma conhecida sua, mais velha que eu. Chamava-se Claudia. Era muito bela, gentil, pura e sincera. Recordo que, quando chovia, ela sempre calçava galochas amarelas junto com uma capa de chuva da mesma cor, como a cor do moletom da amiga de Carlo. Fazia pouco tempo que completara catorze anos. Não obstante a diferença de idade, fizemos profunda amizade. Estavam terminando as férias, e, antes de partir para Roma, Claudia insistiu em levar-me para ver um mercado em que era possível encontrar muitas coisas interessantes. Ficamos de acordo que nos encontraríamos na manhã seguinte, cedo, para ir juntas. Marcamos encontro diante da casa dela, uma pequena casa de campo perto do mar. No dia seguinte, cheguei ao encontro junto com outra amiga. Passaram-se alguns minutos, mas Claudia não chegava. Experimentamos chamar pelo interfone. A certo ponto, vimos sair da casa um homem muito contrariado. Caminhava rápido e por pouco não nos derrubou. Nunca esquecerei aquela figura tão sombria, de alguma forma desoladora. Era calvo, de meia idade, quase assustador. Vendo-nos paradas diante da casa, um pouco enrijecidas pela brisa cortante da manhã, parou e, olhando-nos com ar grave, disse-nos: "A Claudia morreu". E imediatamente fugiu sem dar-nos qualquer explicação. Nunca descobri quem era. Talvez fosse o médico que veio constatar o óbito, mas até hoje continuo ignorando sua identidade.

Pensamos que tinha caçoado de nós. A ideia de que ele tinha dito a verdade não nos passou minimamente pela cabeça. Ficamos esperando. Os minutos passaram, e estava ficando tarde. Pensávamos que Claudia tivesse se esquecido de nós ou ainda não tivesse acordado.

Decidimos novamente tocar o interfone. Alguém abriu o portão sem perguntar quem éramos. Subimos

O SEGREDO DO MEU FILHO – Por que Carlo Acutis é considerado santo

correndo as escadas até o primeiro andar, onde Claudia morava. Quando entramos na casa, encontramos a nos acolher as irmãs mais velhas de Claudia, junto com a mãe. Estavam todas mergulhadas num profundo choro.

O pai da moça não estava, encontrava-se em Roma, a trabalho. Claudia morrera de hemorragia cerebral durante o sono. A mãe nos contou que, no dia anterior, ela tinha reclamado de um pouco de dor de cabeça. De noite, essa dor de cabeça a levou à morte. Escutei-as paralisada pela dor. Qualquer palavra que eu procurava dizer morria na minha boca. Os versos do grande poeta Henrich Heine, numa das suas canções poéticas que são parte da coletânea *Heimkehr* ("O crepúsculo dos deuses" – "Götterdämmerung"), descrevem bem os sentimentos interiores que experimentei naqueles momentos escuros, em que me pareceu que "um grande grito ressoava através de todo o universo". Era o mesmo grito bem representado naquele que é considerado o manifesto da angústia existencial, o *Grito* do pintor Munch, imagem icástica de todas as tragédias do mundo. Toda vez que vejo esse quadro, penso em Claudia e na perda que experimentei naquele dia.

Se pensarmos bem, há um termo para descrever um filho ou uma filha que perdem os pais (órfãos), ou uma mulher ou um marido que perdem o cônjuge (viúvos), mas não há um termo para descrever um pai que perde um filho ou uma filha, porque é a coisa mais inatural e tremenda que pode acontecer na vida de uma pessoa.

Repito, experimentei uma imensa desolação misturada com a perda! Quanta angústia e atordoamento! Improvisamente, toda a alegria desapareceu para dar lugar a uma dor profunda que feriu meu coração, preenchendo-o de tristeza imensa. Pensava no pai de Claudia, que não soubera de nada, e me sentia mal, pensando que a mãe devia comunicar-lhe o acontecido.

A certo ponto, misteriosamente, algo mudou em mim. Tentei me fortalecer e, do jeito que podia, comecei a consolar a mãe e as irmãs, dizendo-lhes coisas belíssimas. Eu mesma, enquanto falava, me admirava com as minhas palavras. De onde vinham? Como podia ter condições de pronunciá-las? Disse que Claudia estava sem dúvida no paraíso, em meio aos anjos e com a Virgem Santíssima. Surpreendi-me com as frases que quase saíam da minha boca sem que eu quisesse. Não sei se, naquele momento, eu estava verdadeiramente convicta do que dizia ou se fingia acreditar, mas, de qualquer modo, o resultado foi bom, de alguma forma eu consegui dar-lhes um pouco de alívio.

Aquela jovem do moletom amarelo havia desencadeado em mim, involuntariamente, uma série de memórias que, embora dolorosas, me ajudaram a refletir e me convenceram de que o Senhor mais uma vez me preparou para enfrentar a morte prematura do meu filho. É nas situações mais trágicas da vida que surge o melhor de nós mesmos e se aprende realmente a se conhecer. Fiquei surpresa comigo, com a força que consegui encontrar dentro de mim, com o fato de que, como anos antes, eu fui capaz de consolar os outros pela morte do Carlo.

Dessa vez, no entanto, ao contrário de anos antes, as palavras que eu disse para confortar todas as pessoas que vieram saudar o meu filho eram fruto de um caminho de fé empreendido por anos, uma jornada que começou, acima de tudo, graças ao Carlo, um caminho que abriu a minha mente para novas perspectivas sempre iluminadas pela Palavra de Deus. A cor amarela do moletom daquela jovem me trouxe Claudia de volta à mente. Foi inevitável, para mim, aproximar Carlo dela. Ambos foram atingidos pela morte em uma idade que marca a fronteira entre o mundo da infância e o da adolescência. Ambos ainda tinham suas características imaturas, há pouco acenadas, semelhantes a uma paisagem matinal, coberta com uma fina camada de geada que encobre as cores, mas, ao mesmo tempo, faz entrever todo o potencial.

Todas aquelas pessoas que acorreram para dentro de casa para saudar Carlo me lembraram os amigos que vieram se despedir de Claudia pela última vez, e isso também nos dias seguintes; eles continuaram a se reunir para exorcizar aquela morte prematura, para tentar preencher essa ansiedade de eternidade que, mais cedo ou mais tarde, atormenta quem é obrigado a lidar com a morte. De alguma forma, a presença deles fazia reviver Claudia, exatamente como bem descreve em seus *Sepulcros* o poeta Foscolo, que substitui por uma "correspondência de namorados" qualquer perspectiva de fé e esperança numa vida após a morte e num Deus criador e previdente.

O encontro com Claudia foi o meu primeiro e verdadeiro encontro com a "irmã morte", para usar as mesmas palavras de São Francisco. Essa morte inesperada abalou e marcou muitas pessoas, inclusive a mim. Então fui capaz de dar conforto sem, no entanto, ter feito da minha vida uma vida de fé. Nos dias que se seguiram ao fim de Carlo, me redescobri, infelizmente, na mesma função, mas, quanto mais falava, mais sentia dentro de mim a verdade daquilo que eu dizia. Eu sentia Carlo próximo, sentia que, enquanto confortava os outros, não estava mentindo: Carlo estava realmente presente, embora de forma misteriosa, perto de mim. Carlo estava vivo, mas em outra dimensão. "Esperança" não era mais uma palavra vazia: a esperança cristã é fé das coisas que são esperadas, e não vistas. Era uma certeza, algo a que se agarrar, porque é real, porque é a verdade.

Antes de Carlo nascer, eu não tinha fé. Vim para a luz e vivi anos no centro de Roma. Meus pais me mandaram estudar em um instituto de freiras. Aprendi algumas noções de catecismo, algumas orações. Mas nada mais.

Cresci como muitos adolescentes, sem uma verdadeira vida espiritual, sem incrementar uma relação com Deus que, hoje posso dizer, na minha opinião, é decisiva para todos, porque leva à realização pessoal. Nesse sentido estou muito de acordo com o que escreve o teólogo Carlo Molari, autor de *O caminho espiritual do cristão*. Segundo ele, sem uma vida interior, uma vida espiritual, não há realização. Porque, somente se deixarmos espaço para a dimensão espiritual real poderemos adquirir a nossa verdadeira identidade, "ou, como dizia Jesus, o nosso nome que está escrito no céu". Molari escreve:

> Agora estamos nos tornando. E como nos tornamos? Mediante as experiências que realizamos, os pensamentos que desenvolvemos, os desejos que nutrimos, os relacionamentos que vivemos. O exercício interno é para aprender a viver os relacionamentos, a enfrentar as situações,

a atravessar a doença, passar pela alegria, a carregar o sofrimento para desenvolver a nossa dimensão espiritual e crescer como filhos de Deus.

E de novo:

> Esta é a razão do trabalho espiritual, que não é só entre nós, mas para o mundo inteiro, para a comunidade em que estamos, para a cidade em que vivemos, para a nossa geração, para todos aqueles que encontramos, aqueles com quem nos relacionamos, para espalhar essas dinâmicas necessárias ao nosso redor para a vida da humanidade, para que não seja destruída, mas possa chegar a novas formas de fraternidade.

Só com a chegada de Carlo na minha vida as coisas mudaram. Desde muito jovem, viveu constantemente ligado a Jesus, essa sua relação me tornou diferente. Graças à sua presença em casa, à sua fé, tive, também eu, de começar a me fazer perguntas, entrando em mim mesma para me aprofundar sempre mais e perceber o que em mim tinha de ser mudado.

Enquanto Carlo estava morto em sua cama, encontrei força para levar àqueles que entravam em casa um pouco dessa vida nova, um pouco dessa "eternidade" que nos rodeia sem nunca nos abandonar. Eu descobri que tinha luz dentro de mim, uma luz que não era minha; descobri que dizer certas coisas não era mais um esforço.

Na casa, vieram muitas pessoas longe de qualquer prática de fé. Pessoas incrédulas, para quem a morte nada mais é do que um salto no nada. Eu via sua angústia, eu via seu desespero. Eu entendia, porque foram meus também.

Antes de Carlo nascer, eu era como eles. Eu era prisioneira do relativo, que é limitação, fechamento, limite, vínculo, escravidão. Eu vivia na ignorância total, exatamente como os escravos descritos pelo filósofo Platão no mito da caverna. Desde a infância, haviam sido acorrentados dentro de uma caverna, impossibilitados de se mover, e eles acreditavam que as sombras das coisas do lado de fora refletindo na parede eram a única realidade. Um dia um dos prisioneiros conseguiu se libertar das correntes e descobrir a verdade. Foi basicamente o que aconteceu comigo.

Carlo me mostrou como viver o meu tempo em chave de eternidade. Ele me ensinou a sempre olhar para o céu, para o absoluto, e não inclinada para o contingente, para o relativo. Dia após dia, me ajudou a ver o caminho para sair do relativo e me tornar uma peregrina do absoluto que é sinônimo de sobrenatural, mas também de graça. E a graça não é diferente do reconhecimento desse absoluto. Escrevia Santo Tomás de Aquino:

> O voltar-se do homem a Deus não pode acontecer sem que Deus o volte para si mesmo. Agora, preparar-se para receber a graça significa precisamente voltar-se para Deus: como para quem não olha para o sol, preparar-se para receber luz significa voltar os olhos para ele. Portanto, é evidente que o homem não pode se preparar para receber a luz da graça, exceto através da ajuda gratuita de Deus que o move interiormente.

A graça é o absoluto reencontrado. Graça e absoluto estão ligados pelo Calvário, pela morte na Cruz de Jesus, supremo ato de amor e misericórdia de Deus para os homens. Daqui surgiram os sacramentos por meio dos quais recebemos a graça.

Carlo me ensinou todas essas coisas, me ajudou a colocar meu cotidiano em chave de busca do absoluto, da graça. Para fazer isso, é necessário recorrer continuamente aos sacramentos, procurá-los, frequentá-los. Viver visando o absoluto nos ajuda a ver cada momento da nossa vida cheio de luz inimaginável. E então tudo se transforma, tudo se torna novo, a luz habita nossa vida mesmo em dias anônimos ou sombrios. Tudo se estabelece na direção da eternidade.

Graças a Carlo, não cheguei despreparada à morte dele. Apesar da imensa dor, eu a tornara minha, tinha interiorizado a certeza de que, no plano original de Deus, a morte não estava prevista, porque ela é realidade negativa, ao passo que Deus é o Deus da vida e das coisas boas. Porém é um fato, existe, mas pode ser atravessada junto com Ele. Como Carlo escreveu, "o homem teria passado desta existência, limitada pelo tempo e espaço, à eternidade sem qualquer perturbação". E novamente, Carlo continuava em um de seus textos mais intensos:

> Então veio o pecado, e com o pecado a morte. Morte, que não existia antes, começou a existir e se tornou a realidade mais terrível da vida de cada pessoa. Todo ser racional reconhece que a morte é "o problema". O homem se esgota procurando novas respostas sobre o que existe ou não após a morte. Na verdade, a morte representa, para cada um de nós, a realidade mais verdadeira, mais autêntica e mais genuína em face da qual não há dúvida de qualquer espécie. O cotidiano então se torna uma luta total contra a morte, que, apesar de ser impossível evitar, tentamos de todas as maneiras dela fugir e torná-la o menos cruel possível. Dia a dia lutamos com a morte, e até contra a morte.

A morte é, para a maioria das pessoas, o salto para a ine-xistência, o abismo do depois, do nunca, do sempre, do risco, do perigo, da incerteza, do pôr do sol, do termo, da prestação de contas, do balanço. Tudo isso cria trevas, produz trevas. As pessoas são a humanidade. São os bilhões que se sucedem no planeta. São as existências que vêm e vão. São as vidas que acendem e apagam. Um fervilhar de seres que olham, que ouvem, que tocam, que cheiram, que imaginam, que sonham, que desejam, que compre-endem, que querem, que escolhem. Essa massa intermi-nável, esse incrível conjunto, essa multidão acotovelada, que luta, que quer e não quer, que pega e larga, que ama e odeia, que serve e comanda, que ajuda e abandona, que... toda essa "gente" é finalmente iluminada. Iluminada, isto é, libertada, salva, redimida. Por quem? Por Cristo. E até mesmo Jesus, que poderia escolher qualquer forma de re-dimir a humanidade porque é infinito, escolheu morrer. Então, o que para nós foi o momento mais dramático, a dúvida mais autêntica, o tormento mais angustiante, tor-nou-se, através de Jesus, elemento de redenção e liberta-ção. Jesus escolheu a morte, a morte mais terrível, mais assassina, mais diabólica. Naquele pedaço de madeira cru-zada, espancado da maneira mais infame possível. Ao es-colher a morte, Jesus nos devolveu a vida. Ele é o grão de trigo, que, ao morrer, deu muito fruto. A morte, com Je-sus, tornou-se luz, força, esperança e confiança. Graças a Jesus, tudo se inverteu, e a morte se tornou "vida". Não é um absurdo, é apenas a mudança provocada por sua mor-te, porque o grão de trigo caiu, morreu e produziu muito fruto. A morte é universal, como universal é o pecado. A hora da morte é desconhecida. A alma separada toma o lugar da pessoa e exerce suas faculdades intelectuais. Do ponto de vista espiritual, é necessário saber-nos e sentir--nos não permanentes nesta terra.

Quando perguntavam a Carlo sobre o futuro, porque o interpelavam sobre tudo, ele respondia:

Não temos uma cidade estável aqui, mas procuramos a futura. Fomos elevados ao estado sobrenatural, redimidos e salvos, estamos destinados à eternidade com Deus, a "coeternidade". A morte não deve ser considerada como o término de tudo. Não é o fim. Não é a ruína. Não é a conclusão fatal. É a passagem para a coeternidade. Se nos considerarmos de passagem por este mundo, se agirmos como provisórios, se aspirarmos às coisas lá de cima, se montarmos tudo no além, se basearmos nossa existência no além, então tudo está ordenado, tudo está equilibrado, tudo está orientado, tudo se reveste de esperança. Se pensamos no amanhã como um futuro próximo a ser preparado, então entra em jogo uma das virtudes mais importantes da espiritualidade: a esperança. Esperança, não como uma inspiração poética, não como uma implicação sentimental, nem mesmo como fuga que permite o descompromisso, mas por aquilo que é: a segunda virtude teologal infundida como semente no batismo.

Em suma, Carlo nos convidava a prestar atenção a uma série inteira de concepções artificiais e convencionais que muitas vezes nos confundem. Ele dizia:

Costumamos dizer: aqui, ali, em cima, abaixo. Essa forma de pensar e dizer relativiza tudo. Estando imersos no aqui, relacionamos tudo com o tempo e com o espaço que nos escraviza, nos condiciona. Se nos desprendermos dessas cadeias, se nos acostumarmos com as coisas lá de cima, se nos familiarizarmos com o além, se considerarmos a vida como um trampolim para a eternidade, então a morte se torna uma passagem, torna-se uma porta, torna-se um meio.

Perde sua dramaticidade. Perde sua fatalidade. Perde sua definitividade. Exorcizar a morte. Espiritualizar a morte. Santificar a morte. Aqui está o segredo. Então não vamos pensar, não vamos falar, não vamos medir em termos de absoluto, de não retorno, de destruição total, mas veremos a morte na luz, no calor e na vitória de Cristo ressuscitado.

O dia do funeral foi um dia lindo, ainda muito quente, quase abafado. O sol estava brilhando no céu, à nossa volta tudo era luz. Era outubro, mas parecia agosto.

As agências funerárias vieram preparar meu filho e colocá-lo no caixão. Eu não quis ficar lá com eles. Preferi sair do quarto e esperar fora.

O tempo parecia nunca passar. Então a porta da sala foi reaberta e vi o caixão com Carlo dentro.

É muito difícil expressar os sentimentos que tive. Parecia que eu estava vivendo um sonho. Pensar que apenas alguns dias antes tudo era tão diferente! Naquela sala Carlo se divertia, brincava, ria, vivia sua vida como um adolescente. E agora lá estava ele, deitado sem vida em um caixão de madeira.

A risada de Carlo ainda soava na minha mente junto com sua voz sempre alegre. O destino mudou em poucas horas, o tempo de duas semanas, o curso da minha vida e da vida de toda a minha família. De uma única coisa eu podia ter certeza: o que tinha sido ontem, hoje não era mais.

Eu sempre vivi na expectativa de algo que devia acontecer, um futuro melhor que deveria ter vindo. Sempre apreciei pouco o presente. Fui sempre grande sonhadora.

O presente estava apertado em mim, porque me forçava a tomar consciência e enfrentar as contradições e decepções que, cedo ou tarde, perturbam a vida de todos. Aprendi a me refugiar no futuro, no sonho do futuro que, sendo desconhecido de todos nós, deixa livre espaço para a minha imaginação. O passado me interessava pouco, pois já era passado. Eu vivia projetada em um tempo em que tudo se tornava possível graças à imaginação.

Até a morte de Carlo, em substância, eu nunca tinha sido capaz de perceber a bondade do momento presente. Sempre permiti que os minutos passassem, e depois os dias e anos, consolando-me com o pensamento de que certamente "amanhã as coisas serão melhores".

Vendo o caixão sair da sala com meu filho dentro, suas palavras me vieram à mente quando ele me disse: "Mãe, mesmo que todos os nossos sonhos desmoronem, o cinismo nunca deve assumir o controle e esclerosar nosso coração. De cada decepção, sempre nascerá um novo sonho".

Carlo era assim. Este era o seu contínuo otimismo. Foram os seus sentimentos, que ele sempre nos transmitiu.

Da morte de Carlo, aprendi que, não obstante tudo pareça dizer o contrário, é preciso jamais deixar de sonhar com paixão e ser otimistas. O amanhã não está na nossa mão, mas não está nem mesmo nas mãos de um caprichoso "fado" que decide o êxito da nossa existência. É precisamente pensar que está nas mãos de Deus que nos dá esperança de que a morte está definitivamente vencida, porque não é outra coisa senão porta para a eternidade.

Se tivermos essa consciência, aprenderemos a viver de forma apaixonada a realidade que nos rodeia, seremos capazes de ampliar o próprio horizonte e alçar voo em direção a dimensões de outra forma inatingíveis. O real, se vier a ser iluminado pela fé, permite-nos rasgar os véus que vão além do nosso pequeno mundo, feito de aparências e contradições, e abrir-nos ao infinito.

A morte repentina de Carlo me forçou a mudar perspectivas de pontos de vista, especialmente reavaliar e apreciar o presente, junto com as pequenas coisas que normalmente nos veem distraídos, quase viciados.

A falta de Carlo me fez entender melhor as pessoas idosas que vivem de lembranças. Nesse sentido, vem-me à mente uma passagem do primeiro livro da famosa *Recherche* de Marcel Proust, *Do lado de Swann*, em que o escritor conta como o sabor de um pedaço de bolo, a madeleine, fez ressurgir nele a belíssima lembrança de sua tia Leônia e sensações havia muito esquecidas:

> E logo depois, sentindo-me triste com o dia sombrio e a perspectiva de um amanhã doloroso, eu levei mecanicamente aos lábios uma colher do chá em que deixei ensopar um pedaço de madeleine. Mas apenas o gole misturado com as migalhas do bolo tocou meu paladar, estremeci, atento ao fenômeno extraordinário que aconteceu em mim. Um delicioso prazer me invadiu, isolado, sem noção de causa. E imediatamente ele tornou para mim indiferentes as vicissitudes, inofensivos os reversos, a brevidade da vida ilusória [...] já não me sentia medíocre, contingente, mortal.

As lembranças cancelam a distância entre o presente e o passado e se tornam um único tempo. E é isso que me foi dado e continua sendo grande conforto quando penso em Carlo. Se não houvesse passado, não haveria presente, que, a cada momento, se torna passado. Se hoje como hoje, se agora como agora, é possível, e também fácil, para nós escrever sobre o passado, significa que o percorremos, o construímos, o desfrutamos. Mas, ainda que naquele momento eu estivesse experimentando uma escuridão profunda, senti que nenhuma dificuldade, nenhum medo teria sido grande o suficiente para sufocar em mim aquele otimismo que sempre me caracterizou e pressionou a seguir em frente, apesar de tudo. Mais uma vez, para citar as palavras de Carlo:

> Nosso estar neste planeta Terra faz sentido. Faz sentido, se o entendemos como um caminho dirigido, mas pessoal, na direção do Salvador. Então, nosso problema, meu problema, seu problema, é isso: para apressar esse encontro, para realizar esse encontro, para concretizar esse encontro.

Assim, além disso, também o poeta Alexander Pope escreveu: "A esperança brota eternamente no coração do homem" e nunca devemos deixá-la morrer dentro de nós! Esteja sempre disposto a apostar a sua vida nisso! Vamos pensar nos olhos de uma criança: eles são sempre cheios de esperança. Não somos a soma das nossas fraquezas e falhas; pelo contrário, nós somos a soma do amor do Pai por nós e de nossa real capacidade para nos tornarmos imagem de seu Filho.

Enquanto eu tinha Carlo na minha frente, deitado no caixão ainda aberto, os pensamentos continuavam a se debater, indomáveis, na minha mente. Passavam à minha frente vários fatos de sua vida, eventos vividos com ele.

Pensei sobretudo, por alguns momentos, numa viagem que fizemos juntos à França. Carlo tinha cerca de doze anos. Conosco estavam minha mãe e meu marido.

Fomos visitar a pequena cidade de Chartres. Estávamos de carro, perdidos nos campos de milho da imensa campanha francesa, quando uma catedral magnífica surgiu de repente. Parecia estar suspensa entre céu e terra, solitária, hierática.

Carlo ficou emocionado ao ver tamanha beleza. Ele queria ser fotografado em frente à fachada oeste, onde há a entrada principal. Ele se lembrou da porta mística de que fala a Escritura e que introduz na vida eterna. Na fachada, está representado um precioso relevo de Jesus glorificado e rodeado por imagens do juízo universal.

Depois da foto, entramos. Fomos imediatamente atraídos pela beleza das janelas que emolduravam as naves de onde filtravam raios de luz que refletiam uma sinfonia de mil cores, criando uma atmosfera surreal.

Minha atenção foi atraída para o enorme labirinto desenhado no piso da nave central. Construído no século XII, tem uma circunferência de quase 13 metros, ao passo que todo o percurso mede 261 metros. Esse antigo labirinto sempre foi conhecido como o caminho para a "Jerusalém Celeste", porque representa a peregrinação da alma para a vida eterna. Está dividido em quatro áreas principais e onze anéis concêntricos, que devem ser atravessados antes de atingir a meta representada pela flor composta de seis pétalas, cujo elemento central está faltando, justamente porque deve ser preenchido por aqueles que conseguem

O SEGREDO DO MEU FILHO – Por que Carlo Acutis é considerado santo

chegar lá. Carlo começou a percorrê-lo. Ele rapidamente conseguiu chegar ao centro. Esse caminho parecia querer antecipar como seria a sua vida.

Tudo aconteceu em um instante. Ao continuar a visita, chegamos à frente da relíquia do véu que pertencia a Nossa Senhora. Tive um pensamento terrível, a fortíssima percepção de que Carlo morreria em breve.

Fui tomada por grande angústia.

Carlo era meu único filho. Procurei sempre evitar-lhe até mesmo os perigos mínimos considerados inofensivos pela maioria das pessoas. Provavelmente herdei essa extrema cautela do meu pai, que, apesar de eu ser maior de idade e já morar sozinha em Londres por motivo de estudo, por telefone ele sempre me aconselhava a prestar atenção quando atravessasse a rua.

Em Chartres, tudo aconteceu em um instante. Uma sensação de fim, de morte prematura que eu também confidenciei a minha mãe, que, ao contrário, por sua natureza, tendia a minimizar tudo e me tranquilizar. No entanto, esse pressentimento era verdadeiro.

A visão do meu filho, deitado na cama, segurando entre as mãos o rosário que o acompanhou nesses anos, brevemente me lembrou essa viagem para a França, esse pressentimento que tive então: Carlo morreria em breve. Novamente, foi como se o Senhor quisesse me avisar. Em Chartres, de algum modo, ele quis adiantar-se e revelar-me o que aconteceria a meu filho. Não sei por quê. A única explicação que dou é que, às vezes, o céu quer nos preparar para aquilo que a seguir acontecerá conosco.

Levaram embora o caixão. Eu não quis seguir o caixão imediatamente. Fiquei ali um pouco, no quarto de Carlo, sozinha. Todos os rumores haviam cessado. As pessoas haviam saído. Havia ao meu redor apenas o vazio. Deixei que um grande silêncio descesse no meu coração. Não foi um silêncio de desespero, de raiva, de fechamento sobre mim mesma, mas um silêncio que procurava permitir que Deus me consolasse e me ajudasse a ser, apesar de tudo, testemunha de vida.

O destino me separou momentaneamente do meu filho. Minha vida mudou. Mil pensamentos brotavam na minha mente. De repente, estávamos separados. Eu havia sido relegada no aquém, e Carlo, no além. Lembro-me de um sonho estranho que tive uns meses antes de meu filho falecer. Lá estava Carlo vestido de vermelho do lado de lá de um portão, ao passo que eu fiquei fora.

Podíamos nos falar, mas estávamos separados, ele de um lado, e eu do outro. Também esse sonho foi para mim premonição de que nossas vidas seriam separadas. No momento, não prestei atenção, mas depois percebi que também essa peça combinava com o "quebra-cabeça da minha vida".

No entanto, uma certeza surgiu de repente no meu coração: apesar dessa aparente derrota humana, Carlo foi chamado para cumprir uma grande missão no céu, missão que lentamente se revelaria e da qual eu, de alguma forma, faria parte. Lembrei-me das palavras de São Paulo quando, na primeira carta aos Coríntios, reitera que "enquanto os judeus estão pedindo sinais e os gregos buscam sabedoria, nós, ao contrário, anunciamos Cristo crucificado: escândalo para os judeus e loucura para os pagãos; mas, para aqueles que são chamados, tanto judeus como gregos, Cristo é poder de Deus e sabedoria de Deus.

O SEGREDO DO MEU FILHO – Por que Carlo Acutis é considerado santo

Na verdade, o que é loucura de Deus é mais sábio que os homens, e o que é fraqueza de Deus é mais forte que os homens" (1Cor 1,22-25). Como já mencionado, Carlo dizia que, "desde o nosso nascimento, o destino terreno está selado: todos somos chamados a escalar o Gólgota e levar a nossa cruz".

Antes de sair da sala, mais um pensamento veio habitar em mim. A lembrança do que aconteceu na Sexta-feira Santa daquele ano. Participamos da *via crucis* na nossa paróquia. A certa altura, o padre parou com a cruz ao lado do nosso banco. Isso também me pareceu um pouco de presságio: o Senhor estava nos chamando para compartilhar a cruz com ele.

O caixão de Carlo desceu em direção ao carro funerário que deveria levá-lo à igreja para o funeral. Eu tinha diante dos olhos a *via crucis* de Jesus, mistério incompreensível que revela o imenso amor de Deus por nós e, como Carlo dizia,

mesmo que não possa ser totalmente compreendido, não pode senão ser acolhido com gratidão e amor. Uma vez aceito, esse mistério mudará e transformará nosso coração e nossa vida e nos ajudará a compreender qual é o verdadeiro amor de acordo com Deus e não nos deixar enganar, ao contrário, por todos aqueles que são substitutos do amor que o mundo nos apresenta e que não servem para os homens. O Verbo de Deus se encarnou e desceu do céu para nos devolver a graça perdida devido ao pecado original, e continuamos cometendo os pecados atuais. Jesus poderia muito bem levar à realização sua obra redentora de modo não doloroso. Certamente, não lhe faltavam meios e sistemas e métodos aptos a alcançar o fim da salvação sem ter de recorrer ao sofrimento. Mas não. Ele escolheu o calvário. Escolheu a cruz, escolheu a humilhação, escolheu a Paixão.

Também nós, como seus discípulos, devemos aceitar com fé e confiança os sofrimentos da vida, confiando no que São Paulo nos diz na carta aos Romanos: "tudo contribui para o bem de quem ama a Deus".

Estava pensando em Carlo, que dizia que, por sua extraordinária sensibilidade, Jesus sempre sofreu, desde o nascimento até o fim, a partir do momento em que assumiu a natureza humana. Esse particular não é enfatizado o suficiente. Para Carlo, não foi tanto a manjedoura, quanto a passagem da divindade para a humanidade sua grande humilhação e sofrimento. Foi uma passagem certamente não indolor: tratava-se com efeito de proceder do infinito ao finito. Nós que não podemos absolutamente ter uma experiência semelhante, que é única, somos, na verdade, incapazes de avaliar a humilhação sofrida pelo Verbo. Há muita insistência na pobreza e na privação. Mas quanta pobreza e quanta privação naquela passagem do infinito ao finito! E depois o exílio no Egito, viagem difícil e dolorosa. Ele cresceu, portanto, com dor, na privação, nas dificuldades. Depois veio a vida pública, cerca de mil dias. Nenhum privilégio foi concedido. Sofreu humilhações, rejeições. Pensemos na luta surda dos escribas e dos fariseus e saduceus e herodianos e sacerdotes, incluindo o Sinédrio. Eles o seguiram, acussaram, espionaram. Tentaram continuamente pegá-lo em erro; os Evangelhos nos dizem que era uma dor diária. E depois chegamos à famosa semana. Dias de sofrimento indizível. A fuga dos discípulos. A prisão com paus. O processo público. Os insultos, o escárnio, o desprezo. A *via crucis*. O bater de martelos nas mãos e nos pés. Mas por que, sendo capaz de nos redimir sem sofrimento, ele quis escolher a morte e a morte na cruz? A única resposta que consigo dar é que Jesus aceitou tal morte violenta apenas por amor. E eu também, por alguns desígnios misteriosos de Deus, fui chamada a abraçar essa cruz com Cristo.

Durante o calvário no hospital, Carlo tinha-me garantido que me enviaria muitos sinais e ajuda do céu. Esse pensamento me confortava muito, porque eu sabia que meu filho foi particularmente inspirado e próximo do Senhor, e, se ele dizia algo, sempre cumpria suas promessas. Olhei pela janela do quarto e segui os deslocamentos.

Depois que o caixão de meu filho foi colocado lentamente dentro do carro da agência funerária, ele partiu em direção à paróquia Santa Maria Segreta, não muito longe da nossa casa. Assisti a toda a cena até o carro dobrar a esquina e não ser mais visível aos meus olhos.

Assim que o carro desapareceu, senti-me envolvida por profunda sensação de melancolia e dor intensa. Não mais ver o carro com Carlo dentro destacou o abismo, a cesura que foi criada entre mim, que permaneci na Terra, e meu filho, que foi ao céu para sempre. Uma voz, no entanto, me chamou e me afastou desses pensamentos. Eles me chamaram para me apressar. Tive de voltar à realidade.

Eu me preparei e, com a minha mãe e a minha tia, caminhei a pé para alcançar meu marido, que já se havia dirigido à igreja. Quando cheguei, já estava cheia de gente. Pouco a pouco ia enchendo, a ponto de algumas pessoas terem de ficar fora, pois não havia

mais lugar. Vi tantas pessoas chorando desesperadamente, tantos rostos aflitos, tantas emoções estampa-
das naqueles rostos que me olhavam embaraçados,
porque de fato não sabiam como me consolar.

O funeral foi uma prova de quanto Carlo era
estimado e amado. Estavam presentes todos os amigos e também todos os que Carlo havia socorrido.
Os mendigos, os sem-teto, os vários estrangeiros que
ele ajudou ao longo de sua vida estavam lá porque
haviam perdido um amigo verdadeiro. Lembro que
alguns deles vi pela primeira vez. Carlo tinha, realmente, criado um grande círculo de amizades, rede
silenciosa, não totalmente visível quando era vivo,
que naquele momento se manifestou em toda a sua
grandeza e beleza.

A impressão de muitos era não estar num funeral, mas numa festa. Parecia a celebração de uma
passagem para outra vida, vida autêntica. Todo mundo chorava, é verdade, mas, ao mesmo tempo, todos
sentiram a presença de muita luz. Era como se a vida
em que Carlo pousara quisesse, de alguma forma, tornar-se presente. E de fato, sob certos aspectos, estava.

Quando o padre deu a bênção final, dizendo "Ide
em paz e o Senhor vos acompanhe", por pura coincidência os sinos da igreja começaram a tocar em toques
de festa. De fato, a cerimônia terminou ao meio-dia,
precisamente ao meio-dia. Os numerosos padres que
concelebraram nos disseram que, para eles, esse foi
o sinal de que a morte de Carlo foi o começo de sua
vida ao lado de Deus. E, de fato, assim pareceu para
muitos: os sinos tocaram, e foi como se Carlo quisesse
tornar-nos participantes da festa que no céu, com a
sua chegada, tinha apenas começado.

O SEGREDO DO MEU FILHO – Por que Carlo Acutis é considerado santo

O pároco leu um de seus textos e comparou Carlo com o profeta Jeremias.

Meu filho realizou os primeiros milagres exatamente no dia do funeral. Uma senhora com câncer de mama, sem ter ainda começado a quimioterapia, invocou Carlo e curou-se. Outra senhora, de Roma, 44 anos, vinda da capital para se despedir de Carlo, implorou, porque não podia ter filhos. Pediu essa graça a Carlo, e alguns dias após o funeral estava grávida. Nove meses depois nasceu uma linda garotinha.

As pessoas começaram a orar espontaneamente ao meu filho, para pedir sua intercessão. Era como se eles o sentissem já beato. Na verdade, a subida de Carlo à glória dos altares começou no dia do funeral, mediante depoimentos de amigos e conhecidos. Inesperadamente, a fama de santidade se espalhou muito rapidamente e por todo o mundo.

Foi um evento espontâneo e popular. Os fiéis, os amigos e as pessoas que meu filho encontrou em sua vida começaram a invocá-lo, considerando-o com certeza capaz de intercessão. Vários milagres aconteceram e ainda acontecem hoje, porque as pessoas acreditam na possibilidade de que Carlo possa interceder. É a Igreja que, por meio da devoção daqueles que oram a ele, reconhece sua santidade. É a fé deles que comove o coração de Jesus, que concede graças e milagres por sua intercessão e seus méritos. Meu filho me disse que me ajudaria muito do céu, e assim tem sido desde o dia do seu funeral. Depois de sairmos de Santa Maria Segreta, tivemos de levá-lo para o cemitério para enterrá-lo.

Lembro-me de um sonho estranho que tive nessa época. Eu estava com meu marido na igreja.

– 52 –

Atravessamos o longo corredor que conduz ao altar. A igreja estava cheia de gente. Todos nos olhavam como se fôssemos protagonistas de algo especial. Pois bem, foi como me senti desde a morte de Carlo, protagonista de uma história importante não por mérito, mas por vontade divina. Carlo disse seu "sim" a Jesus, e a generosidade dele provocou o início de uma história de "misericórdia" que ainda hoje, apesar de ele viver em outra dimensão, continua.

Após o funeral, o corpo de Carlo foi levado ao cemitério de Ternengo, na província de Biella, onde se encontra um dos túmulos da família, esperando que fosse preparado e acabado o túmulo que compramos em Assis, de acordo com ele. Meu filho me dissera várias vezes que Assis era o lugar onde se sentira mais feliz. Esse era o lugar onde queria ser enterrado. E assim foi. Seu túmulo tornou-se logo meta de peregrinações, especialmente para grupos de jovens acompanhados por seus educadores; um rio transbordante que nunca parou de fluir. São milhares as pessoas que se dirigem a Carlo e a quem ele ajuda continuamente.

Pouco depois de sua morte, visitou-nos o pároco de Santa Maria Segreta, padre Gianfranco Poma, com o sacristão, que se chamava Neel, um homem do Sri Lanka.

Por um tempo, Neel voltou ao seu país para cuidar da mãe doente. Em seu retorno, ele me disse que tinha encontrado Carlo, que agora tinha-se tornado um rapagão, muito alto, e no momento sequer o reconhecera. Foi ele quem lhe recordou quem era. Neel me disse que ficou impressionado com o comportamento dele, muito diferente do comportamento de

O SEGREDO DO MEU FILHO – Por que Carlo Acutis é considerado santo

seus companheiros, e repetiu para mim que ele não era um jovem como os outros. Era amigo de todos e respeitoso com todos. Neel lembrava, por exemplo, que Carlo nunca gritava, e sempre era gentil com todos. Cumprimentava sempre com um lindo sorriso ensolarado. Neel me trouxe um belo poema que havia escrito e dedicado a Carlo, no qual o comparou à estrela mais brilhante do firmamento. Escreveu que ninguém era como ele e muitas outras coisas bonitas.

Fiquei curiosa com o poema e pensei que Carlo havia sido grande amigo dele. Em vez disso, fiquei muito surpresa quando soube que Neel nunca tinha falado diretamente com ele e aqueles belos versos haviam brotado do coração apenas pela forma como meu filho o cumprimentou quando cruzou com ele. Um simples "olá" dito por Carlo era como uma flecha dourada que atingia o coração das pessoas. E assim foi com Neel.

Esta também foi uma grande lição de Carlo para mim: cada momento pode ser diferente se o vivermos com a intensidade certa. Mesmo um simples cumprimento acompanhado de um lindo sorriso, que aparentemente poderia parecer insignificante, pode ser muito importante e impressionar profundamente aquele a quem nos dirigimos. De certa forma, é o que Madre Teresa de Calcutá também sustentava. Ela sempre dizia que "nunca saberemos quanto bem pode fazer um simples sorriso, e não há melhor hora do que esta para ser feliz". Para ela, cada instante era o momento para viver plenamente, não outros do futuro. Não se arrependeu do passado e não vivia pensando apenas no amanhã. Não, ela vivia no presente, e Carlo também. Esse tipo de saudações especiais, esses sorrisos, ele sabia como dispensar a qualquer pessoa que encontrasse.

Neel me disse também que às vezes encontrava Carlo na rua acompanhado pelo empregado, Rajesh, e via que a relação deles era como a que se estabelece entre dois velhos amigos. Ele estava profundamente convencido de que Carlo era um jovem realmente especial. Este, por outro lado, era sempre sereno, nunca sombrio, zangado ou triste. Essa sua mansidão lhe causara tamanho impacto; com efeito dizia que a maior parte de seus companheiros estavam mais sujeitos a mudanças de humor, que deixavam transparecer de modo evidente até mesmo no rosto. Mesmo no comportamento na igreja se distinguia: via-o sempre composto e imerso em oração diante do tabernáculo. Definitivamente, o fato de Carlo ir à missa todos os dias o tocou profundamente, porque os jovens, especialmente hoje em dia, nunca são vistos na igreja. Reproduzo algumas estrofes do belo poema que escrevera em memória dele, na minha opinião, muito significativas:

Muitas são as estrelas que brilham na noite do céu, algumas emitem luz mais viva, há uma que se destaca pelo seu brilho, e me faz pensar em ti, Carlo. Nem todos aqueles que olham para o céu percebem a diferença entre uma estrela e outra. Tu, Carlo, és inconfundível. Não encontrei ninguém como tu até agora.

Pouco depois da morte de Carlo, encontrei várias vezes o pároco da igreja que frequentávamos. Contou-me ter descoberto que Carlo pertencia a uma família importante somente mediante os jornais, tinha visto os necrológios dedicados ao nosso filho. Com ele, como com todos, Carlo sempre se mostrara pessoa simples. Vestia traje clássico e circulava com uma

O SEGREDO DO MEU FILHO – Por que Carlo Acutis é considerado santo

bicicleta toda quebrada. Nunca falava de si mesmo. O pároco nos disse que sempre ficara impressionado com sua discrição. Escreveu estas palavras sobre ele:

Os meses passam e, no entanto, a "passagem" do jovem Carlo Acutis no vau da Páscoa do Senhor me ilumina cada vez mais claramente como um sinal da graça, um sinal incomum, excepcionalmente acessível e muito familiar. Eu tenho meus motivos para chamar a atenção à sua importância e beleza, justamente em referência à "cotidianidade evangélica normal" do estilo de sua vida, que se manifestou a mim nas frequentes ocasiões em que entrei em contato com ele. Mas hoje me impressiona sempre mais nitidamente como um sinal da graça, um sinal não comum, o eco que vem a mim, mediante depoimentos espontâneos de muitas pessoas – de todas as idades –, que sentem a necessidade de falar comigo sobre isso. Em comum, constantemente, todas essas lembranças têm característica impressionante: a percepção de que Carlo vivia um estilo de vida absolutamente normal, mas com uma harmonia absolutamente especial. Sem ostentação, sem inclinação a parecer "especial", nenhum voluntarismo voltado a construir para si uma imagem de supremacia; pelo contrário, sempre sentia-se à vontade em deixar aparecer integridade, gosto pela vida em suas múltiplas expressões, simplicidade de modos e de linguagem (no sentido da ausência natural de duplicidade ou cálculo). Ele era um jovem talentoso, como todos reconhecem: inteligência lúcida e concreta e sentido de responsabilidade, fino sentido de humor e um claro horizonte de valores não sucateáveis, um jovem franco e carinhoso, mas sem orgulho e apaixonado pelo agir planejado e desinteressado, no qual sabia investir energias, capacidade e amabilidade; pontualmente paciente nas fadigas da realização de projetos de grupo, geralmente alheio à retaliação do ressentimento e da teimosia.

Carlo me havia prometido vários sinais assim que entrasse no céu, e assim foi. Certa manhã, pouco depois de sua morte, acordei assustada. Uma voz dentro de mim falava claramente e me repetia a palavra "testamento".

Eu estava convencida de que tinha sido Carlo que falara. Ele queria que eu encontrasse um testamento seu ou algo assim. Em vida, ele era sempre pródigo de surpresas, então, pensei, até como morto.

Emocionada, corri para o quarto dele. Eu esperava encontrar uma carta, uma mensagem que até então me escapara. Todavia, procurei em vão.

Acidentalmente decidi abrir o computador e comecei a olhar alguns dos seus apontamentos. A certa altura, fui atraída por um vídeo, de dois meses antes, que estava à vista no *desktop*. Não o havia aberto. Eu abri naquele momento. Carlo havia filmado a si mesmo, creio que com uma antiga câmera. Durava alguns segundos. Dizia: "Eu cheguei aos setenta quilos e estou destinado a morrer".

Ele sorria ao repetir essas palavras e olhava feliz para o céu, transmitindo certa serenidade. Fiquei muito chocada ao ver o vídeo. E me confortou um pouco. Era como se ele quisesse me dizer que sentia que Deus estava chamando. Estava convicto de que morreria por causa de uma veia que se rompera no cérebro. Na verdade, desde criança, esteve convencido de que morreria por causa de uma veia rompida no cérebro, o que de fato aconteceu, porque a causa de sua morte foi exatamente uma hemorragia cerebral. E às vezes, quando Rajesh ficava preocupado de que seu cabelo estava começando a branquear, Carlo dizia, brincando: "eu sempre serei jovem".

Houve, no passado, episódios nos quais Carlo dissera coisas aparentemente sem sentido, que depois aconteceram. E de alguma forma isso também aconteceu. Carlo morreu jovem, nunca conheceu a idade da maturidade, a idade adulta.

No primeiro domingo de outubro, alguns dias antes da morte de Carlo, fizemos a súplica a Nossa Senhora de Pompeia. Pedimos à Virgem Maria a graça de nos ajudar a ser santos, para não nos deixar ir para o purgatório e para nos levar direto ao paraíso após a morte. Os pedidos foram formulados diretamente por Carlo.

Pouco depois de sua morte – Carlo havia partido havia mais de um mês –, recebi a confirmação de que tínhamos sido atendidos. Na verdade, fiz uma peregrinação com meu marido ao Monte Sant'Angelo, no Gargano, na Puglia. Cheguei de carro a esse lugar santo, construído sobre uma enorme caverna de calcário, num promontório com mais de oitocentos metros acima do nível do mar. Nesse santuário, onde se diz que o arcanjo São Miguel apareceu quatro vezes, todos os dias é possível obter a indulgência plenária e a remissão das penas. É o único lugar santo consagrado diretamente pela mão do arcanjo Miguel.

Para acessá-lo, é preciso descer uma escada de quase cem degraus. Carlo adorou esse lugar, e, em mais de uma ocasião, fomos juntos lá, em peregrinação. Sempre que descia essa escada, ficava muito emocionado; a longa descida até a caverna lhe parecia simbolizar um pouco uma mística descida "dentro de si mesmos" que todos nós deveríamos fazer para nos conhecermos melhor, e assim poder melhorar.

Assisti à última missa da tarde com meu marido. Terminou por volta das 16h30. A igreja tinha acabado de esvaziar. Na verdade, não havia mais ninguém. Então decidi ficar um pouco mais bem na frente do altar onde se encontra a imagem de São Miguel.

Comecei a pensar em Carlo, se ele já estava no céu com Jesus, e de repente tive uma locução interna. Uma voz me dizia estas palavras simples: "Carlo está no paraíso, e isso é o suficiente para ti".

Essa resposta me consolou muito. Mais tarde também, tive outras confirmações de sacerdotes devotos de Carlo, que moravam no exterior e tinham sonhado com meu filho, que também a eles havia confirmado que tinha ido direto ao paraíso após a morte, sem passar pelo purgatório.

"Tenho sede"

O verão de 2006 foi o último que Carlo viveu nesta terra. Daqueles meses lembro-me sobretudo dos dias que passamos juntos em Santa Margherita Ligure, na casa dos avós paternos. Eu me lembro de tantos fatos, mas quero começar com o que ainda me vem à memória como o mais importante. Estávamos voltando da missa da tarde, e caminhávamos pela bela alameda que acompanha o mar. Carlo, com a simplicidade e ao mesmo tempo a franqueza que lhe eram peculiares, me perguntou o que eu acharia se ele se tornasse padre.

Nesse momento, eu não soube o que dizer. Escutei-o com benevolência. Seu amor por Jesus e pela Igreja não me era desconhecido. Foi por isso que a revelação não soou para mim algo não natural. Aliás, descobri depois que ele compartilhou esse mesmo desejo íntimo também com minha mãe, sua avó. Evidentemente, havia tempo que estava pensando na hipótese de abraçar a vida religiosa. A vocação é "tornar-se ciente de que Deus nos pede algo que ele já tem em mente, e que conta conosco", escreveu o cardeal Spidlik.

Não lhe disse muitas palavras. Tentei fazê-lo entender que eu estava mais interessada na felicidade dele. Se esse desejo de abraçar a vida religiosa era um assunto sério e sentido, eu teria ficado muito feliz por ele.

No caso de ele ter chegado à ordenação sacerdotal, provavelmente teria escolhido se tornar padre diocesano. Ele os estimava muito. Apreciava sua vida diária de trabalho recluso e no silêncio, um trabalho dedicado à vida dos fiéis que lhes são confiados. Um cristianismo do dia a dia, em suma. Para Carlo, era ali, na vida de todos os dias, que Jesus se mostrava, e andava no meio do seu povo. Ele não o procurava nas grandes coisas, mas em minuciosos eventos ordinários da vida.

Várias vezes me perguntei que tipo de padre ele teria sido se tivesse abraçado a vida consagrada.

A resposta mais convincente vem para mim de um grande sacerdote, São Cura d'Ars: "É o padre que continua a obra da redenção na terra [...] Quando virdes o padre, pensai em nosso Senhor Jesus Cristo [...] Todas as boas obras juntas não equivalem ao sacrifício da missa, porque são obras de homens, ao passo que a santa missa é obra de Deus. O sacerdócio é o amor do coração de Jesus". Tenho certeza de que essa descrição é aquela que também Carlo sentia dentro de si.

Essa simples pergunta foi a revelação de um desejo importante, no entanto feito para mim com extrema naturalidade, sem medo do meu julgamento, com aquela franqueza típica que era característica dele. Claro, se ele ainda estivesse vivo hoje, não está dito que necessariamente teria abraçado esse caminho. Ninguém pode dizê-lo. Às vezes gosto de pensar que sim. O Senhor, eu sabia bem, havia cavado fundo no seu coração para ser encontrado. Para ele, Jesus era "o seu tudo". Por isso, era, de alguma forma, natural que ele pensasse dedicar-lhe a vida. Definitivamente, o exemplo brilhante de algumas figuras sacerdotais ajudou a fazer nascer nele o desejo de imitá-los. Muitas amizades importantes para ele também vieram da vivência familiar. Mas, repito, mais do que qualquer outra pessoa, na minha opinião, quem se aninhava em seu coração era o Senhor, diretamente.

Muitas vezes, em Santa Margherita, tivemos a oportunidade de fazer passeios de barco. Na verdade, meu sogro era dono de uma pequena lancha com cabine que nos permitia ficar no mar o dia todo. Lembro-me de várias saídas em direção de Cinque Terre. Ficávamos no mar longas horas, imersos na natureza não contaminada, em água limpa e rica em peixes.

Num dos últimos dias de férias, nos dirigimos até a altura de Porto Venere, não muito longe de La Spezia. Estávamos navegando calmamente quando, de repente, uma multidão de golfinhos se aproximou do barco e começou a nadar ao nosso lado. O avô disse que em sua vida jamais assistira a cena semelhante. Poderia acontecer que um ou dois golfinhos se aproximassem de vez em quando, mas dezenas e dezenas, jamais. Um cardume inteiro nos acompanhou. Os peixes saltavam ao redor do barco, e nos seguiam aonde quer que fôssemos. Tive a sensação de que queriam nos usar de escudo e, ao mesmo tempo, comunicar-nos sua alegria. Eu me lembro do rosto de Carlo – estava extasiado, radiante.

Só descobri mais tarde que, nos dias anteriores, várias vezes rezara a Jesus para que, antes de voltar à vida de todos os dias, lhe fosse concedido ver ao vivo os golfinhos. Eles estavam, de fato, entre seus animais favoritos. A primeira vez ele os vira foi em Gardaland, para onde íamos todos os anos para um dia divertido, por ocasião do seu aniversário. Entre os vários *shows*, havia também o de golfinhos. Em Porto Venere, ficaram conosco muitos minutos. Hoje, olhando para trás, estou convencida de que a presença deles naquele dia foi uma graça especial, eu diria uma delicadeza do Senhor, para com Carlo. Desde pequeno, foi objeto de atenções especiais da parte de Deus. Seu diálogo com ele era contínuo, e Carlo nos dizia que o Senhor de alguma forma escutava sempre as orações dele. Esse era um pouco o seu segredo: o fato de viver uma relação constante de intimidade com Jesus. Ele desejava que todos pudessem ter esse relacionamento como ele. Não achava que era um bem exclusivo. Estava convencido de que até essa relação era acessível a todos. Pedia a cada um que se dirigisse a Deus por qualquer necessidade: ele ouve e responde, dizia. "É necessário, no entanto, acreditar, ter fé que esse diálogo é possível e real.

Carlo estudou em profundidade o que os golfinhos representam na iconografia cristã: são símbolo da salvação trazida por Cristo. Já nos tempos antigos, de fato, o golfinho era um animal considerado amigo dos homens, protetor dos marinheiros que o encontravam durante suas travessias no mar. Ele sempre foi visto como um conciliador, um portador de paz e harmonia, e também um ponto de referência para o homem. O próprio Dante, em *A divina comédia*, no livro do *Inferno*, narra como os golfinhos alertaram os marinheiros de uma tempestade iminente. E, ainda, é o historiador Franco Cardini que lembra como, desde os tempos das catacumbas,

a iconografia cristã usou o golfinho de duas maneiras básicas: para representar a alma do cristão que chega ao porto da salvação pelas águas marinhas da existência; para representar o próprio Cristo. A âncora, nesse contexto, podia assumir a função da cruz, e o tridente, um papel análogo.

Tertuliano chama os fiéis de "peixinhos" e diz que devem inspirar-se no "Grande Peixe", o Cristo. Paulino de Nola, escrevendo para um bispo chamado Delfino, brinca com o nome de seu interlocutor e o aproxima do "Verdadeiro Golfinho" que é o Cristo. "Mesmo nas lendas hagiográficas", continua Cardini,

> o cetáceo faz sua aparição: dois golfinhos levam à praia São Calístrato, que Diocleciano havia jogado ao mar; o corpo de Luciano de Antioquia é carregado por outro golfinho; São Martiniano, cavalgando um golfinho, foge das tentações da luxúria. E personagens cavalgando golfinhos se encontram, por exemplo, no piso de mosaico do pavimento da Catedral de Otranto. Sua lealdade à amizade e o episódio de São Martiniano também explicam como o golfinho – que, entre os gregos, às vezes, é companheiro de Afrodite, e além disso é fácil de explicar dada a origem marinha dessa última –, é tido como símbolo de fidelidade, especialmente conjugal.

Não sei se Carlo sabia de tudo isso perfeitamente. Ele certamente amava golfinhos, sentia que estava vivendo com eles uma sintonia particular, e sabia muito bem o significado que eles têm na vida dos crentes. Carlo gostava de toda a natureza, percebia bem como era um presente de Deus. E na natureza privilegiava os golfinhos, as criaturas que, de modo especial, fizeram com que se sentisse perto do Senhor, perto de Cristo.

Lembro-me de muitos episódios desse último verão passado na Ligúria. Volta à minha memória de modo especial uma noite em que Carlo e eu ficamos sozinhos em casa. Meus sogros tinham sido convidados por alguns amigos. Jantamos juntos e nos sentamos no terraço com vista para o belo porto de Santa Margherita, na parte norte da enseada em forma de ferradura, onde a cidade se desenvolve. Era uma bela noite de verão, ligeiramente arejada. O ar morno e leve ajudou-nos a não sofrer com o grande calor que neste lugar muitas vezes se torna muito abafado. Apesar do vozerio de fundo daqueles que caminhavam ao longo da estrada, desfrutamos de silêncio discreto. A distância, ao longo da costa, entreviam-se as luzes das casas. Adornavam a natureza, ajudando a criar uma atmosfera quase de conto de fadas. A lua e as estrelas do céu se espelhavam no mar calmo e me faziam lembrar o maravilhoso quadro de Van Gogh *Noite estrelada sobre o Ródano*, conservado no Musée d'Orsay, em Paris.

Comecei a trabalhar com meu computador e Carlo também começou a estudar para o dever de casa das férias. A certo ponto, recebeu uma ligação de uma amiga. Para não me perturbar, afastou-se um pouco, mas sem querer escutei toda a conversa. Nunca fui mãe intrometida. Nunca escutei as conversas dele. Na verdade, sempre tentei me manter à margem. Mas, nessa noite, foi inevitável ouvi-lo. Fiquei imediatamente impressionada pelo que Carlo disse. Lembro que repreendia a amiga de forma muito paternal, mas, ao mesmo tempo, severa. Carlo era assim: bom, mas, ao mesmo tempo, decidido, poderia dizer autoritário. Pelo que pude entender, a amiga tinha conhecido um cara numa discoteca e na mesma noite tivera relações íntimas com ele.

Carlo gostava muito da pureza. Não era fanático – longe disso –, mas reconhecia em cada pessoa uma dignidade especial que tinha de ser respeitada, e não consumada. Pensava que era necessário tomar tempo antes de entregar-se até o fundo ao outro. Várias vezes repreendia seus companheiros se, na opinião dele, antecipavam o tempo e se permitiam levianamente experiências pré-matrimoniais. A pureza não era fim em si mesma. Não era por mero ascetismo que a sugeria. Era mais pela consciência de que cada relacionamento, se vivido como presente de Deus, pode dar o cêntuplo, a felicidade. Se, por outro lado, é abusado, não consegue produzir os frutos que promete.

Tenho de dizer a verdade, às vezes quase parecia ouvir um padre falando, e tive vontade de sorrir ao ouvi-lo falar aos outros sobre a importância do corpo, "templo do Espírito Santo". Com frequência falava da Santíssima Trindade e dizia que o Pai tem um trono no céu, e também o Filho, porque ele se assenta à sua direita, ao passo que o Espírito Santo tem por trono nosso coração, que se torna templo de Deus. Por isso – continuava – devemos respeitar a sacralidade que é a nossa alma e que é o nosso corpo, não banalizar o amor, reduzindo-o a mera "economia do prazer", destinada apenas a satisfazer desejos egoístas, e não o contrário, o verdadeiro bem.

Ao ouvi-lo falar, mais uma vez, pareceu-me estar relendo belas páginas do famoso romance *O Pequeno Príncipe*, escrito por Antoine de Saint-Exupéry, em que o protagonista explica à sua pequena rosa a diferença entre amar e querer bem:

"Amo-te", disse o principezinho. "Também eu te quero bem", respondeu a rosa. "Mas não é a mesma coisa", respondeu ele. "Querer bem significa tomar posse de algo, de alguém, significa procurar nos outros aquilo que preenche as expectativas pessoais de afeto. Amar é permitir ao outro ser feliz, mesmo quando o seu caminho é diferente do nosso. É sentimento desinteressado que nasce da vontade de doar-se, oferecer-se completamente do fundo do coração. Quando amamos, oferecemo-nos totalmente sem nada pedir em troca.

Carlo amava muito *O Pequeno Príncipe*. Era talvez o livro no qual, mais que todos, se espelhava, embora suas leituras fossem variadas e, de certa forma, intermináveis. Posso dizer que cresceu com o Pequeno Príncipe. Foi uma de suas leituras desde tenra idade. Ele lera várias vezes.

Quando Carlo falava do amor, de se apaixonar entre rapaz e moça, sempre se referia ao ensino de tantos santos que foram capazes de amar os outros sem desejar possuí-los. Carlo sabia como manter distanciamento, que não era desinteresse, mas entrega dos outros a Deus. Para ele, o homem é sagrado, cada um é filho de Deus, também todas as moças. Por isso, amava tudo e todos sem tomar posse, sem sujeitá-los a si mesmo. Era como se, quando se relacionava com o próximo, deixasse que, entre ele e o outro, houvesse terceira pessoa, ou seja, o próprio Deus. Deixava que Jesus entrasse em seus relacionamentos, os habitasse, e deixava a ele a última palavra, confiava-os a ele, certo de que, agindo assim, nada lhe faltaria. Considerando-o presente realmente, não ousava sujar as outras pessoas, deixar-se vencer pelos egoísmos; buscava, antes, amar com o mesmo amor dos Evangelhos, amor que foi o de Jesus.

Carlo gostava muito da pureza e do sacramento do matrimônio. Com efeito, estava convencido de que os cônjuges, por meio do dom do Espírito Santo que recebem no matrimônio, são tornados participantes dessa capacidade de amar que é de Cristo. Se acolhida e tornada própria, permite realizar de forma plena e completa todas as finalidades próprias da vida conjugal e familiar, permitindo-lhes cooperar nesse desígnio de amor que Deus tem para cada um.

Dizia que o matrimônio tem suas raízes diretamente no coração de Deus, nosso Criador, e é sinal eficaz da aliança de Cristo com a Igreja: "Vós, maridos, amai vossas esposas, como Cristo amou a Igreja", diz São Paulo na Carta aos Efésios (5,25), dando a própria vida por ela. Se algum de seus amigos criticasse o sacramento do matrimônio, banalizando-o, ele repetia sempre com profunda convicção que, em vez disso, era necessário seguir os ensinamentos de Jesus e esperar o matrimônio antes de ter relações sexuais. Lembro-me de ouvi-lo repreender, em mais de uma ocasião, também aqueles entre os amigos que se gabavam de ir a sites pornográficos ou de ler coisas que ele definia "prejudiciais à alma", ou diziam abertamente ser praticantes do "autoerotismo". Dizia-lhes que, ao fazer isso, se tornavam semelhantes aos fantoches do livro de Pinóquio, aqueles que Come-fogo usava para seus espetáculos, que logo em seguida atirava diretamente ao fogo. Era sua forma metafórica de ilustrar o que acontece com as almas que não conseguem resistir às tentações e se permitem ser desencaminhadas e subjugadas aos próprios vícios. Quero reiterar isso. Para ele, ficar longe de sites pornográficos ou de leituras inadequadas não era pieguice. Era, antes, a única maneira de não ser contaminado, para não abrir as portas para atitudes que mais tarde deixam um gosto amargo na boca, não nos fazem felizes. A felicidade, dizia, está em amar os outros como Deus os ama, e não em extravasar nos outros os próprios desejos egoístas.

Carlo frequentemente expressou esse ponto de vista. Fazia-o sem medo e até com aqueles que não conhecia. Lembro finalmente que, um ano antes, no verão de 2005, em Assis, às vezes íamos passar algumas horas na piscina municipal, que fica ao ar livre e é cercada pelas belas encostas verdes do monte Subásio.

Foi justamente numa dessas tardes que percebi que, a certa altura, Carlo havia ficado muito perturbado. Eu o vi levantando-se de repente e ir ao salva-vidas porque, do lado oposto da piscina, havia dois jovens de aproximadamente dezesseis anos. Estavam se beijando na frente de umas crianças que os observavam um tanto divertidas e outro tanto embaraçadas. O salva-vidas foi imediatamente aos jovens e pediu que parassem. Carlo era assim: não suportava a vulgaridade, especialmente quando era causa de escândalo para almas inocentes.

Se fosse necessário explicar a razoabilidade do pensamento da Igreja em questões delicadas, Carlo estava sempre pronto. Sobretudo ao se falar da dignidade da vida e do embrião. Naquele verão, dedicou-se a uma pesquisa que seu professor de religião lhe confiara. Havia ficado muito chateado ao saber que, mediante essas técnicas, muitas vezes produz-se grande número de embriões que serão congelados ou usados nas experiências médicas. Justamente nesses dias ele me confidenciou ter tido um pesadelo. Em sonho tinha visto várias pessoas congeladas. E ficou muito impressionado. Dizia que teria sido obra sagrada se houvesse mulheres disponíveis para "adotar" cada um desses embriões congelados, para dar-lhes a chance de vir ao mundo. Carlo não tinha interesse em julgar as pessoas, dizia que só Deus pode fazer isso. Evitava também os católicos que atacavam com força e quase maldade a quem – diziam – se manchava de "crimes". Em vez disso, procurava encontrar soluções para o bem de todos. E para ele o bem era simplesmente tentar fazer essas vidas nascerem. Sua intenção não era se opor, como se fosse necessário erguer muros contra aqueles que pensam o contrário. Pelo contrário, considerou correto deslocar o foco para a luz, encontrar respostas de luz para as trevas, para o que está errado.

Pensava frequentemente em seus amigos. Ele os levava em seu coração a qualquer lugar. Sempre orava por eles, também oferecendo pequenos sacrifícios. Para ele, aliás, a amizade era muito importante. Querer o bem dos amigos, desejar o bem deles, significava para Carlo querer o bem de suas almas.

Nisso, em certo sentido, ele se permitia ser ensinado mais uma vez pelo *Pequeno Príncipe*, leitura verdadeiramente decisiva em sua vida. Muitas vezes repetia a frase da raposa, que diz: "É o tempo que dedicaste à tua rosa que a torna assim importante". É o tempo que vamos dedicar aos nossos amigos – repetiu –, que os tornará especiais e únicos. Porém, um tempo que sempre deverá ter por centro o amor por Deus. Então será realmente um momento de qualidade.

Mesmo de longe, mesmo de Santa Margherita Ligure, com o telefone ou com a internet, Carlo sempre esteve perto dos amigos. Tentava fazer com que todos se sentissem únicos, especiais, irrepetíveis. Vários, após sua morte, testemunharam esse olhar que ele tinha por eles. Olhar que sempre se transformava em ação. As dele não eram apenas palavras. Palavras e pensamentos sempre foram seguidos por ações. No livro de Saint-Exupéry, a raposa explica ao Pequeno Príncipe como ambos precisam um do outro. Se o Pequeno Príncipe tivesse empregado seu tempo para domesticá-la, se tornaria único para ela. E ela também se tornaria única para ele.

Assim, para Carlo, cada um tinha algo a dar ao outro: compartilhando, tornando-se especiais uns para os outros e concorrendo para a realização de todos. Dedicar tempo para os outros permite criar laços únicos que resistem às tempestades do tempo. Não foi por acaso que Jorge Luis Borges – outro autor que Carlo costumava ler – escreveu: "Não posso te dar soluções para todos os problemas da vida, não tenho respostas para tuas dúvidas ou medos, mas posso ouvi-los e compartilhá-los contigo". Eis, essa partilha era amizade para Carlo.

Ele repetia que todo homem carrega consigo a imagem refletida de Deus. E por isso cada um é único e irrepetível. Não ao acaso, ele sempre recordava: "Entre as impressões digitais, não há uma igual à outra". Para dizer de novo com o *Pequeno Príncipe:* "Vê-se bem com o coração, o essencial é invisível aos olhos". Somos responsáveis pelo que "domesticamos". Em suma, o compromisso que assumimos nos relacionamentos com os outros implica a necessidade de assumir todas as suas responsabilidades, envolver-se e não escapar, caso contrário faremos como o geógrafo do *Pequeno Príncipe*, que, recusando-se a explorar o próprio mundo, aquele para ele mais perto, se refugia para fazer pesquisas em lugares muito mais distantes, perdendo o essencial da vida e das pessoas que o cercam.

Lembro-me do último verão como dias e semanas nas quais Carlo, mesmo a distância, conseguiu dedicar tempo e energia para seus amigos. Na verdade, pouco se preocupava consigo; cada dia era dedicado aos outros, ao seu mundo que, no fundo, era pequeno, porém especial e único em seu coração.

Em Santa Margherita, dormíamos no mesmo quarto. Dava para a estrada principal, logo abaixo. Fazia sempre muito calor. Mantínhamos as janelas abertas à noite, esperando um pouco de refresco. Uma noite, por volta das 2h30, acordamos de repente ouvindo jovens que gritavam. Eles blasfemavam o Senhor, rindo grosseiramente. Suas vozes pareciam as de demônios encarnados, realmente não sei como defini-los melhor. Carlo acreditava na existência do diabo. Sabia que o mal é quase sempre obra do homem. Mas também sabia que o diabo é uma criatura real capaz de empurrar o homem ao mal. Quase reconheceu sua presença. Nas vozes daqueles jovens, vislumbrou a sua ação. Costumava repetir as palavras que os papas dedicaram ao mal e sua personificação, o diabo. Dizia que com ele nunca se deveria falar, isso é perigoso. Só no Senhor é preciso confiar. E quando se percebe a presença do diabo, não se deve ter medo, porque o Senhor é mais forte que tudo e todos.

Carlo sempre fora muito rígido com os que insultavam os santos, Nossa Senhora e Deus, blasfemando. Então decidimos rezar o rosário por aqueles jovens que certamente, assim sustentou Carlo, não tinham consciência do que diziam: "Fazem-no sem refletir", disse, convicto. "Fazem-no porque seu coração está condicionado por quem quer o mal deles, não percebem a gravidade de suas palavras, não têm a plena advertência."

Para ele, eram vítimas de pessoas mais velhas que eles, das quais, infelizmente, aprenderam esses maus hábitos. Interceder por essas pessoas não era nenhuma novidade: quantas vezes eu o tinha visto orar por eles, passar horas em oração para pedir ao Senhor que pessoas como aquelas compreendessem a gravidade dos seus gestos e palavras.

Carlo dizia que a blasfêmia é pecado gravíssimo, que ofende muito a Deus. Além de orar por eles, frequentemente intervia de modo direto. Nunca fazia isso abruptamente, mas sempre com doçura. Que impressão vê-lo assim, ainda jovem, ir ao encontro de jovens que não conhecia e dizer-lhes que não valia a pena continuar, que era melhor pararem, pois não percebiam o mal que estavam causando.

Nesse sentido, durante uma de nossas idas à piscina municipal de Assis, que no verão é frequentada por jovens do lugar, ouvimos muitos deles blasfemando. Nessa ocasião, foi ameaçado por alguns desses jovens, que corajosamente repreendera, convidando-os a parar de praguejar contra Deus. Não se desmoralizou, mas reagiu de sua parte. Citou-lhes o que dizem os santos contra blasfemadores. Ele havia notado as palavras que Padre Pio tinha falado sobre a blasfêmia: "É a maneira mais segura para ir ao inferno. É o diabo na tua boca", disse-lhes. Também conhecia bem Santo Agostinho, que trovejava contra todos os que ofendem a Deus: "A blasfêmia é ainda mais grave que o assassinato de Jesus Cristo, porque os crucificadores de Jesus não sabiam o que faziam e não conheciam Jesus como verdadeiro Deus, ao passo que os blasfemadores geralmente sabem o que dizem e sabem quem é Deus". E também as palavras de Santo Tomás de Aquino: "A blasfêmia é o mais enorme dentre todos os pecados". E, por fim, São Bernardino de Sena: "É o maior pecado que pode haver... maior que a soberba, o homicídio, a ira, a luxúria e a gula... A língua do blasfemador é uma espada que trespassa o nome de Deus". Os jovens o escutaram. Um pouco atordoados, não reagiram. Deixaram de ameaçá-lo e foram embora. Não sei o que pensaram. Mas tenho certeza de que, chegados em casa, as palavras de Carlo começaram a funcionar em seu coração. Com os jovens da rua em Santa Margherita, ao contrário, decidiu não fazer nada. Fechou a janela e me pediu para rezar por eles junto com ele. E assim fizemos.

Em Rapallo, há um belo santuário dedicado a Nossa Senhora. Localiza-se no topo da colina Montallegro. Muitos peregrinos todos os anos se dirigem até lá para rezar. É um lugar considerado milagroso. Conta-se que, em 1597, Maria apareceu ao camponês Giovanni Chichizola, pedindo-lhe que construísse um santuário em sua perpétua memória. Apresentou-se a ele como "a Mãe de Deus". Como sinal da sua aparição, deixou um ícone onde está representada sua assunção ao céu e, ao mesmo tempo, uma fonte de água considerada milagrosa.

Todos os anos eu ia a Montallegro com Carlo. Também neste verão, não houve exceção, embora nunca tivesse imaginado que teria sido nossa última peregrinação juntos. Carlo também pediu a Maria a graça especial de ir direto ao paraíso, sem passar pelo purgatório. Tínhamos trazido algumas garrafas de plástico vazias. Nós as enchemos com água da fonte milagrosa e as levamos para Santa Margherita.

Carlo gostava muito desses lugares de graça onde Maria fez jorrar fontes de água benta. Dizia que é importante aproveitar esses dons do céu, porque todos esses presentes são úteis para progredir no caminho espiritual pessoal, para crescer e ser ajudados a derrotar as próprias falhas e fraquezas.

Nesse dia, também em peregrinação, havia chegado um grupo de pessoas com deficiência, algumas delas em cadeiras de rodas. Carlo, espontaneamente, se ofereceu para ajudá-los. De fato, era fatigante para eles subir até o santuário. E por isso Carlo os ajudou. Meu filho era assim: até no supermercado, por exemplo, se percebia que alguém não tinha dinheiro suficiente, ele se oferecia para pagar o que faltava. Era atento a todos, também no metrô ou ônibus. Dando mais um exemplo, sempre cedia o lugar a pessoas mais velhas. Naquele dia, passou algum tempo com aqueles jovens com deficiência. Era natural para ele.

Devo dizê-lo, ele tinha propensão por deficientes físicos. Para ele, eram presentes de Deus. Dizia sempre que viviam de maneira particular no coração de Deus. Frequentemente, sua deficiência os tornava dependentes dos outros em tudo. E, ao mesmo tempo, capazes de reconhecer a presença de Deus de forma simples e direta. Carlo estimava a capacidade deles de aceitar a realidade, sua docilidade em relação à condição em que tinham vindo ao mundo. Para ele, eram um testemunho para o qual olhar, para o qual fazer referência. É verdade que foi ele quem muitas vezes se ofereceu para ajudá-los, para estar perto deles, para fazer-lhes companhia. Mas, ao mesmo tempo, foram eles que lhe ensinaram a ter na vida as proporções certas, o justo sentido das coisas, a medida certa.

Carlo tinha lido *Nati due volte*, o livro em que Giuseppe Pontiggia conta sobre a relação de um pai com seu filho com necessidades especiais. Ficou impressionado com o caminho percorrido pelo pai. Com o passar dos anos, Pontiggia, graças a seu filho, compreendeu que o importante não era tanto a chamada normalidade, mas ser autêntico em qualquer situação em que se encontre vivendo. Carlo sempre relia o último parágrafo do livro, citava-o como um exemplo para se referir. É o pai quem conta do filho. Diz: "Tentei fechar os olhos e reabri-los. Quem é aquele jovem que anda balançando ao longo do muro? Eu o vejo pela primeira vez, ele é um deficiente físico. Eu penso no que minha vida teria sido sem ele. Não, não consigo. Podemos imaginar tantas vidas, mas não renunciar à nossa".

Carlo tinha amor particular pelos doentes, sobretudo por aqueles que mais sofrem entre eles, e ao mesmo tempo pelos idosos. Quantas vezes o vi ajudar senhoras idosas levar as compras para casa. Ele se oferecia espontaneamente. Dizia-me: "A senhora vá para casa, eu chegarei logo". E desaparecia junto daquelas senhoras que nunca paravam de lhe agradecer. Era conhecido por todos na vizinhança; para muitos, era visto como um anjo. No entanto, não fazia coisas extraordinárias, simplesmente as coisas comuns, mas com grande coração.

De certa forma, era apenas um jovem de outro tempo, eu não saberia que outro termo usar. Naquele verão, em Santa Margherita, hospedava-se em nossa casa também a priminha de Carlo, oito anos mais jovem que ele, Giovanna. Carlo a amava muito, brincava com ela, procurava sempre fazê-la feliz. Era filho único, então a via um pouco como a irmãzinha que tanto desejou ter. Lembro que, antes de deixar o mar para voltar para casa, com sua poupança quis comprar-lhe um presente. Estava de fato um pouco desgostoso sabendo que, na nossa partida, a priminha ficaria sozinha com a babá. Até os avós paternos, de fato, estavam prestes a partir, ao passo que os pais estavam fora, trabalhando. Ele tentou fazer meu marido levá-la conosco. Mas a coisa não pôde ser feita porque não entramos em contato com a mãe dela, que estava, na época, num país distante. Ficou muito chateado. Foi a última vez que ele a viu.

Nos anos seguintes, por ocasião da missa que mandávamos celebrar no aniversário da morte de Carlo, Giovanna invariavelmente, durante toda a celebração, se desfazia em lágrimas, desconsolada. Carlo conquistou até mesmo seu coração. Ela certamente tem profunda experiência do amor que ele nutria por ela.

Certa noite, fomos jantar em Portofino. Saindo do restaurante, vi Carlo se afastar um pouco. Ele parecia ausente. Bastante pensativo e um pouco melancólico, ao mesmo tempo. Eu não disse nada a ele. De vez em quando, ele tinha esses momentos. Com o tempo, eu aprendera a não invadir o espaço dele. Aprendi a deixá-lo sossegado. Mesmo a caminho de casa, percebi que ele estava muito taciturno. Entramos em casa, despedimo-nos dos avós e fomos dormir no quarto. Olhei-o talvez mais demoradamente que o necessário, a ponto de ele se sentir na obrigação de falar comigo. Tinha grande sensibilidade. Ele não queria me preocupar e então tomou a iniciativa e me contou sobre seu estado de ânimo.

Disse-me que, saindo do restaurante, ouvira uma voz interior que lhe falava. Disse-me haver intuído que era a voz de Jesus. Dissera-lhe estas duas simples palavras: "Tenho sede". Sim, as mesmas palavras que Jesus pronunciara na cruz antes de morrer.

Ele me explicou sua interpretação: o Senhor teria desejado fazê-lo compreender como ele se sentia diante de toda aquela ostentação, diante da riqueza e opulência de Portofino. Não havia julgamento negativo; havia, mais que tudo, a sede de Jesus pela salvação de todos, especialmente das pessoas que estavam ali.

Fiquei muito tocada com suas palavras. Entendi, uma vez mais, como me relacionar com bens materiais; entendi, de forma mais profunda, que não é a riqueza que dá felicidade e que a única preocupação real deveria ser a da salvação de nossas almas e das pessoas que encontramos: para que serve ganhar o mundo inteiro se, em seguida, perdes a ti mesmo? Além disso, o próprio Carlo me tinha confidenciado mais vezes que "um passo na fé é um passo para a frente em direção do ser e é um passo para trás em relação ao ter".

Carlo continuou a falar comigo. Disse-me que, "se Deus possui o nosso coração, então nós possuímos o infinito". E me explicou que quem confia somente nos bens materiais e não no Senhor é como se vivesse uma vida ao contrário, semelhante à vida de um condutor que, em vez de ir em direção à meta direto e rápido, viajasse sempre na contramão, no sentido oposto à sua meta, arriscando continuamente chocar-se com o outro.

Certa manhã, nos dias seguintes, os avós convidaram alguns dos seus conhecidos para o barco. Alguns eram nobres. Se não me engano, um deles era conde. Antes de entrar no barco, um desses amigos pediu aos dois marinheiros que cuidavam do barco e ajudavam o avô nas manobras de atracação e saída do cais que ajudassem "o conde" a subir a bordo. Disse isso enfatizando a palavra "conde", quase querendo sublinhar seu *status*. Lembro que Carlo ficou vermelho e muito constrangido com a maneira de falar daqueles senhores. Sentia-se a anos-luz de distância daquele ato esnobe e ficou muito envergonhado. Era mais forte que ele.

Meu filho era assim. Era muito simples. Não amava os títulos e os ouropéis que alguns colocam na frente de seus nomes e sobrenomes. Como se fosse sempre necessário apontar uma diferença ou fosse obrigação distinguir-se dos que estão à nossa frente. Carlo não gostava de quem se sentia importante, fazendo os outros se sentirem inferiores aos demais e sublinhando, nos modos e palavras, uma diferença econômica ou de estado. Para ele, títulos, dinheiro eram, no fundo, material destinado ao descarte.

Costumava dizer que ninguém nasce rico ou nobre por escolha, e não há nenhum mérito em sê-lo. Ao passo que "nobres de ânimo, isto sim, tornamo-nos somente por opção, por vontade própria, e quem consegue terá muitos méritos no céu". Sentia seu coração constantemente em simbiose com os mais frágeis, próximo dos últimos. Repetia que quem tem muitos meios não deve fazer os outros se sentirem inferiores, não deve envergonhar os outros; deve, antes, agradecer a Deus pelo que recebeu "gratuitamente" e ajudar todos aqueles que a providência colocará no caminho e têm menos sorte. Compartilhar era, para ele, um imperativo categórico. Dizia que a partilha nos torna todos irmãos. Fazer os outros desfrutarem daquilo que se tem e ao mesmo tempo alegrar-se com as riquezas dos outros. Cada pessoa tem dons – muitas vezes ocultos – para dar. E esses dons são para todos. Ele dizia que a comunhão dos santos não é algo que pertence apenas ao céu, mas deve ser procurada aqui, na terra, e pode começar neste mundo. O paraíso terrestre é exatamente essa partilha; pôr em comum aquilo que somos e temos.

Carlo não suportava nenhuma injustiça social. Dizia isso sempre, até a exaustão: "Todos os homens são criaturas de Deus, todos nós somos amados por Deus, ninguém excluído".

Lembro-me, a esse respeito, de um episódio que não aconteceu no verão passado, mas está ligado ao tema. Veio visitar-nos em Milão um nobre pertencente a uma ordem de cavalaria. Tinha um encontro na cidade e quis almoçar conosco. Usava a veste dos cavaleiros. Seu peito estava coberto de tantas medalhas que não se via o tecido. Carlo se divertiu muito com essa pessoa. Como sempre, não teve sobre ele um olhar crítico ou acusatório. Apenas divertia-se com sua maneira de agir, com seu movimento e fala um pouco antiga. Quando saiu, Carlo, para fazer-nos rir, se apresentou com medalhas de papel por ele desenhadas pendentes do peito. Não o fez para menosprezá-lo, mas, de algum modo, para desdramatizar, para redimensionar uma atitude um tanto fora do tempo: para Carlo, as medalhas mais importantes deveriam ser impressas em silêncio dentro do próprio coração, eram as medalhas do amor, da partilha, da caridade. Os ouropéis, em sua opinião, que se punham à vista sobre o peito pouco serviam.

Num inverno, novamente, fomos convidados para as montanhas, por uma semana, com os avós paternos que tinham uma casa na Suíça. A casa ficava perto de um local bem conhecido, a estância de esqui de Gstaad. Nós ficamos em um pequeno hotel não muito longe. Os avós queriam muito que Carlo aprendesse a esquiar bem. Por quinze dias, eles contrataram uma treinadora muito competente e preparada. Ela nos levava a esquiar da manhã à tarde, sempre e somente com ela, a ponto de, no final das férias, Carlo ter aprendido tão bem que foi inscrito numa pequena competição, na qual até ganhou uma medalha, obtendo o segundo lugar. Certa manhã, uma de suas primeiras alunas, uma senhora de meia idade, famosíssima baronesa que falava inglês com sotaque característico das pessoas da alta nobreza, juntou-se conosco a esquiar. Carlo se divertiu muito ouvindo-a falar esse inglês tão extravagante, a ponto de, nos anos seguintes, sempre que desejava brincar a respeito de alguém que posava excessivamente esnobe, começava a imitar o sotaque.

Lembro-me de vários episódios como esse. Certo dia, novamente, Carlo foi convidado para almoçar em Milão, na casa de um amigo cuja família era bem conhecida. Nosso colaborador doméstico, curioso e excitado pelo fato de Carlo ter estado na casa daquelas pessoas, encheu-o de perguntas. Carlo fingiu não ouvir, mas ele insistia. À enésima pergunta, Carlo respondeu, com gentileza, que a casa era como todas as outras, tinha um quarto, uma cozinha e também um banheiro. Disse-o com seu sotaque tipicamente romano que, de vez em quando, tomava emprestado de mim, provocando grandes gargalhadas. Usava-o quando queria desdramatizar uma situação um tanto embaraçosa ou solucionar uma situação tensa e fazer seus amigos milaneses rir um pouco. Não era fofoqueiro. Não gostava de dar satisfação a quem muito queria saber sobre os outros. Em vez disso, amava a confidencialidade, a discrição, especialmente quando eram trazidas à baila pessoas ausentes. Não queria escutar fofocas e maledicências. Nesse ponto, era intransigente. Sustentava que o mal começa com o pensamento, mas fere quando se torna palavra. Sabia que as palavras podem ser projéteis, podem fazer mal, e dissuadia qualquer um de fofocar.

Carlo amava seu preceptor Rajesh, mas queria que fosse um pouco menos "material". Desde pequeno escrevia algumas cartas para Jesus, pedindo graças para mudar o coração de Rajesh. Eu lembro que literalmente ficou chateado porque Rajesh estava gastando todo o dinheiro do seu salário para comprar roupas para vestir e presentes para enviar às Ilhas Maurício a seus parentes. Ficou muito impressionado quando, certa vez, o viu voltar para casa com um saco enorme cheio de sapatos. Parecia o Papai Noel. Encontrou num mercado uma barraca vendendo tudo por um euro e comprou trezentos pares de sandálias a serem enviados como presente para sua irmã. Para Carlo, foi um exagero. Imaginem o espanto de Carlo, uma criança que, se eu queria comprar para ele dois pares de sapatos, ficava bravo porque afirmava ser suficiente um par. "Com o dinheiro poupado", dizia-me, "podemos ajudar aqueles que não têm dinheiro sequer para comer".

Carlo vivia meses com apenas um único par de sapatos nos pés. Vestia-se de forma mais simples do que seus amigos. Não seguia tendências da moda. Ele não as amava. Preferia antes a simplicidade, a parcimônia, a moderação. Era elegante com seu sorriso, e não em virtude do uso de roupas especiais.

Lembro que certo dia, no liceu, lhe roubaram uma linda bicicleta que havíamos dado a ele como presente de aniversário. Não ficou triste. Quando eu lhe disse que lhe compraria uma nova igual, respondeu-me que não queria e preferia usar a bicicleta velha que estava esquecida na garagem. Mandou consertá-la e começou a andar com ela. Sorrindo e feliz com sua "nova" bicicleta restaurada, mas ainda bastante avariada. Vejo-o ainda pelas ruas de Milão, girando com sua bicicleta, deter-se para cumprimentar os muitos porteiros que encontrava pelo caminho, as pessoas mais simples do bairro, encontrar os sem-teto e os necessitados do lugar. Levava seu sorriso como dote. Levava-lhes seu amor, um amor que lhe brotava do coração com extrema naturalidade. Não havia nada artificial nele.

Nunca se comparava aos outros. Era modesto, simples, não gostava de se exibir. Não lhe agradava quem criticava os outros, e sempre procurava não se deixar arrastar nesse tipo de discurso. Onde sentia atrito, desviava ou procurava mudar de assunto. Certa vez me disse a esse respeito: "Por que diminuir a luz dos outros para fazer brilhar a própria?". Ele sabia que a luz dos outros era um dom para todos.

Eu sei. Deveria falar sobre o último verão de Carlo, mas as lembranças me atingem como um rio na cheia, e eu as deixo fluir. Coloco muitas memórias pequenas e grandes em fila, como chegam a mim. Gosto de pensar que Carlo está dirigindo a minha escrita. Sempre o sinto próximo e estou convencida de que realmente está. É ele que, por meio de mim, fala neste livro. É sua a voz que recorda mediante a minha. Certo dia saímos para fazer compras. Eu tinha visto exposto em uma vitrina um protetor solar que custava cerca de cinquenta euros. Estava um pouco indecisa se deveria ou não comprar. Servia-me. Além disso, era de marca e foi por isso que me inspirava confiança. Carlo ficou um pouco chocado com o preço, porque não entendia como um simples creme pudesse custar tanto. Tínhamos várias vezes abordado a questão dos gastos supérfluos. Sabia que eu, ao contrário do meu marido, era um pouco mais perdulária. E por essa razão, de vez em quando me repreendia.

Nesse dia, aproveitou para "catequizar-me". Falou-me da história da Beata Alexandrina Maria da Costa, da qual tinha lido alguns livros para preparar um dos painéis de uma mostra dedicada aos milagres eucarísticos. Essa mística, assim narram os biógrafos, viveu por catorze anos alimentando-se apenas da Eucaristia. Carlo gostava muito dela. Entre outras coisas, dizia que recebeu um pequeno sinal dela: um amigo nosso, que trabalhava na Rádio Vaticana e tratou das reportagens sobre a beatificação de Alexandrina, inesperadamente lhe dera como presente uma relíquia dela. Carlo gostava das relíquias dos santos, mas começou a custodiar de forma ciumenta a relíquia de Alexandrina. Ele dizia ser uma das coisas mais preciosas que possuía.

Contou-me como Jesus, dirigindo-se a Alexandrina, queixou-se daqueles que gastavam demasiado com o cuidado do próprio corpo, e assim tornaram-se prisioneiros da própria vaidade. Disse-me que também a ele certa vez o Senhor fizera intuir que não gostava das pessoas vaidosas, aquelas excessivamente apegadas à autoimagem externa. Carlo não entendia sobretudo por que os homens se preocupavam tanto com a beleza do próprio corpo, submetendo-se a suplícios e fadigas que esgotam, para melhorar a si mesmos, não se preocupando de forma alguma com a beleza da própria alma. A seus olhos, era uma incongruência muito grande. Estava convencido de que viver para os outros era um compromisso pessoal, que devia tornar-se próprio de cada um. Por exemplo, dizia,

> renunciar às coisas supérfluas para ajudar o próximo é fadiga que diz respeito a todos individualmente: é um compromisso que nos ajuda a sermos nós aquela luz de que o mundo tanto precisa.

Era muito simples, para ele, trazer à baila discursos vagos, como o combate à corrida armamentista, que está certo, mas não nos toca pessoalmente porque diz respeito aos governos. Ao passo que, por exemplo, desistir de uma veste ou joia para ajudar alguém, isso realmente nos envolve.

Os dias se passaram, e o fim das nossas férias na Ligúria estava próximo, e eu não sabia que seria o último verão passado com meu filho.

Decidimos voltar para a nossa casa em Assis, a cidade onde Carlo gostava de ficar mais que em qualquer outra. Assis para ele significou redescobrir a simplicidade de vida, uma cidade imersa na natureza, no silêncio e naquela espiritualidade franciscana da qual gostava muito. São Francisco era para ele um farol, o santo que escolheu estar com os últimos, que não teve medo de beijar os leprosos, os marginalizados do seu tempo. Ele vivia assimilado a Jesus, procurando-o no silêncio e na oração, no recolhimento e na dedicação aos outros.

Assis era o lugar onde a alma de Carlo voava sobre as alturas inexploradas, seu coração encontrava o espaço certo para projetos de amor, compromissos de dedicação pelos necessitados que, para ele, não eram apenas os menos prósperos, mas todos aqueles que careciam de vida interior.

Carlo adorava retirar-se para alguns lugares queridos de São Francisco e ali buscar o silêncio. Lembro dele caminhando nos campos ao redor de Assis, entre as oliveiras, onde os pássaros fazem seus ninhos. O silêncio para ele não era fuga do mundo, mas lugar para morar com Deus e ouvir sua voz. Sabia que, quando mergulhamos no oceano da própria interioridade, o céu pode descer à terra e comunicar seus tesouros. Se, pelo contrário, estamos continuamente imersos em mil ruídos, se vivem cercados pelo caos, essa voz não consegue alcançar-nos, ou pelo menos é difícil ouvi-la.

Antes de deixar a Ligúria, fomos comprar fogaça. Carlo gostava muito disso. O aroma daquela fogaça comprada numa padaria junto ao mar ainda hoje volta para visitar-me. Às vezes, parece que sinto isso. Desde aquele verão, no entanto, não pude voltar a Santa Margherita.

Grande parte do verão ele dedicou a trabalhar para suas mostras virtuais e para o site jesuíta dedicado ao voluntariado. Trabalhava principalmente à noite.

Às vezes, ficava acordado até as três da manhã. Foi um compromisso que manteve com muita determinação, sempre com alegria. No fim daquele verão, devia ser publicado também um catecismo voltado às crianças que se preparavam para a primeira comunhão, e que estava sendo realizado junto com a Libreria Editrice Vaticana, para a diocese de Roma. Há tempo, de fato, a minha família possuía uma editora dedicada a textos históricos e científicos, mas eu queria criar uma linha editorial para disseminar textos católicos valiosos que, em minha opinião, não tinham espaço no segmento editorial católico. Para dar um exemplo, nossas são as *Sources Chrétiennes Itália*, que ainda publicamos em colaboração com o Estúdio Dominicano de Bolonha. Carlo me ajudou muito, também para esse catecismo. Ele até improvisou a si mesmo como ilustrador. Alguns dos desenhos desse livro, na verdade, foram desenvolvidos por ele com a ajuda de alguns programas gráficos.

Apesar de trabalhar até tarde da noite, era muito madrugador. Íamos à missa juntos logo pela manhã, ou na igreja de São Francisco ou na de Santa Clara. Às vezes acontecia que à noite decidíamos participar de outra missa na Basílica Santa Maria dos Anjos, onde todas as tardes expunha-se o Santíssimo para a adoração eucarística. Ele gostava muito dessa basílica, sobretudo a capelinha da Porciúncula ali conservada, onde, numa noite de 1216, apareceram imersos em luz vivíssima, acima do altar, Jesus e a Virgem Maria rodeados por uma multidão de anjos. Passava muito tempo em adoração a Jesus presente no tabernáculo. Ficava ali em silêncio, como absorto num diálogo íntimo e pessoal com o Senhor. Dizia que gostava de estar naquele lugar tão especial: "Ele me olha", dizia, e eu olho para ele. Esse olhar é enriquecedor. Deixo que o Senhor me observe, que escave dentro de mim, forme a minha alma, plasmando-a. Ele está realmente presente, não é invenção. Está aí. Se todos pudessem estar cientes disso, como a correriam. Se todos acreditassem nessa verdade, como mudaria para melhor a existência deles.

Em uma passagem das *Fontes Franciscanas*, é reproduzido um diálogo que São Francisco teve com o Senhor: "Por favor, que todos aqueles que, arrependidos e confessados, vierem visitar esta igreja, obtenham perdão amplo e generoso, com a remissão completa de todos os pecados". O Senhor concordou, deu esta graça especial que o pontífice da época, Honório III, aprovou. Questionado pelo papa por quantos anos desejava essa indulgência, São Francisco respondeu: "Padre Santo, não peço anos, mas almas". E no dia 2 de agosto de 1216, junto com o bispo da Úmbria, radiante de felicidade, anunciou a todas as pessoas reunidas na Porciúncula: "Meus irmãos, quero mandá-los todos ao paraíso!". Carlo contava essa história com frequência. E dizia: vir aqui para orar significa abrir as portas que nos introduzem na nossa salvação.

Por volta da hora do almoço, como eu disse, íamos à piscina municipal, onde Carlo fizera amizade com os salva-vidas. Ocasionalmente, ajudava a limpar a piscina. Também ficava à disposição para substituir alguém que estava de plantão no bar, a fim de permitir-lhe que fosse comer e descansar um pouco. Também me pedira permissão, embora no ano seguinte, para poder trabalhar como *barman*. Queria, antes de tudo, fazer uma experiência direta para compreender melhor o valor do dinheiro ganho com as próprias "forças", e não sempre ter de depender de nós, pais, e também ter mais meios disponíveis para ajudar os necessitados. Com suas poupanças, com efeito, fizera a adoção a distância de algumas crianças. Mediante certas associações especializadas, desejava aumentar o número de crianças adotadas.

Carlo se dedicou de maneira especial ao ecumenismo. Mesmo tão jovem, foi atraído por esse tema, pela pesquisa da unidade entre os cristãos.

Quando fomos juntos para Roma, aonde sempre volto com muito prazer, frequentávamos alguns amigos pertencentes às ordens dos dominicanos e dos jesuítas. Foram eles os primeiros a falar de ecumenismo a Carlo, da tentativa de favorecer o diálogo não só entre as várias religiões, mas sobretudo entre as várias confissões cristãs.

Para meu filho, esse esforço era muito importante. Seguia sempre aquilo que papa Bento XVI dizia a esse respeito; ele pôs esse diálogo como prioridade dentro do seu pontificado.

Tanto quanto pôde, ele também seguiu os esforços feitos, nesse sentido, por João Paulo II, mas foram sobretudo as palavras pronunciadas sobre o assunto pelo papa Bento XVI, imediatamente após sua eleição, que lhe causaram impacto.

Em agosto de 2005, seguiu com intensidade a jornada de Bento XVI à Alemanha. Ficou muito tocado com o discurso que o papa pronunciou de improviso, no dia 19 de agosto, para os representantes das Igrejas Protestantes e Ortodoxas. Ratzinger explicou que não acreditava em um ecumenismo todo centrado nas instituições. Para ele, a questão séria era como a Igreja deve testemunhar a Palavra de Deus no mundo: problema enfrentado pelo cristianismo já no segundo século e resolvido desde então com decisões que, segundo ele, deveriam ser válidas também para a Igreja de hoje.

Em outra passagem, Bento XVI rejeitou "aquele que se poderia chamar de ecumenismo de retorno: renegar, isto é, rejeitar a própria história de fé". Porque a "verdadeira catolicidade" é pluriforme: "Unidade na multiplicidade e multiplicidade na unidade".

Carlo ficou fascinado com o papa Bento. Dizia sempre que Nossa Senhora estava muito interessada na unidade entre os cristãos e que para isso era necessário orar e sacrificar-se. Cada ano, em janeiro, por ocasião da oração pela unidade dos cristãos, Carlo sempre fazia uma novena. Estava atento às necessidades da Igreja e gostava de seguir também os acontecimentos eclesiais, como justamente a visita do papa à Alemanha. Ele conhecera vários sacerdotes ortodoxos. Apreciava muito suas liturgias e cantos. Gostava muito também dos ícones, e guardava com grande devoção uma reprodução da Mãe de Deus de Vladimir, que lhe haviam presenteado alguns parentes, e ficava pendurada no quarto de dormir. Dizia que com os ícones é possível dialogar. Porque não são meras pinturas: não representam figuras realistas, mas representam, ao contrário, com uma janela que concede, àquele que os olha e os venera, o acesso a um mundo todo espiritual. O próprio termo "ícone" remete à ideia de "aparecer", "ser semelhante" a uma imagem ideal, que vai além da dimensão do real. Os ícones nunca são obras artísticas por si mesmas: sua qualidade estética será tanto maior quanto conseguir ser expressão de uma verdade profunda de fé, um instrumento que nos envolverá e nos permitirá entrar num relacionamento com Deus, Jesus, Maria Santíssima e os santos.

Não por acaso, o teólogo e doutor da Igreja São João Damasceno sustentava que cada ícone é "como preenchido de energia e graça", é participação entitativa no corpo de Cristo e da Virgem, que transmitem sua santidade à matéria com a qual são pintados. Em suma, os ícones, para a história do cristianismo, têm sido muito mais que simples pinturas. Ao apresentar um personagem ou um evento, evocam aquele ou aqueles que representam. São uma espécie de teofania, de manifestação divina: constituem, portanto, uma presença e criam um vínculo concreto e tangível entre o fiel e a própria divindade. Alguns ícones são, ainda hoje, objeto de devoção extraordinária. Carlo conhecia esses conceitos e tinha compreensão da sacralidade que representam os ícones para toda a cristandade; considerava-os importantes também dentro do diálogo ecumênico.

Em Roma, mas também em outros lugares da Itália, Carlo entrara em contato com várias comunidades religiosas que trabalham para o diálogo entre cristãos. Estava fascinado por elas. Seguia os esforços deles e rezava por eles. Na Úmbria, por exemplo, em Umbertide, encontra-se o ramo masculino da comunidade monástica de Belém, que, apesar de inspirar-se na Ordem dos Cartuxos, fundada por São Bruno, abraçou a liturgia oriental. Com Carlo, fomos lá várias vezes e fizemos pequenos retiros, participando da liturgia deles. O convento está circundado por exuberante natureza, que verdadeiramente convida ao recolhimento e à oração.

Antonia Salzano Acutis com Paolo Rodari

O interesse de Carlo pelo Oriente cristão nascia sobretudo da profunda convicção de que um dos desafios mais importantes da cristandade, no terceiro milênio, seria restabelecer a tão desejada unidade entre todos os cristãos. Carlo dizia que a Igreja foi fundada por Cristo una e única, mas muitas comunhões cristãs se propõem aos homens como a verdadeira herança de Jesus Cristo. Todos afirmam ser discípulos do Senhor, mas pensam de maneira diferente e andam por caminhos diferentes, como se o próprio Cristo estivesse dividido. Para Carlo, essa divisão contradiz abertamente a vontade de Deus e é um escândalo para o mundo, porque prejudica a causa da pregação do Evangelho a toda criatura.

Como mencionado, Carlo gostava muito de *O Pequeno Príncipe*. Com relação ao diálogo ecumênico, frequentemente repetia que isso o fazia pensar naquela passagem do livro em que o aviador criança, que é o próprio autor, mostra aos adultos o seu desenho, a jiboia que está comendo o elefante, mas ninguém é capaz de entendê-lo, pois nele todo mundo vê somente um simples chapéu. Dizia que, a fim de retornar à unidade, ocorre voltar à Eucaristia. Para Carlo, as palavras de Jesus no Evangelho de João – "Para que todos sejam um. Como tu, Pai, estás em mim e eu em ti, que eles também sejam uma só coisa em nós, para que o mundo acredite que tu me enviaste" (17,21) – deviam ser interpretadas corretamente como mensagem de união e unidade no vínculo da Eucaristia.

Acrescentava que o diabo está muito interessado no fato de que os cristãos estão desunidos e que isso causa deserção da Eucaristia. A verdadeira razão da separação entre os cristãos, para Carlo, devia-se principalmente ao lento, mas inexorável, resfriamento geral que, ao longo dos séculos, comprometeu o fervor pela Eucaristia. Ele sempre dizia que

> o Espírito Santo, conforme prometido, foi comunicado. O povo da Nova Aliança, a Igreja, foi chamado. Tal povo foi unido na fé, na esperança e na caridade. Ou seja, as virtudes teologais que são o tecido da união. A fé nos leva a um único Deus. A esperança nos faz esperar um único Deus. A caridade nos faz amar um único Deus. As virtudes teologais juntas criam a unidade. Quando se acredita menos, quando se espera menos, quando se ama menos, a unidade se enfraquece e desaparece. O termômetro e o barômetro da unidade são as virtudes teologais. Portanto, é necessário medir e pesar a consistência dessas virtudes em cada crente.

Eu sei, são discursos um tanto difíceis até para adultos. Mas os pensamentos de Carlo eram realmente estes, e não posso não repetir. Para Carlo, o apóstolo Paulo é, em relação à unidade dos cristãos, muito claro, especialmente quando diz: um só corpo, um só espírito, somente uma esperança, um só Senhor, uma só fé, um só batismo (cf. Ef 4,4-6).

Evidentemente, o Apóstolo tem em mente só a unidade e a tem em mente porque, com razão, acredita que seja, para a Igreja, uma realidade de importância absoluta. Nos anos 1054 e 1517, duas traições ocorreram contra o próprio Apóstolo, as duas divisões mais clamorosas, aquelas entre cristianismo oriental e ocidental e a interna do Ocidente. Elas quase destruíram o seu trabalho apostólico. O corpo místico para Carlo "é a realidade que constitui a própria essência da Igreja". Dizia:

> A cabeça é Cristo, os membros são os fiéis. A cabeça mais os membros são o corpo místico. Essa admirável realidade que a graça nutre mediante todos e cada um dos sacramentos tem em si unidade e produz unidade. Essa unidade, que não se encontra em nenhuma organização do passado e do presente, é concretizada e vivida pela única fé, pela única esperança, pela única caridade. As virtudes teologais encontram nos sacramentos sua atualização.

Carlo sabia bem que, de um ponto de vista organizacional, a hierarquia opera união. União, dizia, não unidade. A unidade, provocam-na os sacramentos. A união é mantida pela hierarquia legitimamente constituída e juridicamente operativa. Carlo dizia que "entrar no terceiro milênio com a veste sem costuras de Cristo rasgada em três partes é crime que clama vingança na presença de Deus". Explicava que, enquanto nos lembramos das duas datas de 1054 e 1517 e se reconhece que muito tempo passou sem chegar a uma unificação, deve-se augurar que o primeiro século, pelo menos do terceiro milênio, seja marcado pela união reencontrada. Jesus falou "de um só rebanho e um só pastor". Não disse "dois" ou "três" ou "mais", mas "apenas um". E então, continuava, enquanto nos auguramos essa meta, não nos detemos nas palavras, como tem sido feito até agora e excessivamente, mas vamos passar aos fatos. E os fatos são: reconhecer-se reciprocamente pecadores e corresponsáveis; estudar as causas essenciais das divergências; em humildade e simplicidade visar à verdade, que só pode ser uma; retornar à pobreza evangélica; fazer reemergir a vontade de reevangelização, começando de dentro: não se pode e não se deve pôr o foco nas ovelhas dos outros apriscos, quando as próprias vagueiam sem ordem ou regra. Só assim a Igreja particular não será um perigo, como pode ocorrer, mas será uma riqueza autêntica e genuína. "Para ter mais graça, devemos ser assíduos no sacramento da Eucaristia", dizia Carlo. E ainda:

> Os sacramentos não são sete, mas seis mais um. Seis dão e tornam a dar a graça. Um – a Eucaristia – é a fonte da graça. Portanto, "em" e "com" e "por" esse sacramento mais nos aproximamos e mais graça é dada a nós. As várias orações, as várias novenas, as várias peregrinações, as várias semanas pela unidade dos cristãos sem a Eucaristia são um "furo na água".

Para Carlo,

> é necessário que cada um adéque o si mesmo à comunhão, ou seja, deve fazer um esforço diário para melhorar. Como? Removendo um defeito após outro e conquistando uma virtude após outra. O segredo está todo aqui. Se tantos séculos se passaram desde o cisma oriental e da revolta protestante, aconteceu porque tentamos estudar muita teologia e muita história, mas nenhuma tentativa foi feita para tornar-nos santos.

> O desígnio da bondade de Deus é que a graça circule de modo tal que os cristãos das três confissões se sintam impelidos para a unidade. A vida cristã de cada dia deve ser substancial e essencialmente caracterizada por esse acúmulo, esse armazenamento, essa capitalização de graça. Todo o resto é margem ou, no máximo, contribuição e nada mais.

Carlo entendeu bem que o patrimônio da Igreja oriental é de uma preciosidade incalculável. Trata-se de estupendos ritos lindamente arquitetados com abundância de pormenores, de modo que a variedade na Igreja não só não prejudica sua unidade, mas, pelo contrário, ela a manifesta, fortalece e embeleza. Eu reconheço que eram discursos inusitados para a boca de um adolescente. Mas eram seus discursos. Carlo era um menino simples, mas ao mesmo tempo muito profundo.

Pequenos sinais

Somos fruto das nossas decisões e ações. Carlo sabia disso muito bem. É também graças a essa consciência que alcançou e completou em curto espaço de tempo os objetivos que se propôs alcançar. Generoso, altruísta, uma criança sempre atenta aos outros. Agiu como a parte melhor do seu coração lhe aconselhava fazer e tornou-se aquele que muitos hoje conhecem e veneram.

Podemos dizê-lo de outra forma: Carlo cedeu à parte de si mesmo que sempre o impelia numa direção precisa. Todos nós podemos escolher o que consideramos "o bem" para nós mesmos, o que ser e o que não ser. Carlo simplesmente escolheu o Supremo Bem: amar Jesus, colocando-o no centro da sua vida e, por meio dele, amar todos os que cruzavam seu caminho.

Há algo no DNA da minha família que une nossas gerações, posso dizer pelo menos desde meu avô até Carlo. Algo que, eu sinto, continua a nos ligar, apesar de muitos de nós já terem passado para outra vida. São pequenos sinais, que, no entanto, me dizem muito. Apesar dos passos em falso e quedas sempre presentes na vida de cada um, a cada dia torna-se mais evidente para mim que é aquele fio que Carlo decidiu tornar seu. O fio da generosidade, do altruísmo. Aquele fio que, tenho certeza, foi característico da vida da minha avó, a mãe do meu pai.

O SEGREDO DO MEU FILHO – Por que Carlo Acutis é considerado santo

Nascida em Nova York, transferiu-se para Salerno quando tinha cerca de dezoito anos. Era conhecida por ser mulher muito generosa, além de religiosa. Quando morreu, foram muitas as pessoas que espontaneamente começaram a invocá-la, pedindo graças de intercessão, sobretudo entre os pescadores do porto de Salerno. Muitos deles testemunharam tê-la invocado e haver recebido dela graças. Conheci seu diretor espiritual, padre Teodori. Foi missionário na China por trinta anos. Pertencia à Ordem dos padres Xaverianos. Foi ele quem me disse quanto minha avó era especial e de quando uma filha, Renata, morreu prematuramente (apenas quinze meses). Também ela, como eu, portanto, experimentou essa grande dor.

Tivemos vários santos na família. Era do ramo de minha mãe Santa Catarina Volpicelli. Era do ramo do meu pai Santa Giulia Salzano e com ela vários prelados, incluindo um sepultado na igreja de São Domingos, em Nápoles. E há o pai da minha mãe, o avô Renato. Ele se mudou para viver na América. Foi de fato obrigado a fugir da Itália durante a Segunda Guerra Mundial. Refugiou-se na Venezuela, onde tinha amigos. Foi partidário republicano. Lutou e arriscou a vida para salvar vários judeus da deportação para os campos de concentração. Era um esquiador muito bom. Durante a perseguição nazista, ajudou muitos judeus a cruzar a fronteira italiana para se refugiar na Suíça. Não era religioso. No entanto, havia estudado no Colégio Nazareno de Roma, onde recebeu uma educação cristã. Na Venezuela, também ajudou outros. Tornou-se amigo de um missionário com quem alugou um pequeno avião chamado *avioneta* em espanhol. Sobrevoavam as áreas da Floresta Amazônica

— 100 —

habitadas por povos indígenas que ainda não haviam recebido o anúncio de Cristo. Do avião, lançavam-lhes comida, objetos de interesse e suas próprias fotos. Assim os indígenas se acostumaram com seus rostos e depois ficava mais fácil fazer amizade. Certa vez, meu avô conseguiu salvar uma criança que estava prestes a ser morta durante um rito de sacrifício em homenagem às divindades amazônicas. Estou convencida de que a grande coragem, junto com seu forte espírito missionário, é algo que transmitiu a Carlo.

Repito: há muitos fios que nos unem de geração em geração. Pegar dentre eles o melhor fio é tarefa de cada um. Carlo acreditava muito nessa transmissão. Repetia que devemos pedir sem medo e com insistência ajuda para quem, de nossos caros, já não existe. Nós é que temos necessidade deles, e não apenas o contrário. É um relacionamento com nossos caros que não termina, mas continua. Do céu podem mandar-nos um pouco de sua luz.

Não acontece todos os dias para os pais assistirem à beatificação de um filho. O caminho para a santidade, no entanto, é caminho para todos. Cada um de nós pode caminhar por ele. Quanto mais nós nos abrimos à graça de Deus, mais ele abre caminhos de "bem" que então temos de percorrer. Não quero que Carlo seja lembrado como um super-homem. Carlo era uma criança e depois um adolescente como muitos outros que, no entanto, sempre quis e soube confiar no amor de Deus. Uma estrada, a sua – repito –, possível para todos.

Se eu pensar em tudo o que aconteceu comigo, entendo bem como realmente existe um fio que não faz nada acontecer por acaso. Posso dizer que, desde a infância, a mão da providência trabalhou esboçando discretamente o grande projeto que o Senhor tinha para Carlo. Esse projeto, não o descobri logo. Somente após a morte dele.

Muitas coisas na minha vida aconteceram e se tornaram sinais importantes. Todos temos sinais enviados a nós desde o céu durante nossa existência. É preciso estar dispostos a reconhecê-los. Meu marido Andrea, por exemplo, nasceu no mesmo dia em que meus pais se conheceram em Roma. Fui crismada em 1980, quando estava, por motivos de estudo, em Cortina d'Ampezzo com as irmãs ursulinas. Era 3 de maio, mesmo dia em que nasceu Carlo. Penso que a data em que recebi esse sacramento, que fez de mim "soldado de Cristo", como já foi ensinado no passado, é extremamente esclarecedora pelo fato de que Carlo seria a "missão" mais importante da minha vida. Graças a ele, aliás, iniciei um caminho de conversão, que reconheço necessário ainda continuar e provavelmente terminar no purgatório.

Conheci meu marido Andrea em Forte dei Marmi, no verão de 1986. Nesse mesmo ano, ficamos noivos. Andrea se formou em economia política pela Universidade de Genebra. Dois meses após a formatura, começou o serviço militar no corpo das tropas dos alpinos de Aosta. Destacou-se por seriedade e habilidade: tornou-se aluno selecionado. Foi-lhe então concedido entrar na tropa dos "Carabinieri", no quartel Cesare Battisti, em Roma, onde eu morava. Terminado o serviço militar, foi para Londres trabalhar num banco de investimento inglês. Eu também, com a desculpa de aperfeiçoar o inglês, fui a Londres. Inscrevi-me num mestrado em economia e gestão de editoras. Fui morar com uma amiga numa bela casa na área de Knighbridge, perto de onde Andrea morava. Passávamos muito tempo juntos. Pouco antes de nos casarmos, ele alugou uma nova casa onde iríamos morar juntos imediatamente após o matrimônio. Era um apartamento pequeno, encontrava-se no andar térreo, e era parte de uma série de casas pequenas enfileiradas, formando uma espécie de oval dentro do qual havia um maravilhoso jardim do condomínio. Nosso quarto tinha vidraças enormes com vistas para esse jardim e elas me davam vistas belíssimas todos os dias. Havia muita variedade de flores que floresciam em todas as estações e garantiam que o jardim nunca ficasse sem flores.

Nossa casa ficava a poucos minutos do grande armazém Harrods, um dos mais famosos "templos laicos" da cidade. Lembro-me de que nessa loja comprei o primeiro boneco para Carlo, um cordeiro de pelo branco. Foi uma inspiração celestial tal escolha. Foi também – tenho certeza – um sinal. Eu mesma ainda não sei explicar por que decidi levar aquele bicho de pelúcia, pois gostava muito de zebras, girafas e cachorros. Foi uma espécie de premonição.

Também para o batismo de Carlo escolhi um bolo que sempre se fez na Harrods, na praça de alimentação, na forma de cordeiro, coberto com glacê branco, dentro um creme com manteiga, licor e nata. Um bolo, eu diria, memorável, dado o sucesso que teve. Para mim, subsiste um mistério: por que, naquele momento, fui atraída por uma sobremesa com a semelhança de um cordeirinho?

Desde cedo, Carlo ficou muito apegado ao seu fofo brinquedo que sempre guardou com cuidado especial. Acredito que aquele cordeirinho prenunciava um pouco seu destino, dado que, antes morrer, imitando nosso Senhor, que ofereceu sua vida por nós, ele também ofereceu seus sofrimentos pela salvação das almas.

Poucos meses antes de meu filho morrer, tive um sonho muito estranho, em que havia um cordeirinho sendo sangrado e deixado morrer, enquanto uma voz em árabe dizia algumas palavras que significavam "sacrifício" e "vítima". Eu não sabia árabe, mas, pesquisando na internet, consegui encontrar exatamente como tinha ouvido no sonho e entendi o significado: pareciam para mim verdadeiras e proféticas, especialmente se vistas à luz da agonia de Carlo, que, durante os últimos dias de sua vida, teve muito sangramento. Esse sonho, até certo ponto, previu a morte cruenta do meu filho, entre tantos sofrimentos e dores físicas. Estou profundamente convencida de que Carlo, imitando Jesus, foi uma vítima que agradou a Deus para a salvação de muitos. Meu pensamento é que Jesus o associou de forma particular à sua Paixão: os frutos de misericórdia e as graças que vi chover do céu para muitas pessoas depois de sua morte me confirmam mais e mais a cada dia.

Carlo foi inspirado a oferecer seus sofrimentos pela Igreja. Sua vida foi realmente uma oblação, sem mais. Seu gesto de oferta produziu e continua produzindo inúmeros frutos, que são a merecida recompensa após tanto sofrimento e aceitação cristã.

Imitando Carlo, eu também, durante aqueles dias de doença, ofereci essa dor, que o céu me forçava a aceitar sem "mas" e sem "se", pela Igreja, pela conversão dos pecadores e para o triunfo da Eucaristia. Fiz essa oferta tendo bem em mente as belas palavras descobertas por Carlo nos *Lineamenta* da XI Assembleia Geral do Sínodo dos Bispos de 2005:

> A Eucaristia indica que a Igreja e o futuro da humanidade estão ligados a Cristo, única rocha verdadeiramente duradoura, e não para outra realidade. Portanto, a vitória de Cristo é o povo cristão que acredita, celebra e vive o mistério eucarístico.

Andrea e eu nos casamos em 27 de janeiro de 1990, em Roma, na Basílica de São Apolinário, perto da Piazza Navona, no Rione Ponte, um local muito querido para mim, porque me lembrava a minha infância. Imediatamente após a cerimônia na igreja, organizamos um almoço com algumas pessoas em antigo local não muito longe. Desejávamos, de fato, que apenas parentes e amigos próximos estivessem presentes em nosso matrimônio. No dia seguinte, voltamos imediatamente a Londres. Não pudemos fazer a lua de mel tradicional porque Andrea tinha poucas férias, e queríamos reservar para outros momentos. Além disso, quem entra em um banco de investimento deve estar pronto para sacrificar fins de semana, noites e vida familiar. A providência, entretanto, veio em nosso auxílio da mesma forma. Na verdade, pouco depois, Andrea teve de ir a Barcelona a trabalho. Decidi acompanhá-lo. Foi, de alguma forma, nossa pequena lua de mel. Ficamos em Barcelona quase uma semana. Então pude visitar essa linda cidade em toda parte. Consegui também descobrir os cantos mais remotos e geralmente acessíveis apenas para aqueles que moram lá permanentemente.

Depois voltei várias vezes a Barcelona, também com Carlo. Lembro-me bem da primeira vez que estivemos lá junto com ele. Estávamos voltando de Valência, cidade onde era guardado o Santo Graal: de acordo com a tradição, era o mesmo cálice usado por Jesus durante a última ceia e usado em seguida por José de Arimateia, para coletar algumas gotas do sangue que saíram da ferida que ele tinha no lado. Tivemos de ir até Girona, uma pequena cidade que, em 1297, foi palco de importante milagre eucarístico. Ali tínhamos reservado um hotel por uma noite antes de voltar para a França e depois para a Itália. Carlo tinha, havia um tempo, começado a se dedicar à sua mostra de milagres eucarísticos. Queria tirar uma foto do ostensório localizado no Museu da Catedral de Santa Maria, que, além de ser famosa por haver, no seu interior, a nave gótica mais larga do mundo cristão, conservou até 1936 o corporal manchado pelo sangue vazado de uma hóstia consagrada que se transformou em carne. O corporal infelizmente foi destruído durante a guerra civil. A distância entre Valência e Girona é de quase quinhentos quilômetros. Decidimos fazer uma parada na metade da viagem, justamente em Barcelona, que fica a menos de duas horas de Girona. Era o começo da tarde, e estacionamos o carro perto de uma das ruas principais, La Rambla, que passa ao lado do bairro gótico. Carlo estava muito interessado em participar à tarde da celebração eucarística na catedral da Santa Cruz e Santa Eulália, também famosas pelas características ocas conservadas em seu interior, num de seus pátios. Ficamos um pouco confusos. Não sabíamos, de fato, que caminho tomar para chegar lá a pé da forma mais rápida. De repente, apareceu atrás de nós um sacerdote, a quem Carlo perguntou em espanhol onde se encontrava a catedral. Carlo conhecia e gostava muito do espanhol, e decidiu que iria seguir no futuro cursos para aprender a falar melhor. O padre, sorrindo, nos disse em catalão que estava justamente indo para lá. E assim, graças a essa guia inesperada, conseguimos chegar a tempo para assistir à missa.

Essas eram as delicadezas típicas, os pequenos sinais, que o Senhor, mediante o Anjo da Guarda, sempre reservava para Carlo. Ficou muito impressionado com a beleza da catedral: todas aquelas luzes, as numerosas imagens em madeira vestidas com suntuosas vestes, as 26 capelas que adornam as naves laterais, nos deixaram sem palavras. Carlo imediatamente se apaixonou por essa bela cidade, onde se pode respirar uma atmosfera surreal, quase de festa permanente, com seu triunfo de cores e luzes. Recordo que nas vielas era possível sentir os aromas das comidas catalãs que, não sei por que, me fizeram pensar no Oriente. Ao longo do caminho, havia bancas vendendo doces e outras guloseimas, entre eles os saborosos *churros* com Nutella, de que Carlo e eu éramos muito gulosos. Ainda hoje continuo a fritá-los também para os meus filhos gêmeos Francisca e Miguel, que, como o irmão Carlo, gostam muito. Desse dia, recordo o zumbido das vozes dos transeuntes, misturadas às das crianças brincando na rua e dos comerciantes que procuravam vender *gadgets* originais que eu nunca tinha visto na Itália. Terminada a missa, partimos imediatamente para não chegar tarde demais a Girona, mas Carlo fez-nos prometer que o traríamos de volta a essa bela cidade, para visitá-la com mais vagar. Ele estava radiante por ter conseguido assistir à missa. Desejava isso e graças ao Senhor, assim disse ele, conseguiu.

O cálice amargo

As memórias de Carlo balançam em minha mente para lá e para cá no tempo. Eu as vejo descendo e a seguir subindo, à semelhança dos voos das gaivotas que se arremessam ao mar e depois saem dele para subir altas no céu. Provocam em mim sentimentos contrastantes. Não é fácil para uma mãe lembrar que seu filho não existe mais. No entanto, estou confortada com a certeza de sua santidade, o fato de que sua vida não foi gasta em vão.

Às vezes as memórias me chegam de repente, sem querer. São como as ondas do mar que chegam para me envolver. Outras vezes, no entanto, o som delas me inunda de doçura e ajuda a me concentrar naquilo que aconteceu, o meu passado e o de meu filho. Revejo Carlo criança, em seguida já adolescente, e tudo parece se encaixar num quadro maior que eu, mas que tem seu próprio significado preciso.

Claro, as memórias são muitas vezes rasuras que imprimem dor ao meu coração de mãe. Nem sempre estou preparada para suportar isso. Às vezes, o cálice é amargo.

Quando Carlo morreu, pensei que com o tempo as pontas da perda ter-se-iam arredondado. Mas não é assim. Cada momento da vida do meu filho volta a viver em mim. E, às vezes, é difícil controlar a onda impetuosa.

No entanto, aprendi a me defender. Quando a lembrança provoca dor excessiva, eu não luto contra ela. Deixo-a investir. Não me oponho e não me defendo. Assim, aos poucos, a paz volta.

A dor expressa bem o vazio que Carlo deixou na minha vida. Mas ao mesmo tempo me impele a procurar por ele no céu, mediante a oração, para que eu possa voltar a viver o cotidiano, confortada pelo fato de que ele agora está distribuindo graças a muitas pessoas, como quando ainda estava em nosso meio e se ocupava com atento cuidado dos pobres de bens, dos pobres de coração que encontrava ao longo do seu caminho. Sua vida, graças à Eucaristia, foi transformada numa pista para o céu, como gostava de defini-la. E a pista para o céu são todas as graças que continuamente concede àqueles que o invocam.

A gravidez de Carlo foi pacífica. Claro, eu tinha náuseas frequentemente. E sofria de azia, o que me forçou a comer quantidades pequenas de alimentos e pular o jantar. Mas, em geral, foi uma gravidez serena. Eu ainda não tinha começado a trabalhar e passava sozinha a maior parte do tempo. Na verdade, meu marido saía todas as manhãs às sete para ir trabalhar. A sede onde trabalhava ficava a mais de uma hora de metrô. À tardinha, voltava sempre depois das oito. Às vezes eu ia encontrá-lo na pausa para o almoço.

Eu tinha feito amizade com algumas mães do bairro onde habitávamos, mulheres de diferentes nacionalidades que, como eu, haviam casado recentemente e estavam em Londres por causa do trabalho de seus respectivos cônjuges. Eu era a mais nova do grupo. Muitas dessas mulheres tinham dado à luz recentemente e me davam bons conselhos sobre onde fazer compras para o nascituro. De vez em quando, passeávamos juntas e íamos tomar um café.

Até alguns dias antes do nascimento de Carlo, eu era sempre muito ativa. Além de cuidar das tarefas domésticas (naquela época eu não tinha ajuda), encontrava tempo para percorrer a cidade, fazendo compras para Carlo. Não tinha ideia do que uma criança precisa e fazia tudo muito aleatoriamente. Comprara um livro que dava alguns conselhos úteis, mas em geral eu fazia de própria cabeça. Naquela época, não havia internet. Eu não tinha perto a minha mãe e a minha avó. Ligar para a Itália naquela época custava muito, e tive de fazer isso com moderação. Ninguém me aconselhava. Na cidade, muitas vezes havia coisas em promoção a preços excelentes. Isso me levou a acumular coisas só por serem "bons negócios". O resultado foi o armário de Carlo repleto de roupas inadequadas ou de número errado e que, na verdade, ele nunca usou. Amigas me caçoavam, dizendo que sequer um famoso cantor de *rock* possuía todas aquelas roupas. Mais tarde, felizmente, descobri a quem dar.

Entre as compras para o nascituro havia uma realmente anacrônica: um carrinho de estilo do início do século XX, superdescontado, tão grande que nem mesmo a primeira babá – espertíssima –, a escocesa Patsy, que era um pouco mais alta que o carrinho, poderia manobrar. Nós nos tornamos um pouco a piada do bairro. E mesmo morando em Londres, capital que ao longo dos séculos ganhou a reputação de estar entre as metrópoles mais transgressivas do mundo e onde todos podem se sentir à vontade em qualquer situação, a cidade por excelência onde caem todos os tabus e, de fato, a originalidade torna-se quase um dogma, aquele carrinho não foi capaz de passar despercebido.

Desde o nascimento, tive a impressão de que Carlo estava correndo sempre à frente do tempo. Era precoce em tudo. Foi como se a ampulheta que marca o fluxo da vida fosse para ele sempre acelerada. As palavras do profeta Isaías quando escreve que "aqueles que esperam no Senhor adquirem novas forças, e voam como águias" sintetizam perfeitamente como era a vida terrena do meu filho.

Desde pequeno, amadureceu um relacionamento pessoal com o Senhor. Era seu apoio e seu refúgio. Era como se, por graça natural, soubesse sem que ninguém lhe tivesse ensinado que somente se estivermos profundamente unidos ao Senhor é que podemos aspirar a escalar até o topo do pico mais alto da "montanha da santidade", onde o céu parece inclinar-se sobre a terra. Era como se estivesse ciente da verdade das palavras do Evangelho, explicando que, como o ramo não pode dar fruto por si mesmo se não permanecer na videira, então também nós, se não permanecermos em Deus, não daremos nenhum fruto, porque sem ele nada podemos fazer. Assim como fez com o povo de Israel, que merecia ser libertado da escravidão no Egito por acreditar nele, fará o mesmo com todos aqueles que confiarão em sua ajuda: "Vistes o que fiz aos egípcios e como vos trouxe sobre asas de águia e como vos conduzi a mim", lemos em Êxodo 19. Carlo se atreveu a voar alto como águias, e a olhar longe. Desde o início aprendeu a ver cada coisa na perspectiva de Deus, e não na do mundo.

Costumava dizer que uma coisa é ver uma sala a partir de um ângulo em vez de outro, e outra coisa é vê-la de cima: só assim poderemos conhecê-la em todos os seus aspectos. Ele usou o exemplo da bola para explicar esse conceito: se dissecarmos, veremos que é composta por muitos pequenos círculos de tamanhos diferentes, que, se unidos juntos, formam uma esfera. A bola pode ser sentida em sua totalidade, portanto, apenas se for unida a cada uma de suas partes. A mesma coisa acontece quando queremos saber toda a verdade: se esta for vista da perspectiva de apenas um de cada elemento que a compõem, permanecerá sempre limitada e parcial.

Muitas fotos de Carlo o mostram com uma mochila aos ombros. Na minha opinião, isso não é uma coincidência. Carlo viveu assumindo a atitude típica de peregrinos, sempre a caminho de um destino distante. No entanto, ele manteve suas raízes vivas, o que o prendeu ao passado, mas ao mesmo tempo projetado para o futuro. O verdadeiro peregrino deve ser permeado pela insatisfação que não deriva de amargura ou de decepção, mas de uma esperança, de uma nostalgia do infinito que justifica a partida. Carlo foi um peregrino perfeito do infinito, sempre empenhado na busca do absoluto. Mas, para empreender essa busca, repetia que é preciso conhecer-se bem, a fim de poder realizar aquele êxodo de si mesmo que permite ir mais rapidamente ao encontro de Deus e dos outros. Nas palavras do filósofo Søren Kierkegaard, que ele costumava ler: "Aquele que se perde em si mesmo não tem muito espaço, e ele logo percebe que está fechado em um círculo do qual não pode mais sair".

Carlo às vezes usava esta expressão: "O *antiself* é o outro aspecto de si mesmo, ou melhor, de mim". Dizia que

o encontro com o inimigo é encontrar-se com o *antiself*, que é comparável ao outro lado da lua, quando não é iluminada pelo sol. Ou seja, em mim, uma área permanece escura, e uma área inexplorada que guarda surpresas incríveis. Para progredir, é preciso iluminar aquela parte, levantar os véus que não me permitem ver, sondar suas próprias "profunde-zas". Isso pode ser doloroso. O *antimim* deve ser mais cedo ou mais tarde enfrentado, para garantir que seja reequili-brado, re-harmonizado, se purifique.

Para Carlo, "a conversão não é um processo de adição, mas de subtração, menos 'eu' para deixar espa-ço para Deus". E frequentemente citava esta parábola:

Um homem tinha uma figueira plantada numa vinha e foi buscar frutos, mas não encontrou. Então, disse ao vi-nhateiro: "Faz três anos que venho procurar fruto nesta figueira, e não encontro. Corta-a. Por que deve continuar desfrutando o terreno?". Mas ele respondeu: "Patrão, dei-xa-a ainda este ano, para que eu cave ao redor e ponha adubo e vamos ver se produz fruto para o futuro. Se não, tu a cortarás" (Lc 13,6-9).

Parece que ainda ouço a voz dele quando repetia que

na parábola da figueira estéril, o Senhor nos diz que quer ver os frutos nascer. Condena a inconclusão. Deu-nos meios extraordinários, os sacramentos, mediante sua mor-te na cruz, e continua sustentando-nos, mas quer nossas respostas. Toda a revelação é pergunta que exige respostas contínuas de nós. Os sacramentos instituídos por ele também são uma pergunta. E a Eucaristia é a pergunta por excelência. Portanto, precisamos de respostas completas e solícitas. É necessário implementar essa metamorfose do *self* que é, antes de tudo, libertar-se de uma mentalidade pagã, do pecado pós-original. Essa é a mentalidade "para baixo" que prevalece hoje, uma mentalidade meramente horizontal, materialista, sem ideais, sem impulsos ascendentes.

Para ele,

a conversão implica olhar para as coisas com a perspectiva do céu; caso contrário, corre-se o risco de vê-las como através de pequena fenda que impede ao olhar vagar em direção a horizontes mais amplos. Hoje pensamos e se calcula visando metas que não vão além da morte, onde tudo está alinhado ao nível do *self*, cujo ideal é explorar a existência por um egoísmo refinado. Se olharmos os textos da história, se examinarmos a documentação arquivística, se voltamos aos séculos antes de Cristo, encontramos isto: pessoas que não chegam ao céu.

Como teria dito Santa Teresa de Ávila no seu *Castelo Interior*, encontramos pessoas reunidas na manada de porcos.

Os ideais são a barriga, a carteira, a carreira. Os valores estão todos relacionados com aquilo que possa servir para gozar, e o mais e o melhor possível. Jesus, em vez disso, pede peremptoriamente que mudemos nossa mentalidade. Caso contrário, ruína total e global e universal. Não há outra alternativa. É um ultimato. Portanto, uma mentalidade para mudar. Ainda hoje é assim. O que estamos esperando? Como se pode fazer para mudar a mentalidade? É preciso virar ao avesso. Convencer-nos de que não há escapatória, não há outro caminho. Não existe terceira via.

Então, mãos à obra, e Carlo diria imediatamente! Para meu filho,

antes de tudo, deveríamos examinar-nos, sondar-nos profundamente. Ver, até o fundo, em quais condições nos encontramos. Avaliação de virtudes e vícios, de méritos e defeitos. Estatística de méritos e deméritos. E isso sem desculpas, sem arredondamento, sem concessões. Uma vez posto às claras tudo isso, a correção deve ser planejada. Por exemplo, um projeto semelhante, que pode, à primeira vista, parecer óbvio, quase banal, é remover um defeito a cada ano, conquistar cada ano uma virtude.

No exame de consciência diário, devemos fazer como Carlo e verificar quanto e como trabalhamos para essa correção e por essa conquista.

No entanto, devemos ser sinceros e leais no exame. Estar prontos e determinados no propósito. Além disso, experimentar ressobrenaturalizar nosso clima interior por meio da oração, meditação da Palavra de Deus e a frequência assídua dos sacramentos, em particular comunhão e confissão, junto com uma boa direção espiritual sempre que possível.

Carlo havia lido *Fernão Capelo Gaivota*, do escritor Richard Bach. Ele gostou muito, acima de tudo ficou impressionado com estas belas palavras que se aplicam exatamente a ele:

As gaivotas que não têm meta ideal e viajam só por viajar, não chegam a lugar algum, e elas vão devagar. Pelo contrário, aquelas que aspiram à perfeição, mesmo sem empreender viagem alguma, chegam a qualquer lugar, e num piscar de olhos.

E Carlo, podemos afirmar com certeza, conseguiu alcançar muito rapidamente seu objetivo, o céu. Jonathan, a gaivota, como Carlo, estava interessada em outros horizontes:

> Para a maioria das gaivotas voar não conta, conta comer. Aquela gaivota, por outro lado, não se importava muito em procurar comida, mas em voar. Mais que qualquer outra coisa no mundo, Jonathan Livingston gostava de voar alto no céu.

Esta gaivota se parece muito com meu filho.

Claro, apesar de ter sempre seu olhar voltado para o céu, Carlo também teve de se acertar com este mundo a partir de seu nascimento. É dito que nascer e morrer, embora sejam coisas muito naturais para nós, também são as mais difíceis de lidar. E também para Carlo não foi fácil nascer. A gravidez correu bem, mas, na hora do parto, me fez sofrer muito. O trabalho de parto começou por volta das cinco da tarde de quinta-feira, 2 de maio de 1991. Decidimos com meu marido ir imediatamente à clínica de Portland, onde imediatamente avisaram o ginecologista que me acompanhava que a criança estava prestes a nascer. Eu dei à luz na sexta-feira, 3 de maio, às onze e quarenta e cinco, dezoito horas depois. As dores do parto duraram longo tempo. Só no final, vendo que Carlo havia se posicionado com a cabeça em um ângulo torto, o ginecologista decidiu usar o fórceps para fazê-lo nascer. Foi uma providência tê-lo como médico. Professor Peter Saunders, na verdade, que também havia sido presidente dos ginecologistas europeus, conseguiu fazer-me dar à luz sem qualquer perigo para o meu filho, não obstante tenha usado uma ferramenta que, se usada mal, pode causar danos cerebrais muito graves ao bebê.

Era um dia de primavera em Londres, aquele 3 de maio de 1991, quando dei à luz meu primeiro filho. A clínica Portland, como de praxe, comunicou imediatamente a notícia do nascimento de Carlo ao jornal *Times*, que ainda conservo. Olhando para trás, nunca imaginei que esse mesmo jornal, que tem uma abordagem muito secular, teria falado bem de Carlo não só no nascimento, mas várias vezes também após sua morte. Se o ditado que toda mãe reconhece o choro do filho é verdadeiro, o de Carlo era para mim inconfundível. Quando estava com fome, seus gritos chegavam até o meu quarto, que ficava no mesmo andar do berçário. Eu sabia com certeza que era ele, e depois de poucos minutos, em seu berço móvel, chegava "the baby", como foi chamado pelas enfermeiras. Tive alta da clínica depois de dois dias e, apesar da minha inexperiência, eu me dei muito bem, também porque era assistida por uma enfermeira da maternidade, Patsy, que nos presenteara a bisavó. Além disso, na Inglaterra é prática que todas as semanas uma obstetra chegue em casa para pesar o bebê e verificar se está tudo bem. E Carlo, apesar de, ao nascer, medir 57 centímetros e pesar três quilos e meio, no começo cresceu pouco, porque eu tinha pouco leite. Por isso me aconselharam a alimentá-lo artificialmente e parar de amamentar. O novo leite lhe provocava cólicas terríveis. Isso nos incomodou muito, pelo menos até começarmos a alimentá-lo com alimentos sólidos. Lembro-me de que todas as noites, assim que meu marido voltava para casa do trabalho, as cólicas começavam. Para acalmar a criança, Andrea a pegava no colo, começava a girar em todo o perímetro da sala, alternando canções e fazendo estranhas exclamações, como: "Banga, binga, bonga, bungu". Tínhamos notado que caminhar o acalmava e assim continuávamos até cerca das onze da noite, até que dormisse. Andrea tinha muita paciência com seu filho e muitas vezes, quando eu não tinha uma babá para me ajudar, deixava que o banho do bebê fosse feito por ele, pois era muito mais preciso que eu.

Carlo foi batizado em 18 de maio de 1991, na igreja de Nossa Senhora das Dores, que fica na Fulham Road. O padrinho foi o avô paterno, Carlo, e a madrinha, a avó materna, Luana. O nome dessa igreja era, na minha opinião, profético, porque já revelava de alguma forma que também nós, em imitação da Virgem Maria, teríamos bebido o cálice amargo da perda prematura de um filho. Carlo dizia que ao monte Gólgota – lugar onde Jesus foi crucificado – mais cedo ou mais tarde subiremos todos. Porém, posso dizer que um progenitor que perde um filho prematuramente, ao Gólgota sobe cedo, quando ainda está vivo, porque semelhante acontecimento verdadeiramente faz que também tu morras um pouco.

Quando morava em Roma com meus pais, nossa casa se localizava perto de "piazza Venezia". Para alcançar o liceu, que ficava numa travessa da "via Veneto", devia pegar dois ônibus. O primeiro me levava à "piazza San Silvestro". Ali eu trocava e pegava outro, que me deixava bem em frente da escola. Muitas vezes, no retorno, quando tinha algum tempo, gostava de entrar na Basílica de San Silvestro in Capite, onde é possível rezar numa capelinha lateral, isolada da igreja matriz, na qual se encontra uma bela imagem dedicada a Nossa Senhora das Dores, que tem em seus braços o corpo sem vida do Filho Jesus. Bem na frente da imagem da Virgem das Dores, conserva-se a relíquia do crânio que se diz ser de São João Batista. Isso tornava o lugar ainda mais especial. Sempre me recomendava a Nossa Senhora em vista de exames ou se tivesse de responder perguntas difíceis. Muitas vezes ia pedir-lhe, mesmo com a fé escassa que tinha, pelas pessoas que conhecia ou se encontravam em grandes dificuldades, incluindo uma amiga de infância, Federica, alguns anos mais velha que eu; sofreu um acidente de carro muito sério e por muito tempo permaneceu em coma, suspensa por um fio entre a vida e a morte. Felizmente, no final se salvou. Pensando em minhas visitas solitárias a Nossa Senhora das Dores, reconheço que já então eu era chamada a viver, apesar de todos os meus limites, as mesmas dores que ela padeceu. Nossa Senhora das Dores era como um fio na minha vida. Sua presença quando jovem, depois em Londres, no dia do batismo, e, posteriormente, como uma premonição de algo que eu também teria de passar. E que depois realmente vivi nos dias da doença do meu filho e da sua morte. Um "Stabat Mater" estava esperando por mim também.

Para Carlo,

Maria Santíssima, Mãe do Salvador, percorreu com Jesus todas e cada uma das fases de sua existência terrena, e ainda hoje, até o fim dos tempos, continuará atravessando todas as épocas da história acompanhando pela mão os que a ela se confiam com confiança e filial abandono, reconhecendo-a como exemplo luminoso e mediadora de todas as graças. Dizer Mãe do Salvador é dizer Mãe da dor, da Paixão, da crucificação, do caminho da cruz. Uma maternidade de calvário foi a de Maria, foi mártir de um martírio sem sangue, mas não menos crucificador.

E foi precisamente essa partilha da dor com a Das Dores que nos levou a escolher, para a decoração do túmulo onde inicialmente Carlo foi enterrado em Assis, uma escultura em bronze, representando uma Pietá. Encontramos esse baixo-relevo em uma loja especializada em bronzes, perto do cemitério monumental de Milão, no meio de toda uma série de sucatas de ferro empoeiradas, que nos venderam a preço muito baixo. Ficamos muito surpresos que o custo fosse tão barato, porque um objeto tão bonito nas lojas nos teriam feito pagar muito. Eu atribuí essa descoberta a um presente do meu filho. Mesmo se o nosso calvário foi curto, não foi, todavia, menos intenso. Vendo um filho tão lindo, no auge da juventude, semelhante a um campo que na primavera se enche de flores, transfigurar-se de dor em poucas horas até perder a sua própria aparência, com o rosto inchado devido a hemorragias e amígdalas aumentadas que desfiguram suas feições, foi para nós um grande teste de fé.

Nada vai nos separar

Desde cedo, Carlo sentia forte ligação com as pessoas que não existem mais, com os mortos. Sempre dizia que a relação com eles permanece, mesmo que seja vivida de forma diferente. Há um fio que nos liga a eles, um fio de amor que continua para sempre. É por isso que é certo ter um diálogo com eles, o relacionamento deve durar para sempre.

Ele entendeu isso bem quando meu pai morreu. Ele nos deixou aos 59 anos, por ataque cardíaco repentino. Entre Carlo e o avô havia uma harmonia especial. Meu filho, na verdade, quando ainda pequeno, passou muito tempo com ele e minha mãe em sua casa, em Roma, e à beira-mar, e isso fortaleceu seu vínculo.

Poucos meses após a morte do avô, Carlo me segredou que ele lhe havia aparecido vestido de azul. Disse que tinha pedido para orar por ele porque estava no purgatório, mas se encontrava bem por estar salvo. Carlo me contava essas coisas com simplicidade e, ao mesmo tempo, com segurança que desarma. Ele não tinha dúvidas: seu avô lhe havia falado. Mais tarde, me confidenciou que tivera outros sinais interiores pelos quais o Senhor o fez entender que era importante manter uma relação com os mortos: orar por essas almas e pedir-lhes que nos ajudem. O meio privilegiado para ajudá-los, para Carlo, eram

O SEGREDO DO MEU FILHO – Por que Carlo Acutis é considerado santo

a Eucaristia e a recitação do rosário. Muitos santos, como São Pio de Pietrelcina, tiveram confirmações de algumas almas do purgatório: o modo mais eficaz de ajudá-las a ir ao paraíso é mandar celebrar missas em sufrágio delas. Porque é o próprio Jesus que se oferece ao Pai por amor de nós. Carlo dizia que, se, em vida, tivéssemos consciência do valor infinito de uma única missa para a vida eterna, as igrejas estariam de tal modo cheias que não seria mais possível entrar. Para Carlo, quem mais que um Deus, que se oferece a Deus, pode interceder por nós? Nos escritos oficiais sobre São Pio de Pietrelcina é dito que uma senhora um dia perguntou-lhe: "Padre, por que não me dá uma ideia do purgatório?". Ele respondeu: "Minha filha, as almas do purgatório gostariam de atirar-se numa fonte de fogo terreno, porque, para elas, seria como uma fonte de água fresca".

Papa Francisco, em sua Carta Encíclica *Laudato Si'*, diz que, no sacramento eucarístico, encontramos todo o cosmo e, consequentemente, também nossos mortos. Ele une o céu e a terra, abraça e penetra toda a criação:

A criação encontra a sua maior elevação na Eucaristia. A graça, que tende a manifestar-se de modo sensível, atinge uma expressão maravilhosa quando o próprio Deus, feito homem, chega a ponto de fazer-se comer pela sua criatura. No apogeu do mistério da encarnação, o Senhor quer chegar ao nosso íntimo através dum pedaço de matéria. Não o faz de cima, mas de dentro, para podermos encontrá-lo no nosso próprio mundo. Na Eucaristia, já está realizada a plenitude, sendo o centro vital do universo, centro transbordante de amor e de vida sem fim. Unido ao Filho encarnado, presente na Eucaristia, todo o cosmo dá graças a Deus. Com efeito a Eucaristia é, por si mesma, um ato de amor cósmico. Sim, cósmico! Porque mesmo quando tem lugar no pequeno altar duma igreja da aldeia, a Eucaristia é sempre celebrada, de certo modo, sobre o altar do mundo. A Eucaristia une o céu e a terra, abraça e penetra toda a criação. O mundo, saído das mãos de Deus, volta a ele em feliz e plena adoração: no pão eucarístico, a criação propende para a divinização, para as santas núpcias, para a unificação com o próprio criador. Por isso, a Eucaristia é também fonte de luz e motivação para as nossas preocupações pelo meio ambiente, e leva-nos a ser guardiães da criação inteira.

Carlo dizia que sobretudo mediante a adoração eucarística, que nada mais é do que adorar a Deus, encontramos novamente toda a criação. Ele gostava de recordar que, prolongando essa prática sagrada pelo menos por meia hora, pode-se lucrar indulgência plenária, nas condições estabelecidas pela Igreja, para aplicar a si mesmo ou aos falecidos que estão no purgatório. Comentava que, embora não seja fácil chegar à principal condição social exigida, nomeadamente a exclusão de qualquer afeto até mesmo pelo pecado venial, não devemos desprezar essas graças gratuitamente dispensadas em virtude dos méritos de Jesus Cristo, dos santos, e da concessão feita a Pedro de poder ligar e desligar (cf. Mt 16,19).

Carlo também fez o chamado ato heroico de dedicar todas as suas boas obras e suas orações às almas do purgatório e às intenções de Nossa Senhora, que, sendo nossa Mãe, dizia, intercede por todos aqueles que se dirigem a ela, sobretudo pelos mais necessitados.

Ele sempre gostava de reiterar que nossos faleci-dos nos chamam à vida eterna, àquilo que nos aguar-dará no além. Eles nos lembram de que existe um depois, dizem-nos como deve ser vivida nossa vida cotidiana, e nos ajudam a evitar os erros que podem afetar nossa salvação. Muitos deles, dizia, estão no purgatório, sofrendo, e por isso pedem o nosso su-frágio, porque assim apressamos a entrada deles na bem-aventurança eterna. Ao mesmo tempo nos dão o exemplo de como devemos viver para podermos, por nossa vez, alcançar a salvação.

Após a morte de Carlo, três padres que não se conheciam, um do Peru, um do Brasil e um da Costa Rica, me escreveram para me dizer que haviam so-nhado com Carlo, que lhes dizia que rezava de modo especial pelas pessoas que pediam sua intercessão, mas também por aquelas que o conheceram em vida, e pelas almas do purgatório.

Para mim, foi grande confirmação. De fato, logo após a partida do meu filho para o céu, como um pre-sente para ele, comecei a mandar celebrar todos os dias, num mosteiro de clausura, missas gregorianas, sem interrupção, 365 dias por ano. Esta obra piedo-sa começou com São Gregório Magno, papa e grande doutor da Igreja: consiste em ter uma missa celebrada pela alma de um único falecido por trinta dias con-secutivos. Papa Gregório havia ordenado ao prior do mosteiro onde se encontrava de fazer rezar uma mis-sa por trinta dias consecutivos em sufrágio da alma de um monge que não vivera bem o voto de pobreza. Foi assim que, após a celebração das trinta missas, a um coirmão apareceu a alma do monge entrando no paraíso. Estabeleci que Carlo pudesse aplicá-las, para ajudar os fiéis que continuamente se voltam para ele na oração e para ajudar as almas do purgatório.

Poucos dias depois que meu filho se foi, descobri entre suas notas estas reflexões sobre o purgatório:

> Limpar a nossa veste até a última mancha é o purgatório. Entra-se na coeternidade com a veste branca. Como escreveu Santa Catarina de Gênova, "a essência divina é pura e limpa – muito mais do que o homem pode imaginar – e a alma que tem em si a menor imperfeição preferiria atirar-se num ou mil infernos, ao invés de se encontrar em presença divina com mínima mancha. Mas a tarefa do purgatório é tirar a mancha! A alma escolhe esse lugar para encontrar nele a misericórdia de que necessita para se purificar dos seus pecados".

O pecado, que é separação voluntária do amor de Deus, envolve culpa e punição. A culpa é perdoada pela absolvição recebida por aqueles que, arrependidos, se aproximam do sacramento da reconciliação. A pena é descontada com a penitência ou o purgatório. E eis que as penas, as dores, os achaques, as contrariedades, as provações, as adversidades, as doenças, vêm a ter um porquê. Deus não os permitiria se não tirasse um bem maior nas almas que o amam.

As almas do purgatório não podem se ajudar. Elas têm de ser ajudadas, mas podem interceder por nós. Se tivermos presente o purgatório, nos acostumamos a evitar o pecado venial. Nós nos acostumamos a expiar os pecados aqui.

Carlo viveu experiências místicas sobre as realidades últimas, sobretudo tinha consciência de que a vida nos apresenta provas continuamente que, se nos revestimos de Cristo, conseguiremos com certeza vencer. Gostava de lembrar Hera, a esposa legítima de Zeus, que tinha muito ciúme de seu marido e do filho, que perseguiu desde o nascimento. Ela até colocou duas serpentes venenosas em seu berço para fazê-lo morrer. Mas Hércules, que era muito forte, conseguiu matá-las. Até o demônio, nós sabemos disso, moveu, move e sempre moverá guerra a essa pobre humanidade, até que haja novos céus e nova terra. Muitos são os homens que acabam sendo subjugados por Satanás, mas sabemos que, ao confiar em Cristo, sairemos vitoriosos. Como no conto do escritor Collodi, *Pinóquio*, inicialmente somos todos como "fantoches", mas sabemos que nos comportando virtuosamente, respeitando, por amor do Senhor, todos os seus mandamentos, teremos a oportunidade de nos transformar e nos tornar homens verdadeiros, de acordo com o plano de Deus. Os mandamentos se resumem na lei do amor. Deus nos manda amá-lo por si mesmo e amar o nosso próximo pelo amor de Deus. Mas se Deus ama, por que ordena? Porque afirma com toda a sua força e sem a possibilidade de negação: "Essas ações te separariam do bem". E se são mandamentos, estará em jogo o meu livre-arbítrio. Na verdade, o amor não é um sentimento, mas nossa escolha livre para o bem. Como dizia Carlo, uma vida será verdadeiramente bela se conseguirmos pôr Deus em primeiro lugar e não as idolatrias de fachada que o mundo oferece por "trinta moedas" e que não nos trarão nada além de sofrimento e morte eterna.

Nosso bom Deus, "Amor por essência", pergunta a cada um de nós, pessoalmente: "Tu me amas?". A vida terrena é a oportunidade que nos é dada de responder: "Sim, eu te amo, ajuda-me a amar". Temos a liberdade de ser preenchidos do amor de Deus, mas somos livres para recusar, e se recusarmos o supremo bem, o que nos resta para a eternidade? Somente a companhia de pessoas que pensam como nós. Nisso consiste a essência da nossa liberdade: aceitar ou rejeitar o amor de Deus.

Portanto, nas provações e dificuldades, treinamos a nossa vontade para desejar e buscar firmemente o bem, sempre. E se cairmos, vamos nos jogar imediatamente nos braços de Jesus, que venceu o mal, uma vez por todas, também por nós. Com a ajuda do Senhor, venceremos nossa batalha e mereceremos a felicidade eterna ao lado de Deus; mas, se a perdermos, arriscaremos a condenação eterna, ou seja, a nossa escolha livre e definitiva contra o amor, que leva a ser separados de Deus para sempre.

Carlo ficou muito impressionado com a leitura das *Memórias* da Irmã Lúcia de Fátima. Em suas histórias, com efeito, Lúcia relata que, na aparição de 13 de maio de 1917, ela e os outros dois pastorzinhos perguntaram a Maria se duas de suas amigas de dezesseis anos mortas recentemente, Maria das Nives e Amália, já estavam no paraíso. A Virgem confirmou que a primeira garota já estava no céu, ao passo que a segunda permaneceria no purgatório até o fim dos tempos. Imediatamente depois os pastorzinhos perguntaram se eles também seriam levados ao céu, e a Virgem respondeu que Lúcia e Jacinta com certeza, mas Francisco deveria rezar muitos rosários. Certo dia, logo após ler este fato, todo preocupado, Carlo disse-nos: "Se Francisco, que era tão bom, tão bom e simples, deveria recitar tantos rosários para ir ao paraíso, como poderei merecê-lo eu também, que em comparação com ele sou tão pouco santo?".

Entre os inúmeros escritos que Carlo coletou para sua mostra "inferno, céu e purgatório", havia um para o qual ele tinha cuidados especiais, tirado do *Diário* de Santa Faustina Kowalska, em que a freira descreve o purgatório:

> Eu me encontrei em um lugar nebuloso, invadido pelo fogo e, nele, enorme multidão de almas sofredoras. Essas almas rezavam com grande fervor, mas sem eficácia para si mesmas: só nós poderíamos ajudar. As chamas que as queimavam não me tocavam. Meu Anjo da Guarda não me abandonou um momento sequer. Eu perguntei a essas almas qual era seu maior tormento. E por unanimidade responderam que seu maior tormento era o desejo ardente de Deus. Eu vi Nossa Senhora visitando as almas do purgatório. As almas a chamam de Maria "Estrela do Mar". Ela lhes leva refrigério. Eu gostaria de poder ter falado mais tempo com elas, mas meu Anjo da Guarda me chamou para sair. E saímos pela porta daquela prisão de dor. Ouvi no meu íntimo uma voz que dizia: minha misericórdia não quer isso, mas a justiça o exige.

Desde pequeno Carlo era animado por forte desejo de espiritualidade. Até a presença e influência na casa da babá Beata nesse aspecto foi importante. Era uma jovem polonesa. Chegou quando Carlo era pequeno, graças a um amigo de meu pai que era dono de um hotel em Nápoles, e tinha um vai e vem de estudantes poloneses que iam para lá durante o verão, quando havia mais fluxo de turismo, para trabalhar e até tirar umas pequenas férias. Beata ficou conosco de 1992 a 1996, pouco antes que meu filho completasse seis anos.

Foi ela quem inicialmente ensinou a Carlo muitas noções de fé. Começou a fazê-lo orar por aqueles que já não existiam, ajudando-o a entender que há plena continuidade entre a vida terrena e a espiritual.

Lembro-me bem da primeira vez que entrou em nossa casa, tinha uma sacola cheia de santinhos de Nossa Senhora de Czestochowa. Sua presença também foi importante para mim. A partida prematura do meu pai me encontrou despreparada para enfrentar todos os problemas de trabalho que daí resultaram. Além disso, minha fé ainda era muito imatura, e Beata me ajudou a viver cristãmente esse evento, que para mim foi grande tragédia, sendo também filha única. Ela também tinha vivido tempos difíceis, na verdade cresceu durante a perseguição aos cristãos por parte do regime comunista, e era uma jovem acostumada a muitas privações e dificuldades, desde o nascimento.

Com Beata, frequentemente falávamos sobre Carlo. Dizia-me que era uma criança muito precoce, que sempre fazia perguntas quase de "gente grande". Na verdade, Carlo era curioso de modo ímpar: estava interessado na história de Jesus, e, quando ia com ela à missa, lamentava-se porque não podia comungar. Com Beata, meu filho também começou a recitar o rosário, alguns se lembram dele quando ainda tão pequeno mostrava seu terço bonito.

Meu filho sempre foi sociável, alegre, brincalhão, aberto a todos e muito animado. Era pacífico e bom por natureza, mas era como se tudo isso não bastasse para ele. Tinha sede de infinito e em tudo procurava imitar Jesus. Por isso, ele se confiava a Jesus, pedindo-lhe para ajudá-lo a ser sempre melhor.

O SEGREDO DO MEU FILHO – Por que Carlo Acutis é considerado santo

Conosco era muito obediente. Realmente posso dizer que jamais tive problemas com ele. Estava sempre disposto a fazer o que pedíamos. Sua prontidão em obedecer, às vezes, o levava a não se rebelar nem mesmo com seus companheiros de escola que lhe pregavam peças. Lembro que Beata ficava zangada porque queria que ele fizesse valer seu brio e não deixasse que os outros debochassem dele. Mas Carlo respondia que Jesus não ficaria contente se ele reagisse com violência. E continuava por seu caminho.

Certo dia fomos a um supermercado. Beata e minha mãe entraram, e eu fiquei com Carlo sentado no seu carrinho. Tinha cerca de quatro anos. Aproximou-se uma menina com o cabelo de muitos cachos vermelhos e um balão azul na mão. Ela aproximou-se de Carlo e começou a atirá-lo nele, um pouco para brincar, um pouco por despeito. Também começou a puxar a manta que cobria as pernas dele. Carlo permaneceu impassível. Então a menina, insatisfeita, começou a fazer-lhe bocarras e mostrar-lhe a língua. Destemido, Carlo olhava para ela com grande doçura e lhe sorria. Ainda hoje, depois de muitos anos, me lembro do queixo caído daquela menina que não se convencia de tanta submissão. No entanto, Carlo tinha um caráter muito forte e sabia bem o que queria. Mas estava assentando a sua vida sobre a amizade com Jesus e fazia sempre referência a Ele, quando devia decidir como se comportar. Jesus era, nas suas jornadas, uma referência fixa. Inspirava-se nele. Sentia-o presente, realmente próximo.

O desejo de assemelhar-se a Jesus foi o incentivo para se tornar mais e mais caridoso com os outros, especialmente com seus amigos e com aqueles que viviam com ele. Sua natureza já muito generosa lhe facilitou muito isso. Era tão luminoso que transmitia alegria e vivacidade a todos. Tinha uma propensão especial pelos pobres. Já Beata contava que, desde pequeno, quando, pelo caminho, encontrava algum sem-teto, aproximava-se dele para saber como estava e oferecer-lhe boa palavra.

Num verão, Beata nos disse que naquele ano deveria ficar em Milão e desistir das férias, porque não poderia pagar. Tinha um filho de três anos, Konrad, e não tendo disponibilidade, decidiu que ele também ficaria em Milão com ela. Carlo soube das dificuldades dela e convenceu-nos a convidar, por todo o tempo de verão, ela e seu bebê na casa de campo que temos em Cilento. Ele até quis deixar para Beata e Konrad seu quarto, para que pudessem dormir juntos. Beata ainda hoje recorda com saudades desse verão, quando entrava nos bares e nas sorveterias com Carlo, que cumprimentava sempre todos com aquela característica luminosidade mediterrânea. Era um dom particular seu saber estar tanto com as crianças de sua idade quanto com os adultos.

Lembro que gostava muito de brincar com o Lego e produzir vídeos com uma pequena câmera, mas, se havia alguém que não podia permitir-se comprar algum jogo, estava sempre pronto para dar os seus. Não só, se necessário sabia como passar horas jogando sozinho para não perturbar a nós, adultos, simplesmente desenhando seus personagens, seus desenhos animados favoritos com lápis e papel. A mesma disponibilidade em saber esperar e não fazer biquinho, também a demonstrava no comer. Jamais se queixava da comida que era levada à mesa: mesmo que não gostasse, nunca se queixava e comia tudo. Mesmo quando eram servidos doces e iguarias, preferia que primeiro se servissem os outros e, se sobrasse, comia também ele.

O interesse pelas coisas de Deus, como foi dito, não veio a Carlo somente por causa da influência positiva de Beata sobre ele. Tinha um terreno fértil dentro de si para acolher a graça divina e os impulsos do Espírito Santo. Levei algum tempo para compreender que o seu desejo era que eu também o seguisse nesse caminho de busca de Jesus.

No crescimento na amizade e na relação de intimidade com Deus, nesta primeira parte de sua vida, fez tudo sozinho. Meu marido e eu não entendíamos totalmente, e talvez naquele momento nem estávamos em condições de acompanhá-lo e impulsioná-lo a corresponder à graça divina. Foi ele quem nos levou à prática cristã. Foi ele quem nos deu um "despertador". Foi ele quem nos levou a seguir Jesus em meio às dificuldades e alegrias da vida, para fazer de Cristo a estrela da nossa existência. Sem Carlo, tudo isso não teria acontecido, ou pelo menos nessa modalidade.

Carlo era apaixonado pela leitura da Bíblia ilustrada que lhe deram os avós como presente e pela descoberta da vida dos santos. Com Beata, costumava entrar nas igrejas que encontrava ao sair de casa. Ia cumprimentar Jesus. Gostava de colher as flores que encontrava nos prados, para trazê-las a Nossa Senhora, na igreja. Com quatro ou cinco anos, começou a pedir também a mim para ir às igrejas e acompanhá-lo diante do tabernáculo para cumprimentar Jesus. O relacionamento que tinha com aqueles que deixaram esta vida, tinha também com Jesus. Era a mesma maneira de se relacionar.

O caminho que Carlo estava tomando já era claro e estava bem encaminhado. No começo eu ficava um pouco atrás e não correspondia às solicitações que, direta ou indiretamente, me fazia sobre a fé. Na verdade, havia momentos em que eu ficava em apuros, porque não sabia o que responder às suas perguntas. Eu nem sabia a diferença entre Evangelho e Bíblia, ignorava muitas das verdades da fé. Então pensei em aprofundar o catecismo e a teologia, de início simplesmente porque queria ser capaz de responder ao meu filho.

Pedi a uma amiga conselhos sobre como me comportar e ela me indicou um bom confessor, um sacerdote de Bolonha, padre Ilio Carrai, considerado por muitos outro Padre Pio. Era primavera de 1995 quando fui a Bolonha pela primeira vez para conhecê-lo. Desse dia em diante, uma vez por mês, eu ia vê-lo, até que ele morreu, no dia 14 de março de 2010. Na primeira vez, quando o conheci, me disse fazer anos que me esperava e que eu tinha uma missão a cumprir. Confessou-me e me disse muitas coisas do meu passado. Ele me contou sobre Carlo, explicando que tinha sido escolhido por Deus para uma tarefa especial. E me confidenciou alguns eventos que se tornaram realidade no curso dos anos. Fiquei muito surpresa com o que ouvi, e entendi que com Carlo as surpresas nunca terminariam. Padre Ilio me aconselhou a estudar teologia para aprofundar a fé. Matriculei-me na Facoltà Teologica dell'Italia Settentrionale, onde comecei a frequentar cursos, mas não terminei o ciclo de estudos e por isso não me formei, embora tivesse prestado vários exames. Mas essas aulas me ajudaram a entender melhor os mistérios da fé e ser capaz de responder com competência às perguntas que meu filho me fazia. Até então era Beata quem lia para Carlo hagiografias de santos e passagens da Bíblia. O conselho de padre Carrai era que também nós, pais, deveríamos nos familiarizar com as Sagradas Escrituras e o catecismo. Nós compramos, então, documentários, livros e filmes sobre as principais aparições da Virgem Maria e sobre algumas figuras de santos.

Muitas vezes observei meu filho, que sempre me surpreendia e me deixava curiosa. Eu o observava enquanto se detinha a rezar diante do crucifixo depois de acender velas. Em casa, às vezes, o percebia jogando beijos em uma imagem do Menino Jesus de Praga que havia sido dada a ele, ou ao crucifixo pendente de uma parede da casa. Uma vez, ele até agiu como padre e, com gestos, repassava os momentos da liturgia como se estivesse celebrando a missa. Lembro que tinha quatro anos quando dei a ele uma correntinha de ouro com uma medalha do escapulário da Virgem Maria do Carmelo. Foi-me dada pela minha bisavó no dia do batismo. Desse momento em diante, nunca mais a tirou, e dizia: "Assim Jesus e Nossa Senhora os terei sempre perto do meu coração".

Mais tarde, deu essas medalhas a muitas pessoas. O escapulário era uma das devoções de que meu filho mais gostava. Perto de nossa casa, em Milão, havia um convento dos padres carmelitas e muitas vezes íamos à missa deles. Entre outras coisas, sua igreja era dedicada ao *Corpus Domini*, que Carlo tanto amava. Essa familiarização com a ordem carmelita acendeu nele o desejo de carregar o escapulário, que foi imposto por um dos sacerdotes carmelitas quando tinha sete anos. Alternava o escapulário de pano com o de ouro que havia sido dado a ele. Papa São Pio X deu permissão para substituir, em caso de necessidade, o escapulário de pano com uma medalha que apresentasse de um lado a imagem do Sagrado Coração e do outro a de Nossa Senhora. A devoção do escapulário nasceu no dia 16 de julho de 1251, quando a Virgem Maria apareceu a São Simão Stock, padre geral da Ordem dos Carmelitas. Mostrando o escapulário, Nossa Senhora disse: "Pega este escapulário. Quem morrer usando-o não sofrerá o fogo do inferno. Será símbolo de salvação, proteção contra perigos e a promessa de paz". Esta grande promessa foi confirmada cerca de oitenta anos depois, quando a Santíssima Virgem apareceu ao papa João XXII, dizendo-lhe que "aqueles que foram investidos com essa veste sagrada serão removidos do purgatório no primeiro sábado após sua morte". Em Fátima e Lourdes as aparições terminaram com a visão de Nossa Senhora do Carmo com o escapulário na mão. E a Virgem Maria confirmou à Irmã Lúcia que o rosário e o escapulário são inseparáveis.

Carlo foi um exemplo para mim, não apenas pelo amor que nutriu pelo Senhor, mas também pela grande generosidade e caridade que mostrou para com os outros, que tenho certeza de que era alimentada pelo próprio Jesus. Foi ele quem me ajudou a ser mais essencial e me abrir cada vez mais para amar os outros, para entender que a primeira e inicial intuição que tive durante a viagem à Índia, em 1991, devia e poderia ser o caminho para toda a minha vida. Quando chegamos à Índia, na verdade eles roubaram minhas caríssimas malas, que tinham, inclusive, minhas iniciais e muita roupa em seu interior. Tive de me contentar com roupas um tanto feias, compradas por poucas rúpias em um bazar. Esse roubo foi um acontecimento instrutivo para mim. Estou convencida de que o Senhor queria me fazer compreender que os inúmeros vestidos que eu levara eram totalmente supérfluos. Começara meu "despojamento". O Senhor acabou de me dar um tratamento de choque. Doutro lado, meu santo do coração foi sempre São Francisco, o amante da senhora pobreza, que se despojou de suas roupas paternas para ser vestido com o manto do bispo de Assis, Guido, que simboliza o revestir-se de Cristo, e assim começa sua jornada de conversão. Na minha opinião, o santo a quem nos sentimos mais conectados e atraídos não é acidental. Estou convencida de que é o céu quem tudo organiza. Para mim, São Francisco era realmente necessário para me ajudar a ser menos materialista e egoísta. E o fato de meu filho estar hoje no Santuário do Despojamento me confirma ainda mais que a minha intuição era correta.

Após o roubo, continuei minha jornada com o terno que usei no avião e aquelas poucas roupas adquiridas naquele bazar. Percebi quão estúpido era gastar tanto dinheiro em roupas que talvez tenham sido produzidas naqueles lugares por estilistas, que depois as revendiam a preços muito mais caros do que seu custo real. Foi uma grande lição, importante para mim, que era muito mimada e perdulária.

Este episódio me deu grande ensinamento de vida e de estilo que, graças também ao exemplo de Carlo, tornou-se depois o pano de fundo da minha vida. O fato de ter tocado com a mão tanta pobreza, inimaginável no Ocidente, ver tantas crianças indianas que, em cada uma de nossas visitas a algum local de interesse artístico, nos cercavam, seguindo-nos apenas com a esperança de que presenteássemos algo, fez-me refletir muito, e num piscar de olhos virei de cabeça para baixo minha maneira de ver as coisas. Pode-se dizer que tive uma metamorfose espiritual instantânea, que enxertou em mim um processo de conversão.

Meu marido e eu fizemos "a lua de mel atrasada" apenas alguns meses após o nascimento de Carlo. Decidimos partir sem ele. Deixamos com meus pais, em Roma. Carlo não sofreu nada com nossa ausência. Foram semanas providenciais. Meu pai, na verdade, pôde aproveitar a presença de seu neto antes de deixar este mundo não muito depois. Esses dias juntos contribuíram para criar um laço muito forte com ele, ligação que continuou depois também. Minha mãe, na verdade, após a morte do meu pai, decidiu vir morar em Milão e nos ajudou muito a criar Carlo. Sua presença foi uma graça para mim. Podia, na verdade, ausentar-me para trabalhar, sem muita preocupação: sabia que meu filho estava em boas mãos.

Na mesma noite em que meu pai morreu, uma amiga da irmã do meu pai, a tia Rosária, filha espiritual do Padre Pio, que nada sabia da sua partida, sonhou com ele dizendo a ela que tinha de ir a Milão para ajudar sua filha Antonia a criar Carlo. Foi um bom sinal para mim, que me deu muita segurança. Também foi um sinal, mais tarde, a visão que Carlo teve do avô que acabara de morrer e aquela relação de amizade e diálogo que Carlo conseguiu manter sempre viva com ele, também após a sua morte repentina. Meu pai, para Carlo, estava sempre vivo, ainda que tenha passado para outra dimensão.

"Os olhos são a candeia da alma"

Para Carlo, cada reunião que ele teve nunca foi acidental, mas era dom enviado do céu. Não havia evento, palavra ou simples saudação que não fossem vividos pelo meu filho como possibilidade de crescimento espiritual oferecido por Deus. Principalmente as visitas a lugares ligados à fé, onde o céu se manifestou, para ele eram oportunidades muito importantes para avançar no caminho da santidade. A esse respeito, foram muitas as viagens que fizemos para diferentes santuários europeus. Eu me lembro de um em particular, na França, onde, entre as várias etapas, também visitamos Paris. Estávamos hospedados no bairro dos editores, onde fica a famosa igreja de São Sulpício, muito frequentada pelos turistas estrangeiros desde que foi mencionada no livro *best-seller* de Dan Brown, *O código da Vinci*. Enquanto estávamos nessa linda cidade, de manhã sempre íamos à missa nessa igreja, às sete da manhã. Um dos padres que oficiavam a celebração confidenciou-nos com uma risada que vinham até da América para fazer peregrinações, a fim de ver "aqueles supostos sinais secretos" citados por Dan Brown em seu livro, e nos contou um pouco da história. De acordo com o autor, haveria, na igreja de São Sulpício, muitas pistas que confirmariam sua tese insana segundo a qual o Santo Graal não seria, como a tradição sempre acreditou, o cálice no qual o sangue de Cristo foi coletado, mas uma pessoa, Maria Madalena. Escutando esses absurdos, eu e Carlo demos muitas gargalhadas. Frequentemente acontecia comigo e com meu filho conversar sobre as estranhezas da sociedade em que vivemos, onde a verdade fadiga a abrir caminho e reina um subjetivismo muito perigoso. Dessa viagem, Carlo ficou muito impressionado com a visita que fizemos ao Museu de Arte Pompidou, onde é possível encontrar muitos quadros famosos, mas também objetos bastante originais e provocadores, como o famoso mictório de Marcel Duchamp, símbolo da subversão e transgressão de vanguarda *tout court*. Rimos tanto que os músculos da barriga doíam. Alguns "intelectuais" nos olhavam escandalizados, porque nos atrevemos a rir na cara dessa "obra-prima". Com Carlo, sempre amei trocar opiniões e pontos de vista sobre as coisas que nos aconteciam. Juntos, enfrentamos conversações sobre temas diversificados, que não se limitavam apenas àqueles relativos a matéria de fé. Gostávamos de ler aquilo que os jornais e a mídia traziam, e meu filho, portador de grande habilidade para análise crítica, percebia que muitas notícias eram frequentemente ideologizadas.

Entre as várias igrejas que visitamos, estava aquela onde um famoso milagre eucarístico aconteceu, na Rue des Archives, agora propriedade da igreja luterana. Numerosos documentos e obras de arte contam que, durante a Páscoa de 1290, um descrente que odiava a fé católica e não acreditava na presença real de Cristo na Eucaristia conseguiu uma hóstia consagrada para profaná-la: esfaqueou-a e a jogou em água fervente.

A hóstia se levantou sozinha diante do homem, que ficou atordoado; em seguida foi pousar na tigela de uma mulher piedosa, que imediatamente a entregou ao próprio pároco. As autoridades eclesiásticas, o povo e até o rei decidiram transformar a casa do profanador em capela na qual manter a santa partícula, que infelizmente foi destruída durante a revolução francesa.

Como última visita na capital francesa, escolhemos ir orar na igreja onde é guardado o corpo de Santa Catarina Labouré, a vidente da medalha milagrosa. Ficamos muito impressionados com aquele lugar especial. Acordamos cedo e pedimos ao taxista que nos deixasse no começo da Rue du Bac, onde fica a igreja. Parecia estar vivendo algo surreal enquanto a procurávamos. Rue du Bac, na verdade, é muito longa. Não conseguíamos encontrar o número da casa que nos foi indicado. Entramos em várias lojas para perguntar, mas ninguém sabia de nada. Parecia que esse lugar nunca existiu. Isso nos fez entender o baixo nível de fé do francês parisiense. Meu filho estava muito triste porque experimentou com as próprias mãos esse processo de descristianização que tem flagelado por décadas a Europa. Finalmente encontramos a igreja e lá ficamos com Carlo rezando por bastante tempo. Durante essa aparição, a Virgem Maria mostrou à santa a medalha milagrosa com as promessas ligadas a ela. Dentro, numa urna, são conservados também os restos mortais de São Vicente de Paulo, grande apóstolo dos pobres e doentes, fundador da Ordem das Irmãs da Caridade à qual pertencia Santa Catarina.. A história conta que, durante a aparição que ocorreu em 1830, a Virgem Maria mostrou a Catarina uma medalha trazendo na face a inscrição em ouro: "Ó Maria concebida sem pecado, rogai por nós que recorremos a vós". Logo a seguir, a medalha virou-se sozinha e a freira pôde ver a outra face: no topo havia uma cruz que encimava o M de Maria; abaixo, dois corações, um coroado de espinhos, o outro transpassado por espada, respectivamente o coração de Jesus e o de Maria. Ao M de Maria se cruzava a letra inicial do nome Jesus (Iesus em latim). A vidente então ouviu estas palavras que vinham de Nossa Senhora: "Manda cunhar uma medalha, segundo este modelo. Aqueles que a carregarem com fé receberão grandes graças". Carlo disse que, com essa medalha, o Senhor queria sublinhar o papel especial que sua Mãe Maria ocupa na história da salvação da humanidade. Estou convencida de que, mediante essa aparição, o céu queria confirmar que Nossa Senhora, além de ser a mediadora de todas as graças, também é corredentora da humanidade, mas esta é minha opinião pessoal. Na verdade, o fato de que o M de Maria cruza com o I de Jesus, encimado pela Cruz, mostra que a Santa Virgem está associada ao sacrifício de redenção de Jesus.

Nos anos seguintes, muitas vezes enfrentei conversações com meu filho que enfocavam a importância dos sacramentos. Lembro-me da ocasião de uma missa dominical em nossa paróquia de Santa Maria Segreta, em Milão. Carlo devia ter uns nove anos; o pároco fez-nos renovar as promessas batismais. Após a celebração, vi meu filho emocionado e muito me tocou o que me disse sobre esse sacramento. Confidenciou-me que não era suficiente o tempo na terra para agradecer a Jesus por nos ter dado o batismo, e há tantas pessoas que não percebem que presente infinito é recebê-lo. Amargurava-se de que muitos parecem estar mais interessados nos aspectos externos e nos presentes que normalmente recebem nessa ocasião do que ao próprio sacramento que nos devolve a vida divina perdida por causa do pecado original. Disse-me também que era necessário cultivar e corresponder à graça recebida mediante o batismo porque ele, além de ser a passagem necessária para acessar os demais sacramentos, é também a porta de entrada para o paraíso.

Em alguns de seus apontamentos, ele anotara esta reflexão:

> Devemos voltar ao significado íntimo desse sacramento, que é instrumento de salvação e veículo da graça. O batismo anula a culpa herdada de nossos antepassados Adão e Eva, causada pelo pecado de desobediência a Deus, também conhecido como pecado original, que contagiou e continua contagiando toda a humanidade, mas não cura as feridas que esse pecado deixou e que continuamente nos inclinam para o mal. Além disso, sendo esse sacramento também a porta que nos permitirá aceder aos outros, que são instrumentos dispostos pela Santíssima Trindade para

dar-nos a graça e assim poder curar totalmente essa ferida, torna-se automaticamente também a porta que nos faz aceder à salvação.

O direito canônico, de forma muito legítima e correta, fixa o período máximo para a administração do batismo nas primeiras semanas. O que acontece hoje em vez disso? Adia-se por meses, até anos. Isso significa privar a criança da graça santificante e condená-la a uma espécie de asfixia espiritual. Para ressuscitar e ser perdoados, é necessário imergir na água, assim como fez Jesus no rio Jordão. É preciso sublinhar a sacralidade da pessoa humana, sobre a qual o Espírito Santo se inclinou, ressantificando-a. São João, apresentando o batismo de Cristo, nomeou o Espírito Santo. Isso significa que esse sacramento produz a graça, que é a substância da qual nos revestiremos por dentro para a coeternidade.

Carlo sempre dizia que

a narração do batismo de Cristo é quase telegráfica, mas muito densa. Então Jesus é batizado. O céu se abre. O Espírito Santo desce. A voz do Pai o confirma Messias: tu és meu Filho predileto, em ti encontrei o meu agrado. Como se vê, esse evento na história da humanidade tem valor praticamente infinito. Jesus se deixa mergulhar no rio Jordão, e o céu responde conforme informado acima. Para cima e para baixo. Céu e terra. Jesus que é batizado por seu precursor é a humildade que é colocada no fundamento da messianidade. O Salvador se põe no nível dos pecadores. Junta-se publicamente à multidão e pede para ser batizado. Humildade enorme. Imolação de imagem ao último grau. Assimilação com o pecador em uma condição de extrema simplicidade. Mistura-se com pessoas que pedem perdão. Avança pela água purificadora. Não se esconde. Não se subtrai. Não foge.

Pelo contrário... E o céu responde. Evento narrado com extrema simplicidade, mas em si mesmo de alcance excepcional. Céu que se abre. "Pomba" descendo. Voz que é ouvida. Não é espetáculo. Não é alegoria. É realidade divina que entra no tempo e naquele recanto de Palestina assume voz humana. Essa voz declara que o Cristo é o Filho de Deus, é o objeto da complacência divina. Nós lemos isso; ouvimos essa história e nos acostumamos. Desliza sobre nós. Isso nos escapa após a leitura. Chega-se ao nível de... historinha. Seria necessário fazer uma pausa. Seria necessário sublinhar. Seria necessário saborear. O céu se abre, aquele céu quase sempre fechado, e fala. O Cristo recém-batizado é explícita e solenemente afirmado Filho. Filho, isto é, da mesma natureza divina. Pensamos sobre isso? Aqui estamos ante a eternidade, que marca suas expressões solenes ao longo do tempo. Estamos à escuta de verdade fundamental: o Cristo é Deus além de homem. Todo o Evangelho está aí. Essa é a verdade básica. Cartão de identidade. Passaporte para a redenção. Estas linhas condensam a operação salvação. A humanidade está na linha trinitária da coeternidade. A operação de salvação está em andamento. A plenitude dos tempos está no seu auge. São palavras centrais. São palavras-substância. É o *Verbum Aeternum* que assume a natureza humana para redimir. O Deus único, uno e trino, se revela a nós em sua segunda pessoa.

Carlo gostava muito de ler os Evangelhos. Diariamente se concentrava em breve passagem, que se tornava a bússola de seus dias. Para ele, o Evangelho também foi um presente de Deus. Tudo, repito, foi para ele um presente. Uma das parábolas de que mais gostava era a do semeador. Era importante para ele fazer a semente dar cem por cento de fruto e não a deixar sufocar pelos espinhos da vida. Gostava muito do capítulo 12 do Evangelho de João, que fala do fato de que se o grão não morre, não dá fruto.

Lembro-me de uma vez em que essa parábola foi proclamada numa missa durante a semana em nossa paróquia. Imediatamente depois começou a anotar algumas reflexões. Dizia que quanto mais conseguirmos morrer a cada dia para nós mesmos durante o curso da nossa vida, mais será possível renascer em Jesus. Nas suas notas encontrei esta reflexão:

> Jesus fala de um grão de trigo caído no chão que, se não morrer, permanece sozinho. Ouso dizer que somos todos esse grão de trigo, no sentido de que estamos todos em uma posição mínima, como um grão; no entanto, um grão tão precioso que o Senhor espera dele tudo que se possa imaginar. Temos dentro de nós grande recurso que é chamado de espírito ou alma, e é o componente substancial do nosso organismo à medida que somos compostos de alma e corpo. Mas a alma é simples, e o que é simples não se decompõe, não é complicado. Então nossa alma não é feita para o tempo e para o espaço. Agora, enquanto vivermos, somos como que presos numa armadilha, em uma jaula, que é chamada de tempo-espaço, de quem somos dependentes, porque o tempo e o espaço dificultam a nossa existência, mas temos o espírito, que, sendo simples, é imortal, e sendo imortal, não deve permanecer no tempo e no espaço. Esse grão que somos é colocado no fundo da terra para amadurecer e ser capaz de se desenvolver e subir ao "nível de alma", que não quer nem tempo nem espaço, mas é feita para a eternidade. Mas além de ser esse grão de trigo, também somos razão e precisamos colaborar com o desenvolvimento desse grão. Para favorecer esse desenvolvimento, que permite

ao grão se transformar em espiga e trigo, são necessárias duas virtudes que devemos praticar: a humildade e a simplicidade. A humildade que é verdade, humildade que é realidade, a humildade que não consiste em nos desprezar, mas consiste em sentir-se abaixo de Deus. Deus, e depois nós. Por outro lado, a palavra humildade vem da palavra latina *humus*, que significa terra; portanto, humilde é aquele que vem da terra, fica embaixo, mantido baixo. Se nos sentimos abaixo de Deus, estamos em proporção. E na proporção, nós somos em humildade. A humildade que nos mantém em nosso lugar. E nos convida e nos leva a fortalecer nossos recursos, que não devemos desprezar, e que devemos cultivar para a glória de Deus. A simplicidade é a virtude de não complicar, como diz o termo latino *simplex*, e é composta de dois elementos: *sem* e *plicare*. *Sem* significa apenas uma vez, e *plectere* significa dobrar junto, envolver. Portanto, "complicado" significa ser dobrado sobre si mesmo, tornado menos simples, ser confuso, difícil de entender. Então, a simplicidade é justamente a arte de não duplicar, de não complicar, mas deixar tudo aberto, disponível para a glória de Deus e o bem de nossos irmãos. Essas duas virtudes permitem ao grão sair da mãe terra, desenvolver-se e tornar-se trigo. Esse trigo vira farinha, essa farinha torna-se pão, e esse pão torna-se aquela espécie ou aparência necessária para a sagrada Eucaristia. Quando Jesus fala de um grão de trigo, ele pensa em si mesmo, como pão consagrado e transubstanciado, e pensa em nós, como pessoas que vivem desse pão, e nesse pão existem, e com esse pão são transportadas para a eternidade. Então peçamos a Jesus: "Ó Deus, faze-me um grão produtivo, um grão eficiente, grão eficaz. Jesus, faze-me um grão de trigo para que eu possa alcançar a tua realidade eucarística, da qual eu, verdadeira e realmente, vivo".

Carlo sempre repetia que também nossa vida é um presente, porque, enquanto estivermos neste planeta, podemos aumentar nosso nível de caridade para com Deus e para com o próximo e quanto mais alto for, mais desfrutaremos da eterna bem-aventurança de Deus. Ele estava profundamente ciente de que não percebemos que cada minuto que passa é um minuto a menos que temos para nos santificarmos, e o tempo não deve ser desperdiçado em coisas que não agradam a Deus, mas devemos torná-lo aliado. Dizia que Jesus, encarnando-se, mostrou-nos como fazer melhor uso do nosso tempo; mediante ele a eternidade desceu no tempo dando-nos ainda agora a possibilidade de viver na dimensão trinitária em comunhão com o Deus uno e trino, no chamado tempo de Deus, o Kairós (καιρός), o momento certo por antonomásia que nos introduz já agora, *hic et nunc*, na coeternidade de Deus. Ele percebeu que a vida, embora sendo dádiva imensa, é um teste, no qual podemos ou não aceitar o amor de Deus e sua vontade sobre nós. Estava profundamente convencido de que os sacramentos são a ajuda maior para que decidamos pôr Deus em primeiro lugar em nossa vida e direcionar nossa vontade para o bem. Ele certa vez me disse que "nossa meta deve ser o infinito, e não o finito". No entanto, será importante entender que não se deve desprezar ou mesmo vir a odiar as coisas do mundo, quase como se fossem os antagonistas de Deus. Significativas a esse respeito são as palavras escritas pelo monge trapista Thomas Merton, que enfatizou, em seu ensaio *Sementes da Contemplação*, que

> estar desapegado das coisas não significa estabelecer uma contradição entre "coisas" e "Deus", como se Deus fosse

outra "coisa" e suas criaturas fossem seus rivais. Não nos desligamos das coisas para unirmo-nos a Deus, mas antes separamo-nos de "nós mesmos", para ver e usar tudo em Deus e para Deus. Esta é uma perspectiva totalmente nova que muitas pessoas, mesmo profundamente morais e ascéticas, não conseguem captar até o fundo. Não há perversidade nas coisas criadas por Deus, e nada que pertence a ele pode ser obstáculo à nossa união com ele. O obstáculo encontra-se em nós mesmos, ou seja, na tenaz necessidade de conservar nossa vontade separada, externa e egoísta. É quando referimos tudo a esse nosso falso "eu" externo que nos alienamos da realidade e de Deus. E então nosso falso eu tornar-se-á nosso deus, e nós amaremos todas as coisas por amor desse falso eu. Iremos nos servir de cada coisa, por assim dizer, para adorar nosso ídolo, nosso eu imaginário. Assim fazendo, perverteremos e corromperemos as coisas, melhor dizendo, tornaremos corrompidos e pecaminosos nossos relacionamentos com elas. Com isso não tornamos perversas as coisas, mas nós as usaremos para aumentar nosso apego ao nosso eu ilusório.

Ovídio descreve bem, antropomorfizando em Narciso, o defeito que têm todos aqueles que se amam demais: dobram-se sobre si mesmos, esquecendo-se de Deus e do próximo. O mito conta que Narciso era filho de Cefiso e da ninfa Liríope. Insensível ao amor, não retribuiu a avassaladora paixão de Eco, e por isso foi punido pela deusa Nêmesis, que o fez se apaixonar por sua própria imagem refletida em uma fonte. Narciso morreu consumido por essa vaidosa paixão, transformando-se na flor do mesmo nome. Se não prestarmos atenção, o mesmo pode acontecer conosco espiritualmente. Carlo ficou muito impressionado

O SEGREDO DO MEU FILHO – Por que Carlo Acutis é considerado santo

com o fato de haver pessoas que, por grande vaidade, desperdiçam muitas horas de sua vida para serem cada vez mais bonitas e nunca vão à missa, porque não sobra tempo para se dedicarem à oração. Sobre isso dizia: "Por que os homens se preocupam tanto com a beleza do seu físico e não se preocupam antes com a beleza da sua alma?".

Uma das flores favoritas de Carlo eram as rosas vermelhas. Dizia que a beleza do corpo era como a de uma rosa, não dura muito e está destinada a murchar em pouco tempo. Para Carlo, a beleza exterior de uma pessoa é comparável a um castelo de areia construído à beira-mar. Assim que chegam, as ondas o desintegram e dele nada permanece, a não ser um monte de areia, da mesma forma que acontecerá também conosco após a morte. Na verdade, somos pó e pó vamos voltar a sê-lo. A beleza física desaparece gradualmente, visto que o tempo a leva embora sem piedade. Dela nada sobrará, ao passo que a beleza espiritual nunca vai se deteriorar e sempre pode aumentar, se formos colaboradores leais. Para Carlo, portanto, todos esses esforços para ficar sempre esteticamente jovens e bonitos eram totalmente inúteis. E por isso dizia: "Seja como for, tudo passa... Aquilo que nos torna belos aos olhos de Deus será somente o modo com o qual o tivermos amado e como tivermos amado os nossos irmãos".

Carlo sentia grande tristeza ao ver com quanta infelicidade tantas pessoas enfrentavam o problema do envelhecimento, caindo facilmente em uma profunda crise existencial. Havia encontrado muitas pessoas assim e as recomendava sempre ao Senhor para que as ajudasse a curar suas inseguranças. Carlo dizia que as verdadeiras deficiências são as interiores, e não as físicas, porque as físicas vão acabar, ao passo que as interiores permanecerão por toda a eternidade e serão decisivas e determinantes para o nível de bem-aventurança que iremos desfrutar. Meu filho conseguia entender a santidade de uma alma em base ao brilho de seu olhar. Brincando, me perguntava sempre se seus olhos ainda eram brilhantes. Frequentemente citava-me a passagem do Evangelho de Mateus em que Jesus diz que "os olhos são a candeia da alma" (cf. Mt 6,22). Segundo muitos, também os olhos do meu filho eram brilhantes de modo especial.

Carlo gostava muito de monges e freiras de clausura. Dizia que seus olhos eram quase sempre muito brilhantes e que, estando ao lado deles, sentia-se uma sensação de leveza, quase como se a alma se elevasse ao alto. Sobretudo com as monjas Eremitas, que o hospedaram em seu convento quando fez sua primeira comunhão, uma amizade especial foi estabelecida. Pedia-me para acompanhá-lo para visitá-las, para pedir a elas orações. Eram para ele como "Anjos da Guarda na terra". Carlo tinha essa acentuada sintonia com as monjas de clausura que considerava irmãs, pois o ajudavam a crescer no amor por Jesus. Marcou-o muito o texto que se encontra no saguão do seu convento: "Deus me basta". Sempre que íamos vê-las, recomendava a elas rezar pela conversão dos pecadores e pela libertação das almas do purgatório. Esse vínculo espiritual trouxe muitos frutos. As Eremitas sempre o seguiram nas várias fases de sua vida. Elas o acompanharam com orações também por ocasião da crisma, que recebeu no dia 24 de maio de 2003, das mãos de dom Luigi Testore, antes e depois da sua partida para o céu, e continuam a rezar a ele por muitas pessoas que confiam em suas orações. Não só as Eremitas tinham um lugar em seu coração, mas também outras monjas de clausura, como as Clarissas do primeiro mosteiro de Assis e as Clarissas urbanistas de Spello. Depositava grande confiança nas orações das contemplativas e pediu que o ajudassem a se tornar "santo". Eu lembro que uma freira lhe ensinou uma jaculatória que repetia com frequência: "Chagas de Jesus, bocas de amor e misericórdia para nós, falai de nós ao Pai Divino e obtende-nos uma transformação íntima".

Dizia que, quando estava com elas, sentia uma espécie de bem-estar na alma. Além das monjas de clausura, Carlo tinha grande simpatia pelas Pequenas irmãs do Cordeiro, congregação religiosa fundada na França pela pequena irmã Marie. Em 16 de julho de 1983, a comunidade do Cordeiro foi reconhecida pelo Padre Vincent de Couesnongle, na época mestre da Ordem dos Pregadores, como "novo ramo emergindo do tronco da ordem". As Pequenas irmãs do Cordeiro, peregrinas, orantes, pobres e mendigas, nas pegadas de São Domingos e São Francisco, têm por carisma sair ao encontro dos mais pobres, para que todos recebam a luz do Evangelho e do Cordeiro Jesus, e fazer várias horas de adoração eucarística todos os dias. Carlo as encontrou pela primeira vez em Assis, onde tínhamos uma casa para passar as férias de verão. Vieram pedir algo para comer e ele, depois de nos ter pedido permissão, convidou-as para almoçar. Apresentaram-se na nossa casa, enquanto faziam uma peregrinação a Assis em agosto de 2005. Pediram pão, como faziam todos os dias na hora do almoço. Carlo abriu-lhes a porta. Ele as fez entrar e as convidou a comer conosco. Elas tinham um problema com o computador e ele logo o resolveu.

Carlo via nos consagrados e consagradas pessoas especiais, que generosamente doaram tudo para encontrar o "Todo". Por isso, ele estava convencido de que Jesus não poderia negar qualquer coisa às orações deles. Eles escolheram viver somente para ele, portanto Deus não os decepcionaria em seus pedidos. Além das orações dos consagrados, Carlo considerava muito importantes as orações dos pais pelos filhos. Ele os exortava a apoiá-los no caminho da amizade com Cristo e falou-nos a esse respeito: "Mesmo que um dia acontecesse a estes meninos, crescendo, perder o caminho que leva a Deus, o Senhor, mais cedo ou mais tarde, se lembrará das orações que fizeram juntos em família e os reconduzirá ao redil".

Dizia que a oração sincera de uma mãe ou de um pai, feita com fé e devoção, mais cedo ou mais tarde sempre será ouvida por Deus.

Carlo sabia que, infelizmente, a nossa é uma sociedade muito narcisista, que se concentra mais em cuidar da aparência física do que da vida interior. Quando tinha seis anos, escreveu uma cartinha a Jesus na qual pediu: "Senhor, faze que Rajesh se torne menos vaidoso". Chegara há pouco para trabalhar em nossa casa e inicialmente gastava todo o seu salário na compra de roupas. Parecia-se muito com um famoso ator indiano chamado Shah Rukh Khan e atormentava Carlo para tirar fotos dele para enviar a suas fãs, vestido como esse ator. Meu filho tinha verdadeiramente enorme paciência com todos; procurava nunca faltar de caridade.

Posso dizer com certeza que, desde quando Carlo era pequeno, nunca precisei nem levantar a voz, nem repreendê-lo, porque, quando eu lhe dizia para fazer algo, prontamente obedecia sem reclamar. Quando queria fazer algo, pedia primeiramente permissão, e, se os pais dele ou sua avó materna não estivessem, se dirigia à babá. Lembro-me de quando ele tinha cerca de um ano e meio, antes de tocar algo, ele o apontava com o dedo e olhava para mim como para saber se podia ou não pegar. Balançava então o dedinho como para dizer "não", ou balançava a cabeça como para dizer "sim". Se eu respondesse a tais perguntas, acenando para ele que não havia problema em tocar, ele o pegava; caso contrário, não se permitia e pacificamente ia adiante sem amargurar-se.

Frequentemente me citava uma frase que ele tivera, numa locução interior, da parte do seu anjo da guarda: "Não o amor próprio, mas a glória de Deus". O eu humano, isto é, o eu fechado em si mesmo, é o princípio do orgulho e, portanto, de todo pecado. É inimigo de Deus, que ataca em seu domínio universal e absoluto. É inimigo dos homens, excita uns contra os outros por contraste de interesses. É inimigo de todo homem, pois afasta a todos do seu verdadeiro bem, arrastando-os para o mal e tirando-lhes a paz e o descanso. Aniquilai o eu humano e todos os pensamentos do homem, seus desejos, suas ações se orientarão para Deus, sem se dobrarem sobre si mesmos; Deus será amado, adorado, servido, por si mesmo, por causa das suas infinitas perfeições e seus benefícios, e tudo o mais será amado pelo amor de Deus. Ele será amado quando confortar o homem, quando o atingir, quando o acariciar e quando ele quiser experimentá-lo, quando o atrair com doçura e quando parecer afastá-lo de si. Aniquilai o eu humano, o eu soberbo e orgulhoso, e o homem sempre na inocência vai passar seus dias em uma paz inalterável, porque nada poderá perturbá-lo nem interna nem externamente. O aniquilamento da soberba, do orgulho, e de um amor próprio desordenado deve ser o trabalho constante de cada verdadeiro cristão, de qualquer pessoa que queira seguir os passos de Jesus Cristo. É extraordinariamente necessário começar desde o início da vida espiritual essa luta contra si mesmos.

Meu filho costumava dizer que o próprio Jesus nos mandou negar a nós mesmos e aceitar nossa cruz para segui-lo. Só se conseguirmos aniquilar esse "eu humano" desaparecerão da terra todos os delitos, e todos os homens viverão em relações fraternas, partilhando entre si, sem nenhuma inveja, os bens daqui embaixo. Todos irão então ajudar-se uns aos outros, e cada um verá nos outros um outro si mesmo. Para Carlo, um bom exercício a fazer, para compreender o próprio nível de humildade e liberdade interior, era experimentar com que grau de tolerância aceitaremos as críticas, justas e injustas, que nos serão feitas. A intensidade de quanto ficamos chateados será o termômetro que vai nos revelar como será que o nosso amor próprio desordenado será elevado, e quanto caminho devemos ainda percorrer para nos desembaraçarmos desse grave defeito espiritual, que, se não resolvido, nos impedirá de progredir no caminho da santidade. Desembaraçados dos amores confusos e apegos desordenados, poderemos amar a todos, inclusive a nós mesmos, pelo amor de Deus.

Escrevia pouco tempo após haver feito a primeira comunhão: "Estar sempre unido a Jesus, este é o meu programa de vida". Para realizar esse ambicioso projeto, era fundamental para ele ser capaz de eliminar tudo o que poderia de alguma forma distanciá-lo de Deus. A respeito disso escreveu esta frase: "A conversão não é senão deslocar o olhar de baixo para cima, é suficiente um simples movimento dos olhos". Apesar do fato de que ele interpretava estas palavras metaforicamente, e quando as pronunciava parecia que o fazia com atitude mista entre o sério e o jocoso, entendia-se bem que, para ele, foi um modo simpático de comunicar uma grande verdade. Aparentemente, poderia parecer muito fácil implementar esse programa, mas na realidade os fatos mostrarão que haverá muita fadiga para desprender-se das coisas do mundo para apegar-se às do céu. Dizia Carlo que

a conversão é parar de cair para baixo e recomeçar a subir para o alto. Quanto mais para baixo tivermos descido, mais difícil e fatigante será a subida. Será importante inverter o curso. Passo a passo, dia após dia, ir adiante, sem jamais se deter. Quanto mais subirmos ao alto, mais veremos as coisas na perspectiva justa, na sua inteireza e totalidade. Quanto mais subirmos ao alto, mais entraremos na atmosfera que circunda a coeternidade. Ar de infinito respiraremos. A vida eterna se tornará nosso habitat. A coeternidade se tornará nossa carteira de identidade. Coeternidade = eternidade junto. Junto com quem? Com a Santíssima Trindade. Somos imortais. O pensamento é prova inconfundível. O pensamento, na sua indefectível realidade, é independente por princípio e de fato de tudo aquilo que é composto. O composto por sua natureza é decomponível.

Porque tal e enquanto tal é temporâneo, é provisório, é no seu ser ligado ao tempo e ao espaço. O pensamento, por outro lado, é simples, indecomponível, interminável, imortal. Não está ligado nem ao tempo, nem ao espaço. O Deus único, uno e trino, é a eternidade. O imortal divide sua eternidade, isto é, é coeterno. Coeterno não por princípio, mas de fato, por graça. Nossa pessoa não pode deixar de se perguntar sobre o problema chamado comum e vulgarmente "além" e mais científica e exatamente coeternidade. A coeternidade é o reino do Acima, é o domínio do Acima, é o senhorio do Acima, é o princípio do Acima, é o fato do Acima. Para chegar ao Acima, é preciso subir. Se pusermos o Acima como o destino pessoal, como a participação direta ao extratempo e ao extraespaço, então a subida ou ascese entra na soma dos instrumentos idôneos para que se alcance a concretização do Acima. Subir, ou seja, dispor-se ao Acima, isto é, erguer-se até o Acima. O aspecto místico: é a sublimação da existência voltada para o Acima.

Para Carlo, apenas quando nos tornarmos completamente livres do pecado e de qualquer apego que nos afasta de Deus, conseguiremos ser verdadeiramente tranquilos e felizes. Há grande diferença entre uma pessoa que passa o tempo pensando em interesses materiais, em sua situação e se preocupa em agradar ao mundo para afirmar seu próprio eu, e uma pessoa que, ao invés, pensa frequentemente no bom Deus, se preocupa em agradá-lo acima de tudo e não pensa nas coisas deste mundo a não ser enquanto meios para chegar ao céu. A vida desta última será com certeza mais nobre e mais bela. O que nos impede de viver assim com Deus e ser alegres e puros na sua presença são as preocupações, os falsos temores e

O SEGREDO DO MEU FILHO – Por que Carlo Acutis é considerado santo

as curiosidades fúteis. Vamos nos preocupar em abrir mais espaço para as coisas sobrenaturais em nossa vida. Quando realmente decidirmos, de uma vez por todas, não dar muita importância às coisas terrenas e colocar nossa confiança apenas em Deus, seremos verdadeiramente felizes e em paz conosco e com a criação, como um céu claro, sem nuvens.

Um elemento que sempre me impressionou em Carlo: queria que nenhuma "mancha" sujasse sua alma. Ele tinha entendido muito bem que o sacramento da confissão era o que lhe servia para atingir esse objetivo elevado. Dizia que muitas pequenas manchas juntas acabarão formando uma grande e no fim não deixarão nenhum espaço em branco. Sobre isso, quando ensinava catecismo às crianças, sempre contava este episódio ligado à vida de Santo Antônio de Pádua, de quem era muito devoto:

> Certo dia um grande pecador foi a ele, decidido a mudar de vida e reparar todos os males cometidos. Ajoelhou-se a seus pés para fazer a confissão, embora sua emoção fosse tanta que ele não conseguia abrir a boca, enquanto lágrimas de arrependimento banhavam seu rosto. Então o santo frade o aconselhou a se afastar e escrever seus pecados numa folha. O homem obedeceu e voltou com longa lista. Frei Antônio os leu em voz alta e depois devolveu a folha ao penitente, que continuava de joelhos. Qual não foi a maravilha do pecador arrependido quando viu a folha perfeitamente limpa! Os pecados haviam desaparecido da alma do pecador assim como do papel.

Carlo sempre recitava o Salmo 50, *Miserere*, onde o rei Davi, arrependido de seus pecados, pede perdão a

Deus: "Lava-me e serei mais branco que a neve... apaga todas as minhas culpas. Cria em mim um coração puro, ó Deus, renova em mim um espírito forte...".

Ele se confessava todas as semanas, quase sempre com um padre aposentado que ajudava na nossa paróquia. Esse padre confidenciou-me que Carlo era um rapaz de transparência excepcional, muito claro. Ele queria melhorar em tudo, tanto no amor a Deus quanto no amor em relação ao próximo, a começar pelos pais. Queria aperfeiçoar a amizade com colegas, na escola, com os professores. Ele também queria se aplicar cada vez mais seriamente para aprofundar as várias matérias escolásticas, informáticas, bem como aquelas relacionadas à fé. Carlo se aproximava semanalmente do sacramento da reconciliação, quer para agradecer ao Senhor todos os dons recebidos, quer para melhorar e vencer também as mínimas imperfeições que o impediam de subir cada vez mais alto em direção à montanha da santidade.

Costumava usar essa metáfora para descrever as escórias que o pecado deixava na alma. "O menor defeito nos mantém ancorados na terra, do mesmo modo como acontece com os balões que são puxados para baixo mediante o fio que seguramos na mão."

Gostava muito de soltar pipa no monte Subasio, em Assis, e ser perseguido por seus cães. Muitas vezes comparava a pipa à alma: para levantar voo, precisa do vento, assim como nossa alma precisa do Espírito Santo. E também usou outra comparação para as pessoas entenderem a necessidade de se confessar:

> Para subir alto, o balão precisa descarregar peso, assim como a alma, para elevar-se ao céu, precisa tirar os pesos

pequenos, que são os pecados veniais. Caso haja pecado mortal, a alma cai à terra, e a confissão é como o fogo que faz o balão subir ao céu. É preciso confessar-se muitas vezes, porque a alma é muito complexa.

Havia outra frase que sempre repetia, a qual revela bem a importância que Carlo atribuía ao fato de estar sempre a postos diante do Senhor:

> Se verdadeiramente as pessoas se dessem conta da beleza de estar na graça de Deus, respeitando seus mandamentos, fariam qualquer coisa para não cometer pecados graves e fariam mais para ajudar os que vivem longe de Deus.

Frequentemente citava a esse respeito Santa Jacinta de Fátima, que disse: "Se os homens soubessem o que é a eternidade, fariam qualquer coisa para mudar suas vidas".

Carlo sabia que muitos, ao invés de ir confessar-se, preferem consultar um psicólogo ou motivador, que certamente ouvirá, analisará, mas jamais proporá que se converta e mude de vida para viver feliz, porque perseverar no pecado só irá trazer tristeza e doença. Carlo dizia que a infelicidade nasce do pecado e do afastamento de Deus. Abandonar o pecado para começar nova vida na graça de Deus será a única solução. O psicólogo falará sobre dificuldades, erros, problemas, sentimento de culpa, traumas, porém jamais de pecado, do relacionamento entre o homem e Deus, de amizade que já não existe e se deseja recuperar. Carlo dizia que na confissão se manifesta Cristo que, mediante o Espírito Santo, nos reconcilia com o Pai.

O fruto do sacramento da penitência é a paz. Carlo fazia questão de explicar que a confissão também é chamada de sacramento da misericórdia, porque é o reflexo do amor de Deus por nós, que para nos salvar e redimir morreu na cruz. Desde a eternidade, ele tem pensado de forma singular em cada um de nós. Carlo dizia que por meio desse sacramento é como se filtrasse das mãos consagradas do padre um raio de luz que vai eliminar a escuridão na qual o pecado nos envolveu. Misericórdia é movimento de luz na escuridão.

Também dizia que, se possível, é importante confessar-se habitualmente sempre com o mesmo padre. Para ele era fundamental, a cada confissão, fazer propósitos de mudança, buscando objetivos alcançáveis. Dizia que era necessário olhar o sacerdote com os olhos da fé. O confessor é como um médico para nós. De fato, por meio dele, Deus cura nossas feridas devidas ao pecado. O único obstáculo para uma boa confissão é o "eu". Confessando nossa miséria, vamos abater o "eu", o espelho da nossa alma então se tornará puro, sem sombras, e Deus, não encontrando obstáculos, espelhando-se nele, refletirá a sua imagem.

Carlo nunca mentia e sempre em suas catequeses citava este episódio ligado a uma filha espiritual de Padre Pio:

> O padre, todos sabemos, não queria que disséssemos uma única mentira, nem mesmo como brincadeira ou por uma coisinha qualquer. Eu, para manter o compromisso que assumi na confissão, comecei a pedir ajuda ao anjo da guarda. Quando me encontrava em apuros, porque me perguntavam algo que eu não conhecia ou não podia responder, sem cair em mentira, eu me recomendava a ele.

Sempre rezava a Deus para que o fizesse conservar a inocência batismal, que todos devemos guardar cuidadosamente. Vamos pedir-lhe para nos ajudar a permanecer sempre na graça de Deus, como as virgens sábias do Evangelho que já haviam preparado o azeite quando o noivo chegou e não ficaram desprovidas.

Os pobres, os mais fracos, meus melhores amigos

Nos pobres e doentes, Carlo reconhecia a presença viva de Jesus, sobretudo nos sofredores via Cristo crucificado. Diante dessas pessoas, tinha a vívida percepção de estar na presença do Senhor, por isso ele buscava fazer alguma ação concreta de caridade para elas, porque ajudá-las era o mesmo que aliviar Jesus crucificado.

Quando lhes dava um cobertor ou saco de dormir, sua mente voltava à noite do nascimento de Jesus, quando tudo foi recusado a ele. Para Carlo, fazer algo pelos pobres queria dizer fazer isso pelo próprio Jesus. Quando entrava em contato com o sofrimento humano, encontrava-se diretamente projetado no Calvário na presença de Cristo crucificado.

O exemplo de São Francisco e Santo Antônio de Pádua na realização de atos de caridade para com os pobres era para Carlo grande incentivo a fazer o mesmo. Era menino que colocava paixão em tudo o que fazia. Tinha entusiasmo contagiante; estava sempre tentando melhorar e continuamente se preocupava com seu próximo, especialmente aqueles que passavam necessidade. Às vezes parecia não ter paz quando via algum mendigo ou pessoa que tinha problemas. Se pudesse, desdobrava-se em quatro para ajudar.

O SEGREDO DO MEU FILHO – Por que Carlo Acutis é considerado santo

Para ele, essas pessoas eram comparáveis à santa família de Nazaré, que em Belém não encontrou acolhida, a não ser num estábulo. Sobre isso, escreveu numa de suas meditações:

> O Senhor Jesus se encarnou escolhendo uma pobre jovem de apenas quinze anos como mãe e um pobre carpinteiro como pai adotivo. Quando nasceu, havia apenas recusas da parte das pessoas que não sabiam onde colocá-lo e, no fim, alguém encontrou um estábulo. Se pensarmos bem, o estábulo de Belém era certamente melhor do que muitas casas hoje, onde o Senhor é rejeitado e muitas vezes até ultrajado, porque recebido de forma não digna. Uma pobre jovem de quinze anos junto com um pobre carpinteiro eram os pais de Deus, que escolheu a pobreza e não o luxo.

Quando conheceu a "Opera San Francesco per i Poveri", administrada em Milão pelos Frades Menores Capuchinhos, abriu-se para ele grande campo de apostolado e caridade. Há mesas onde dão de comer a milhares de pessoas e prestam assistência aos mais necessitados, prestando também serviços extras. Inspirado por essa obra, ele também quis contribuir para fazer algo pelos sem-teto e os mendigos que os frades assistiam diariamente. É por isso que encontrávamos frequentemente juntos padre Giulio Savoldi, vice-postulador e confessor do venerável frei Cecílio Maria Cortinovis, o frade porteiro fundador dessa obra para os pobres da alameda Piave. Dizia-me sempre que nunca tinha visto um jovem tão sensível à pobreza e ao sofrimento dos outros. Conheceu Carlo quando tinha cerca de cinco anos. Trouxe-lhe todo o dinheiro que havia posto à parte no seu cofrinho, para dar às crianças mais necessitadas. O capuchinho me confessou ter ficado muito impressionado e comovido por aquela criança tão pequena e generosa, de rosto luminoso e aberto a tudo aquilo que é belo e bom. Intuiu logo que nele se ocultava uma alma especial, que desejava aliviar a dor de quem, sob muitos aspectos, tinha menos sorte que ele. Queria ajudar aqueles que estavam em dificuldade, e eme confidenciou que, adulto, gostaria de criar uma obra de ajuda dedicada a todos aqueles que eram sem-teto e não tinham para onde ir, porque, nas mesas ou nos dormitórios públicos, nem sempre era possível encontrar lugar. Um dos seus maiores desejos teria sido construir dormitórios onde todos pudessem ter sua área pessoal com armários nos quais deixar os próprios pertences.

Lembro que tínhamos, havia pouco tempo, adquirido uma pequena casa em Assis, para onde íamos de férias junto com nossos cães. Certa vez, enquanto os levava a passear, passando além da igrejinha de Santo Estêvão, Carlo notou que havia um mendigo dormindo no chão em um pequeno jardim público. A partir de então, todas as tardes, lembrava a minha mãe de que preparasse comida a mais, para levar ao pobrezinho. Além disso, quando podia, deixava-lhe também dinheiro.

Fazia o mesmo com os sem-teto que dormiam nas proximidades da nossa casa em Milão ou ao longo do pórtico da igreja ou perto do Arco da Paz adjacente ao Parque Sempione, que então ainda não havia sido fechado e tornou-se lugar privilegiado para eles. Combinara com Rajesh para levar-lhes comida. Sempre com sua mesada, comprou pratos térmicos ou pequenas garrafas térmicas e, toda vez que via haver algum desses sem-teto, ele saía e levava-lhe parte de seu jantar, frutas, biscoitos ou sanduíches e bebidas quentes. Quando possível, dava-lhes também roupas.

Certa vez pediu-me permissão para ir com Rajesh a uma loja do centro para comprar com suas economias sacos de dormir para dar aos pobres. Esses homens sem-teto costumavam dormir em caixas na frente de Santa Maria Segreta. É claro que o autorizei e dei a ele algum dinheiro extra. Senti-me muito orgulhosa de ter um filho tão generoso e altruísta. Santa Teresa de Calcutá dizia que é possível fazer o bem também em casa e não há necessidade de viajar para fazê-lo. Em Carlo vejo perfeitamente realizadas as palavras da santa.

Por meio do Liceu Leão XIII, Carlo conheceu um idoso deficiente que ocasionalmente ia visitar para dar-lhe um pouco de conforto e afeto. Levava-lhe sempre doces comprados com seu dinheiro. Com pessoas de idade avançada, Carlo tinha muita paciência e dedicação.

Mais de uma vez fomos juntos visitar um pobre ancião octogenário no hospital. Esse senhor não tinha mais ninguém para pensar nele. Nós o conhecemos porque esmolava na frente da nossa paróquia. No começo ele morava em um dos dormitórios públicos em Milão, mas, visto que não permitem ficar aí por muito tempo, ele devia migrar continuamente de um lugar para outro. Finalmente, conseguiu que lhe fosse destinada uma casa popular do município. Sofria do coração e diabetes e acabava muitas vezes no hospital quando piorava. Telefonava frequentemente em casa; Carlo e eu íamos visitá-lo e levar coisas úteis.

Gostava de animar os doentes, entretendo-os e elevando sua moral. Costumava ajudar os mais pobres, as pessoas menos afortunadas e dava esmolas aos que pelo caminho lhe pediam.

Uma vez comprou comida para duas crianças ciganas que acompanhou ao supermercado a fazer compras. Ele me havia telefonado pedindo permissão, e eu a concedi.

Outros dois mendigos amigos de Carlo eram obrigados a pedir esmolas porque não conseguiam trabalho, e muitas vezes ficavam plantados em frente à nossa igreja durante as missas da tarde. Após a morte de Carlo, conversei com eles. Disseram-me que se lembravam dele com grande saudade, porque era tão bom, gentil e educado. Ocasionalmente, dava-lhes algum dinheiro e estava interessado em seus problemas.

Um dos dois mendigos tinha uma amiga chamada Giuseppina, que conhecera no dormitório público. Estava deprimida e se deixava morrer no pequeno jardim situado entre a nossa paróquia e o Instituto Tommaseo das Irmãs Marcelinas. Havia três dias que estava sentada nos bancos: manchas de sangue eram visíveis em seu corpo. Ninguém se interessara por ela, exceto Carlo, que me pediu para ajudá-lo a curá-la. Conseguimos convencê-la a internar-se no hospital Fatebenefratelli, onde a mantiveram por quarenta dias. Frequentemente íamos visitá-la. Finalmente ela também conseguiu acomodação popular.

Lembro que havia outro pobre que sempre estava pedindo esmola na frente de nossa igreja. Ele tinha cerca de cinquenta anos. Não tinha mais encontrado trabalho e por isso todos os dias esperava o povo na saída das duas missas celebradas às 18h e 19h, para ganhar algum dinheiro. Carlo participava todos os dias, comigo ou com a minha mãe, de uma das duas funções e, ao sair, quando o via, dava-lhe sempre dinheiro e se punha a falar com ele. Visto que precisava de uma bicicleta, convenceu-me certa vez a dar-lhe uma usada.

Foram muitos os sem-teto que Carlo ajudou ao longo de sua vida. Entre eles havia também muçulmanos, sem trabalho e sem esperança. Por um tempo nós fomos ajudar a servir as refeições na mesa das Irmãs de Madre Teresa de Calcutá que está em Baggio. Era frequentada principalmente por imigrantes, a maioria deles muçulmanos, e Carlo tornou-se amigo de alguns deles. Muitos deles mendigavam na área durante o dia onde fica o Duomo, e como costumávamos às vezes ir à missa aí, assim que nos reconheciam, vinham ao nosso encontro e nos cumprimentavam calorosamente. Em mais de uma ocasião, convidamos algum deles a comer conosco um sanduíche no McDonald's. Havia alguns entre eles muito jovens, que nos enchiam de ternura.

Outra vez, lembro que tínhamos feito amizade com uma senhora idosa que frequentava o Duomo e como apostolado distribuía as mensagens de uma vidente que dizia ver Nossa Senhora. Era alma cândida que não havia casado, e todos os dias assistia a pelo menos uma missa e passava os dias distribuindo essas mensagens e fazendo apostolado entre as pessoas que se sentavam na escadaria do Duomo ou estavam paradas nas proximidades. Essa senhora tinha uma dedicação especial a essa suposta aparição. Um dia, parou também a mim e a Carlo para nos catequizar e foi assim que nos tornamos amigos. Recordo que certa vez a vidente se sentara na escadaria do Duomo e também foi abordada pela senhora, que todavia não a reconheceu. A vidente falou sobre este encontro após uma nota de rádio, durante uma entrevista, desaprovando abertamente essa maneira de fazer apostolado. A senhora ficou muito mal, já que coincidentemente também ela estava ouvindo a rádio durante a entrevista. Assim que nos viu, desabafou e apareceram também "lagriminhas". Carlo teve pena, consolou-a muito e para distraí-la convidou-a a comer no McDonald's. Ele conseguiu animá-la, encorajando-a a continuar. Também a fez rir muito. Isso era típico de Carlo. Sentia muita ternura pelos idosos, a mesma ternura que tinha pelas crianças.

Avó Luana me disse que um dia ela tinha ido com Carlo ao parque Solari para a caminhada habitual. Carlo devia ter aproximadamente seis anos e fez amizade com um menino. Levaram junto também a cadela Chiara, porque um dos jogos favoritos do meu filho era atirar pedras para longe para que ela as trouxesse de volta. Também o amigo juntou-se a Carlo e começaram a brincar com Chiara. Enquanto isso, a avó sentara-se no banco e fizera amizade com a babá filipina do menino. Muitas vezes encontrávamos as crianças nos jardins públicos da região e todas as vezes se punham a brincar juntos. Um dia, a babá chegou ao parque com olhos vermelhos e inchados. Não escapou de Carlo esse fato e imediatamente perguntei-lhe o que estava acontecendo. Ela disse-lhe que nas Filipinas sua família estava com a casa em ruínas por causa de um tufão; a mãe dela se machucara muito e se desesperava porque não tinha dinheiro para enviar a fim de que se curasse bem. De volta a casa, Carlo partiu imediatamente em uma motocicleta para procurar dinheiro. Ele pediu à avó, a mim, e tirou todas as suas economias do cofrinho. Esse impulso de generosidade me encheu de ternura, e então decidi também eu colaborar com ele, dizendo-lhe que lhe daria um presente a menos no aniversário, para poder ajudar a babá. Feliz, ele levou o dinheiro arrecadado para a jovem filipina. Ela o abraçou e começou a chorar, dizendo que Carlo foi o único que a ajudou.

Também o pai de seus grandes amigos de Assis, Mattia e Jacopo, ficou muito impressionado com o fato de que, quando Carlo foi com eles para uma viagem, assim que viu alguns pobres, correu para lhes dar esmola. A atenção aos pobres estava tão enraizada em Carlo que os próprios pobres disseram estar também eles acostumados com o fato que, assim que ele via um, corria imediatamente para lhe dar suas economias e se detinha a falar com eles.

Por muito tempo, tivemos uma passadeira. Era natural das Ilhas Maurício. Foi deixada sozinha com a filha porque o marido a abandonara e constituíra nova família, deixando de pagar a pensão. Assim, ela era obrigada a executar vários serviços para manter o teor de vida digno que possuía antes de o marido ir embora. Muitas vezes terminava tarde seu trabalho e Carlo se preocupava, pois devia tomar o metrô à noite. Morava num bairro de má fama e não era muito seguro para uma mulher circular sozinha à noite. Além disso, tinha a filha que a esperava em casa, e Carlo se sentia envolvido nos problemas dessa jovem que estava sempre sozinha. Para que ela terminasse antes seu trabalho e não saísse tarde da noite, ele ajudava-a a dobrar os panos e também passar as peças mais simples, principalmente quando ela tinha de parar para consertar algum vestido ou camisa. A mulher se afeiçoara a nós e começou a vir encontrar-nos junto com a filha, que, embora sendo mais velha que Carlo, brincava contente com ele. Era também entusiasta por computador, como meu filho, e juntos se divertiam criando jornaizinhos e sites de internet.

Carlo punha-se sempre do lado dos mais fracos. Era uma atitude natural. Não havia colega de classe em dificuldade que não encontrasse nele um porto seguro, refúgio contra os ataques dos outros. Amava os pobres, portanto amou os últimos, os fracos, os deficientes. Por eles se gastava, sem medo do juízo do grupo. Mas em geral estava disponível com todos os colegas, ajudava na lição de casa ou resolvendo problemas de computador.

Certa vez ele assumiu a defesa de um camarada que tinha algumas deficiências não imediatamente evidentes. Com efeito, tinha chegado à classe uma jovem professora substituta; veio para substituir uma professora que adoecera. Ela não estava ciente dos problemas do rapaz e começou a provocá-lo por sua dificuldade em se expressar. Carlo então se tornou um defensor desse rapaz e o defendeu, advertindo em particular a mulher acerca dos problemas do jovem amigo. A professora se desculpou muito com Carlo e imediatamente parou de atacá-lo. Lemos em um ditado chinês: "O sábio põe uma pitada de sal em tudo o que diz e uma pitada de açúcar em tudo o que ouve". E Carlo era assim mesmo: procurava sempre justificar a todos, mesmo fingindo que nada aconteceu, mesmo tendo sofrido alguma ofensa ou injustiça, e nunca falar mal de ninguém.

Outra vez fomos à praia com meus pais e, voltando para casa, depois de ter estacionado o carro, atravessamos a praça onde havia um senhor idoso que tomava ar fresco no banco. Muitas vezes era debochado por alguns meninos por ser homossexual. Quando meu filho percebeu, interveio imediatamente e os repreendeu com tom severo, dizendo-lhes que todos devem ser respeitados, e não devemos discriminar ninguém, pois somente Deus tem o direito de julgar as pessoas, seja quem for. A partir de então, o homem o fez seu amigo, e toda vez que via Carlo corria para cumprimentá-lo.

Em Assis, tivemos uma senhora que nos ajudava no trabalho doméstico. Tornara-se amiga de Carlo, confidenciava-se frequentemente com ele, contando-lhe seus problemas. Ela estava angustiada porque seu marido bebia muito e às vezes era violento. Lembro que Carlo começou a orar e pedir ao Senhor que a mulher fosse libertada dessa situação. Milagrosamente, logo depois disso, seu marido deixou de beber.

Carlo obteve muitas graças, especialmente orando a Nossa Senhora de Pompeia, e oferecendo missas com a intenção de ajudar os que estavam em apuros. Preocupava-se muito se visse pessoas afastadas de Deus e imediatamente começava a rezar por elas. Dizia que, se a providência as tinha posto ao lado dele, era para que ele fizesse orações de intercessão por elas. Obteve também muitas curas de pessoas doentes, entre elas uma senhora que, além de estar enferma, também se encontrava muito distante da fé. De fato, fazia mais de quarenta anos que não entrava na igreja. Recordo que Carlo se pôs a rezar por ela, que logo não apenas ficou curada, mas se converteu e recomeçou a ir à missa todos os dias, levando uma vida santa.

Rajesh também, graças ao exemplo do meu filho e seu testemunho, decidiu tornar-se católico. Carlo o tornara de tal forma apaixonado por Jesus a ponto de fazer nascer em seu coração o desejo de receber todos os sacramentos da iniciação cristã e começar a rezar o rosário. Entre Rajesh e Carlo estabeleceu-se forte vínculo que continua ainda hoje. Substituía em parte a figura da babá. Conhecia todos os amigos de Carlo, que se lembram dele com ternura, especialmente quando ele bancava o bobo com eles. Era figura de referência para Carlo, uma espécie de amigo de jogos, a tal ponto que Carlo passou a chamá-lo "meu amigo de confiança Rajesh". Ainda hoje continua a fazer reviver Carlo no coração das pessoas, testemunhando a sua experiência com ele. Carlo costumava brincar com Rajesh, que se divertia fazendo o ator dos seus pequenos filmes. Amava muito assumir o papel de espião internacional, ao estilo James Bond, papel que foi muito bom para ele. Por isso, Carlo se divertia fazendo tomadas com sua câmera e davam um montão de gargalhadas. Aqui está o que Rajesh escreve sobre Carlo:

Dada a profunda religiosidade e a grande fé que Carlo tinha, era normal que ele frequentemente me desse catequese sobre religião católica, sendo eu de religião hinduísta da casta sacerdotal brâmane. Carlo dizia que eu teria um amanhã mais feliz se me aproximasse de Jesus e com frequência me instruía usando a Bíblia, o *Catecismo da Igreja católica* e as histórias dos santos. O catecismo, Carlo o conhecia quase de cor, e o explicava de modo tão brilhante, que conseguiu entusiasmar-me acerca da importância dos sacramentos. Era muito talentoso para ensinar conceitos teológicos que nem sequer os adultos conseguiam explicar. Pouco a pouco eu comecei a levar verdadeiramente a sério os conselhos e ensinamentos de Carlo, até decidir receber o batismo cristão. Carlo foi para mim mestre de vida cristã autenticamente vivida e exemplo de moralidade excepcional. Fui batizado porque Carlo me contagiou e fulminou com a sua profunda fé, sua grande caridade e pureza, que sempre considerei fora do normal, porque um rapaz tão jovem, tão bonito e tão rico normalmente prefere levar vida muito diferente. Carlo era um exemplo tão elevado de espiritualidade e santidade que eu senti dentro de mim o desejo de me tornar cristão e poder assim receber a comunhão. Ele me explicou a importância de receber diariamente a Eucaristia e com o Santo Rosário rezar à Virgem Maria, tentando imitar suas virtudes heroicas. O menino sempre me dizia que as virtudes são adquiridas principalmente mediante intensa vida sacramental, e que a Eucaristia é certamente o ápice da caridade e por meio desse sacramento o Senhor nos torna pessoas completas, feitas à sua imagem, e me citava as palavras que conhecia de cor, do capítulo 6 do Evangelho de São João apóstolo, onde Jesus diz: "Quem come a minha carne e bebe o meu sangue permanece em mim e eu nele e o ressuscitarei no último dia"; e a seguir me explicava que a Eucaristia é o coração de Cristo. Certa vez falou da importância da prática devocional das primeiras sextas-feiras do mês ao Sagrado Coração de Jesus e dos cinco primeiros sábados do mês ao Imaculado Coração de Maria. Dizia que "o coração de Jesus e o coração de Maria estão indissoluvelmente unidos", e quando se faz a comunhão se está em contato direto também com Nossa Senhora e os santos do paraíso. "Deus está muito contente se as almas se aproximam muitas vezes de seus grandes dons, a Eucaristia e o sacramento da confissão". Explicou-me e também me preparou para receber o sacramento da crisma, dizendo-me que era muito importante. Contou-me que quando recebeu o sacramento da crisma sentiu dentro de si uma força misteriosa que o envolveu e desde então sua devoção eucarística havia crescido. Eu também, quando recebi o sacramento da confirmação, senti a mesma coisa. O que mais me impressionou em Carlo foi sua grande pureza e sua fidelidade à santa missa diária. Carlo tinha uma visão da fé católica tão luminosa que conseguia contagiar qualquer pessoa com a serenidade e a doçura com que apresentava as verdades da fé.

Quando ficou um pouco mais velho, Carlo o acompanhou várias vezes a renovar os documentos ou ao médico, pois nascera num país não pertencente à comunidade europeia e podia acontecer que nos departamentos públicos fosse tratado mal. Às vezes, perdia horas e horas sem resolver coisa alguma. Carlo tinha muita paciência ao ensinar-lhe os segredos da informática, para ele difíceis. A mesma coisa fazia comigo e com a minha mãe.

Era muito generoso com os outros, ao passo que com ele mesmo sempre foi muito moderado e sóbrio. Eu tinha de muito fatigar para comprar-lhe algo, pois nunca desejava nada. Lembro que, no começo do período escolar, sempre tentei lhe comprar pelo menos dois pares de sapatos novos. Sempre resistia. Queria ter apenas um e, enquanto não estivessem completamente desgastados, não os trocava. Dizia que com esse dinheiro poderiam ajudar muitos necessitados.

Era arredio com as modas, muito sóbrio no vestir, sempre procurou manter um perfil módico.

Carlo tinha a caridade que se manifestava não apenas em relação com seus amigos e colegas de escola, mas também com quem entrasse em contato com ele. Contavam-me que, no trajeto – em bicicleta – da casa à escola, se detinha para saudar os porteiros dos imóveis, geralmente nascidos fora da UE. Tornara-se amigo de todos. Tinha sempre para eles palavras de estímulo e solidariedade. Não discriminava por causa de religião ou nacionalidade, com Carlo viravam migalhas todos aqueles "muros" de indiferença e suspeição que são acostumados a erigir sobretudo os que vivem nas metrópoles. Em todos via Cristo a ser amado. Muitos se admiravam que um jovem pertencente a uma família abastada parasse para bater papo com aquelas pessoas. Isso causava impacto em quem o conhecia. Nunca brigava ou ofendia alguém, nem sequer quando teria sérios motivos para fazê-lo. Era um condutor do bem, porque desejava que também os outros se comprometessem com a recuperação da humanidade que muitos parecem ter perdido.

A atenção aos outros transparecia também no olhar com o qual os olhava. Era casto, atento em despojar a própria vida do supérfluo, nunca apegado aos bens materiais. Dizia: "Será importante sempre vigiar a nós mesmos. Somente conservando a pureza do coração, com efeito, seremos capazes de acumular no céu o tesouro justo que nos servirá para a eternidade".

Adorava citar a frase de Jesus que encontramos no Evangelho de Mateus, quando diz que "onde está o teu tesouro, teu coração estará lá também". E comentava:

Com estas palavras, Jesus pretendia nos mostrar que os unidos a ele tendem constitucionalmente a navegar em direção àquele porto seguro encontrado apenas no céu. Qual será, então, o justo tesouro que se deverá acumular, armazenar, capitalizar? Aquele que nos tornará seguros, que nos fará sentir protegidos. Será um tesouro para resistir a qualquer impacto, para rechaçar qualquer assalto, para aventurar-se em qualquer empreendimento. Importante será acumular as coisas justas, que nos conduzirão a esse porto seguro. A esmola secreta, a oração secreta, o jejum secreto, os sacramentos bem vividos, a recitação do santo rosário serão portas abertas à nossa união com Deus. Serão a realidade que nos garantirá essa segurança. Vários ângulos, várias óticas, várias facetas, mas o objetivo será somente um: a existência organizada e gasta para a coeternidade. Se nos ajudarmos, se rezarmos, se acumularmos para o "Acima", o problema do existir, o tema do viver, com certeza encontrarão a solução. Tomar-se-á a estrada principal, se esclarecerão os escopos, individuar-se-á a meta. Se estivermos orientados constantemente para o além e mantivermos sempre presentes as palavras de Jesus, então se vencerá a aposta para a eternidade.

Ele explicava que além de ser materialmente pobre, é preciso também ser pobre em espírito. Ele gostava a esse respeito de meditar as bem-aventuranças:

Jesus subiu ao monte: ele sobrelevou-se; separou-se da multidão. Ele não se separou da pessoa individualmente. A montanha está no Acima. As multidões são o Abaixo. Jesus aponta ao Acima para atrair a si o Abaixo. Sobe e depois se assenta. Põe-se em condição de repouso, de parada, mas também de docência. Portanto: vê as multidões e distingue as pessoas. Sobe: deixa o Abaixo e vai ao Acima. Senta-se: se detém, para,

O SEGREDO DO MEU FILHO – Por que Carlo Acutis é considerado santo

descansa, retoma fôlego, assume posição. A imagem completa-se com a aproximação dos discípulos. O mestre tem seu auditório preferido. Mestre + discípulo = escola. Agora ele pode ensinar. Estamos no famoso "Discurso da Montanha". Oito ensinamentos, cada um introduzido por um "bem-aventurado". Quem são os "bem-aventurados"? Os pobres em espírito, os aflitos, os mansos, os famintos e sedentos de justiça, os misericordiosos, os puros de coração, os pacificadores, os perseguidos. Não há: os ricos, os famosos, os eruditos, os astutos, os economistas, os políticos, os empresários, artesãos, comerciantes, médicos, advogados, os soldados, os professores. Há pobreza, há aflição, há mansidão, há justiça, há misericórdia, há pureza, há paz, há perseguição. Complexo de realidades que passeiam nos campos do traje, do sentimento, do desapego, do ideal, da compreensão, da honestidade, da calma, da agressão sofrida. Pessoas bem-aventuradas, situações bem-aventuradas, realidades bem-aventuradas.

Ele gostava de citar as palavras com as quais Jesus nos entrega o documento programático para poder entrar no paraíso: "Bem-aventurados os pobres em espírito, porque deles é o reino dos céus". Nas suas anotações encontrei escrito a esse respeito:

Quem são os pobres em espírito? São aqueles que têm uma alma de pobre. Mas o que significa ter "uma alma de pobre"? Significa viver o desapego do Abaixo. Não é tanto o desprezo pelas coisas, que todavia são criaturas de Deus, quanto um ser-lhes superiores, saber pilotá-las, não estar a elas amarrados, não sofrer suas iniciativas. "Alma de pobre" é temperamento ou caráter de pessoa que vive o Acima. Eis por que Jesus afirma que dessa gente é o reino dos céus. O Acima é deles, uma vez que o Abaixo não os afeta de maneira alguma. "Alma de pobre" têm aqueles que não são avarentos, ambiciosos e vorazes, eles não amam o bem-estar como protagonista. Pobres, não como gente de última categoria ou de péssima qualidade, mas como "linhagem" superior. Superior nos sentimentos, nas apreciações, do mais e do melhor. O reino dos céus é o Acima. Reino dos céus como pátria, meio ambiente, mentalidade. A alma de pobre é o espírito do Acima. Jesus testificou sobre ele mesmo. Nada quis. Não tinha propriedades, nem dinheiro, nem conforto. O caminho era o seu habitat. Sua mãe estava na casa de outra pessoa. Ele se mantinha com seus serviços. Era um convidado de outros. Peregrino perpétuo. Verdadeiramente Jesus tinha "uma alma de pobre". Natureza vivida. Viveu naturalmente. Vivia de sol e de chuva, de poeira e de pó. Bela a expressão "alma de pobre". Retrata bem a atitude de quem é discípulo de Cristo. Alma de pobre: dentro com nada, dentro com tudo. Alma de pobre, livre, autônomo, desvinculado de tudo o que pode significar propriedade. Vê-se a superioridade, vê-se a grandeza, vê-se a limpeza. O si-mesmo basta para o reino dos céus. O resto é simplesmente excedente. Porque vosso é o reino de Deus. Pobres: não ricos, não abastados, não bem-estar, não mendigos, não donos de nada. Pobres: sem caprichos, sem distinções, sem satisfações, sem gratificações, sem supérfluos, desapegados das riquezas, dos bens, das honras, dos encargos, das satisfações, dos agradecimentos. Pobres: não terrestres, não Abaixo, não do tempo, não do momento. Resumindo: pobre é aquele que faz da existência não uma oportunidade de afirmação, não um instrumento de escaladas, não um meio de carreira, não uma situação de desfrute, mas uma realidade que é total, sempre e em toda parte propensa para a coeternidade. Esses "pobres" são pessoas que do si fazem um trampolim para a eternidade, que do eu alavancam para o Acima, que não são vazios ou autoiludidos ou o que quer que seja, mas consagrados a

Deus sem condições ou reservas. Destes é o Reino de Deus. Reino de Deus, isto é, coeternidade. Reino de Deus, isto é, a consorciação com a Família Trinitária. Reino de Deus, isto é, entidade-realidade da qual o Senhor é Rei, é Patrão, é tudo. É o Deus único, uno e trino. Com essa e por essa bem-aventurança Jesus pretende criar uma realidade que ele chama de "o pobre". Como se vê, esse termo com tal bem-aventurança desde sempre perdeu seu significado depreciativo. Jesus estabelece o "pobre" como categoria. Jesus dá ao pobre a característica de ser uma realidade necessária para conquistar o reino dos céus. Isso deve ser enfatizado: a "pobreza evangélica" não é a pobreza usual. A pobreza evangélica é o *status* do cristão desapegado de tudo o que tem sabor de terrestre e de provisório. O pobre evangélico tem seu tesouro no céu. Aqui, tesouro é tomado no sentido de contentor e conteúdo de bens sobrenaturais.

Meu filho santo?

eu filho santo?

Uma das perguntas recorrentes que me fazem quando vou falar do meu filho, nas várias realidades onde sou convidada, é como me sinto de ser a mãe de um beato.

Infelizmente, muitos pensam que ter um filho especial automaticamente nos torna santos também, mas não é assim. Cada um tem sua própria vontade, e cada um deve santificar-se sozinho. Carlo pode interceder, mas ele não pode fazer o trabalho de santificação em nosso lugar.

Meu filho costumava dizer que a santificação de uma alma é, antes de tudo, obra de Deus. Ele determina, de acordo com a sua vontade, a ajuda que oferecerá a cada um de nós. Mas no servir-nos desses meios nós temos plena liberdade. Nós podemos usar e abusar, tirar muita ou pouca vantagem. Somos nós os primeiros responsáveis. Carlo dizia que Deus dá a todos os homens inúmeras possibilidades de fazer o bem. E a própria vida, mediante os sofrimentos e também das alegrias que reserva, contribui para a nossa santificação. E o Senhor dará muito mais graças, dependendo da generosidade e gratidão com as quais as acolhermos e fizermos frutificar. De nossa cooperação nessas graças interiores dependerá em grande parte o nosso progresso para a eternidade.

No entanto, esses dons de Deus sempre exigem um esforço de nossa parte, como cumprir os próprios deveres de estado, rezando bem, mortificando-se, sacrificando-se por amor aos outros. Alguns farão esforços generosos, outros medíocres, outros mínimos. Como escrevia Santa Teresinha de Lisieux, "basta um alfinete recolhido do chão com amor para salvar uma alma... Jesus não olha tanto para a grandeza das ações, nem mesmo para a dificuldade delas, mas para o amor que faz cumprir essas ações".

Quanto mais intenso e puro for o amor com que fazemos as coisas, mais agradará a Deus. Carlo fazia tudo em Jesus, por Jesus e com Jesus. Conseguiu transformar sua vida ordinária em uma vida extraordinária, aceitando o convite de São João Paulo II para escancarar as portas do seu coração a Cristo, e não ter medo de se envolver por ele. Como Jesus nos ensina na parábola dos talentos, é necessário fazer com que os dons que ele nos deu deem frutos e não escondê-los. Àquele que recebeu mais será pedido mais e com certeza ter um filho especial nos obriga a fazer um esforço sempre maior.

Nesse sentido, acho importante explicar bem as razões pelas quais a Igreja decidiu nomear Carlo para os altares e propô-lo como modelo a seguir. É preciso sublinhar que o chamado à santidade se refere a todos os cristãos. No livro do Levítico, Deus nos exorta a sermos santos porque ele mesmo é santo, e Jesus também nos convida a ser perfeitos quão perfeito é o Pai que está nos céus. No imaginário coletivo, santo é aquele que opera milagres extraordinários. Mas para a Igreja não são os prodígios que revelam ou não a santidade de uma pessoa. Eles, com efeito, são

Antonia Salzano Acutis com Paolo Rodari

considerados "Gratiae gratis date", isto é, presentes dados por Deus de graça, mas dos quais o candidato não tem mérito porque os opera o Espírito Santo. Por outro lado, a santidade será determinada pelo modo com o qual essa pessoa terá ou não vivido com reta e constante vontade de fazer o bem, ou seja, vivendo heroicamente as três virtudes teologais (fé, esperança e caridade) e as quatro virtudes cardeais (prudência, justiça, fortaleza e temperança). A escola dominicana cataloga cerca de duzentas virtudes, mas dessas sete primeiras dependem todas as outras.

As virtudes heroicas nos levam a não cometer mais pecados veniais voluntários. Depois que o candidato é declarado venerável, se realizar um milagre reconhecido como inexplicável para a ciência e para os teólogos, será declarado beato; e se fizer outro, será proclamado santo pela Igreja. É preciso adquirir individualmente as virtudes; ninguém nos pode ajudar a fazer isso a não ser nós mesmos. Eis por que Carlo dizia: "De que adianta ao homem vencer mil batalhas, se depois não é capaz de vencer a si mesmo com as próprias paixões corrompidas?".

Repetia com frequência as palavras de Jesus, relatadas no sétimo capítulo do Evangelho de São Marcos, quando afirma: "Não há nada fora do homem que, entrando nele, possa contaminá-lo; são pelo contrário as coisas que saem do homem que o contaminam... Sois também vós tão privados de intelecto? Não compreendeis que tudo o que entra no homem vindo de fora não pode contaminá-lo, porque não entra em seu coração, mas na barriga e acaba na fossa?". O escritor sueco August Strindberg escreveu sobre isso: "O coração está dividido em duas grandes salas: numa mora

O SEGREDO DO MEU FILHO – Por que Carlo Acutis é considerado santo

o bem, na outra o mal ou, em outras palavras, de um lado está o diabo e do outro um anjo. Quando entram em contenda – o que é muito frequente – no homem, há luta e ele sente seu coração quase despedaçar".

Meu filho ensinou catecismo para crianças por alguns anos e, para ajudá-las a progredir espiritualmente, inventou um *kit* para ser santo. Escrevia:

Quero confiar-te alguns dos meus segredos muito especiais que te ajudarão a alcançar rapidamente a meta da santidade. Lembra-te sempre de que também tu poderás ser santo! Em primeiro lugar é preciso querer de todo o coração, e, se ainda não desejas, deves pedi-lo ao Senhor insistentemente.

1) Tenta ir à missa todos os dias e fazer a santa comunhão.

2) Se puderes fazer alguns momentos de adoração eucarística diante do tabernáculo onde Jesus está realmente presente, então verás como aumentará o teu nível de santidade!

3) Lembra-te de rezar o santo rosário todos os dias.

4) Lê para ti mesmo uma passagem da Sagrada Escritura todos os dias.

5) Tu podes confessar-te toda semana, até os pecados veniais.

6) Faze frequentemente propósito e oferece algo ao Senhor e a Nossa Senhora para ajudar os outros.

7) Pede ajuda ao teu anjo da guarda, que deve se tornar teu melhor amigo.

Meu filho estava profundamente convencido de que, na medida em que uma alma fará esforços contínuos e generosos de amor para Deus, mantendo uma correspondência fiel à graça e decidindo em seu coração nunca recusar nada a Deus, dando-se sem reservas para se tornar o que está na mente de seu Criador deveria ser, a partir desse momento e para sempre, Deus difundirá nela uma paz inefável que vai preenchê-la e lhe inspirará um profundo desapego das coisas deste mundo.

A esse respeito, muitas vezes refletíamos com Carlo sobre o fato de que esta sociedade poderia ser definida pelo termo "anticristo", no sentido de que há uma atitude de exaltação do eu humano de uma forma quase paroxística. Já com figuras como Nero, Napoleão Bonaparte e Hitler, tivemos sinais precursores de como poderia ser esse "anticristo", isto é, aquele que se opõe a Cristo. Depois, no século XX, com a chegada da revolução de 68, teorizou-se uma forma de pensar que deliberadamente eliminou Deus. Em vez de dizer, como Carlo, "não eu, mas Deus", preferiu-se inverter as palavras, dizendo "não Deus, mas eu", simples "twitt", tanto do bem como do mal. Repensando os discursos de Carlo, percebo que era um menino muito profundo, dotado de capacidade analítica para professor universitário. Posso ir mais longe a ponto de chamá-lo de verdadeiro profeta, que soube transcender a época em que viveu, e se projetar no futuro, entendendo perfeitamente quais teriam sido as transformações que estamos vivendo hoje, em nosso mundo contemporâneo. Para dizer isso com o filósofo Ludwig Wittgenstein, "o seu tempo" nos alcançou: "Quem está apenas à frente de seu tempo, por sua vez, será alcançado".

A nossa é uma sociedade onde as "redes sociais" ditam a lei, e o povo se torna seu escravo. Muitos estão competindo por mais contatos possíveis, fazendo com que sua felicidade dependa das visualizações e

O SEGREDO DO MEU FILHO – Por que Carlo Acutis é considerado santo

"curtidas" que eles têm, e então talvez fiquem deprimidos se não forem seguidos (ou se poucos os seguirem). Voltamos aos tempos dos antigos romanos onde com o polegar "para cima" ou "para baixo" decidia-se a vida ou a morte de uma pessoa, que não passa de cultura de descarte mal disfarçada, onde o mais fraco deve ser eliminado.

Essa forma de configurar a vida não está longe daquela história tão absurda quanto "possível" descrita por Franz Kafka em seu romance *A metamorfose*, em que o protagonista, Gregor Samsa, já se sentindo inútil para todos, não estimado, acordando certa manhã "em sua cama se encontrou mudado num monstruoso inseto", que no fim será eliminado impiedosamente como você faz com um monte de pó. O risco que corremos hoje é precisamente o de acabar metaforicamente como Gregor Samsa.

Algumas pessoas até cometeram suicídio porque se sentiram "intimidadas" e não compreendidas pela rede e pelo mundo.

Carlo foi um verdadeiro e muito eficaz influenciador de Deus, como se diria hoje, mas não influenciador das coisas do mundo. A nossa é uma sociedade que, goste ou não, na maioria das vezes se dirige a autênticas falsas divindades, que pretenderiam substituir Deus. Somos todos profundamente marcados pelo cinema e tudo o que ele propõe, tanto para o bem quanto para o mal. Isso gerou em muitos uma mentalidade de *star system* de Hollywood, que, acima de tudo mediante a mídia, tende a colocar no pedestal personagens de todos os tipos, começando por cantores, atores, jogadores de futebol, influenciadores na maioria das vezes de coisas transitórias da Terra, destinadas a virar pó, motivadores de falsos valores ou ideais errados, muitas vezes muito distantes de uma visão cristã do mundo; até chegar à veneração de pseudogurus, avatar, que parecem mais com mistificadores na maioria das vezes delirantes. Muitos não se colocam minimamente o problema "se Deus existe ou não", outros o evitam e muitos o negam. Há muita gente pensando resolver seus problemas, substituindo sua inata e atávica necessidade de Absoluto, que é parte de seu DNA, por ídolos inconsistentes. Todos nós, quer queiramos admitir ou não, fomos criados para a vida eterna e para amar e servir a Deus. Muitas pessoas recorrem a astrólogos, cartomantes e adivinhos, pensando encontrar a solução para suas angústias existenciais, em vez de orar ao seu Criador. A superstição se encontra filtrada em tudo, e os países estrangeiros não estão isentos disso. Impressiona ver como muita gente parece quase antropomorfizar a ciência, a tecnologia e a cultura, beirando a idolatria, porém sem nunca curar as próprias inseguranças. Como bem descreve o sociólogo Zygmunt Bauman, teórico da chamada sociedade líquida, "a geração mais bem equipada tecnologicamente de toda a história humana também é a geração afligida como nenhuma outra por sensações de insegurança e impotência".

Mestre de humildade

Na escola, Carlo se destacou por seu comprometimento e sua docilidade. Seu segredo era estar em contato constante com o Pai. Dizia sempre que "rezar não é senão conversar com Deus". Nesse sentido, posso verdadeiramente dizer que rezava sempre: sua relação com Deus era contínua.

Além de recitar o rosário diariamente, gostava de rezar com os Salmos e a liturgia das horas. Conseguia criar momentos de silêncio e meditação muito intensos, apesar da tenra idade. Gosto de reproduzir nesse sentido as belas palavras com as quais madre Anna Maria Canopi, fundadora e primeira abadessa da Abadia Beneditina *Mater Ecclesiae* na Ilha de San Giulio, no Lago d'Orta, recentemente falecida, descreve Carlo e seu amor pela oração:

> Tudo o que vale a pena sai do silêncio. É uma observação; mas o que é o silêncio? É difícil dizer, justamente porque não se diz com palavras o que é o silêncio: só experimentando pode-se entender o que é e qual a sua importância.
>
> Há momentos em que o silêncio é como uma atmosfera que envolve e penetra no íntimo dando a sensação de plenitude, não de vazio, não de ausência, mas de uma presença. Quem nunca experimentou estar fora, ao ar livre, no campo ou no alto de uma montanha, ao alvorecer ou ao pôr do sol e, ainda mais, nas noites sob o céu estrelado? Tudo é

como se estivesse suspenso num silêncio palpitante de vida, um silêncio em que a harmonia do cosmo é percebida. É de certa forma uma experiência da presença de Deus.

Ainda mais essa experiência pode ser feita quando entramos numa igreja deserta e o olhar vai ao tabernáculo e junto a ele a chama de uma lamparina indica a presença de Jesus eucarístico. Então, em silêncio, a pessoa se comunica com um tu realmente presente por condescendência de amor avassaladora que toca profundamente o coração e o preenche de emoção, gratidão e santa alegria.

Esta foi certamente a experiência do menino Carlo Acutis, que, desde a primeira comunhão, fez da Eucaristia o centro de sua vida, melhor ainda, um encontro de viva amizade com Jesus, a ponto de dizer que na Eucaristia ele está verdadeiramente presente no mundo, como quando, no tempo dos apóstolos, os discípulos podiam vê-lo em carne e osso caminhando pelas ruas de Jerusalém.

Em sua vida seriamente dedicada ao estudo e ao mesmo tempo cheia de muitas amizades, de encontros com companheiros, de várias atividades, ele sempre soube dar o primeiro lugar à Eucaristia. A missa diária era prioridade para ele e assim também a adoração eucarística. E pela Eucaristia foi interiormente moldado como um "cordeiro manso", aprendeu, sem sequer perceber, o verdadeiro silêncio, aquele que dizia sempre sim à vontade de Deus, sem se rebelar, sem pedir explicações, mas abraçando-a com amor.

O primeiro presente recebido de sua mãe é significativo: um cordeirinho de pelo branco do qual ele gostava muito; é significativo que, no dia de sua primeira comunhão, excepcionalmente encontrou um cordeirinho na rua: quase um presságio do que o esperava e para nós quase um símbolo de como ele viveu, tornando-se ele próprio Eucaristia, oferta silenciosa.

Em suas paradas diárias em frente ao tabernáculo – encontro esperado e preparado – o silêncio era justamente um estar de coração a coração com Jesus, na doação mútua de si, até realmente sentir-se uma só coisa. Isto é o silêncio místico com o qual o amor divino se expressa.

Carlo, que era de índole muito sociável e afável com todos, absorvia precisamente desses encontros íntimos e silenciosos com o Senhor a bondade e a alegria para comunicar aos outros. Pode-se dizer que toda sua beleza interior e sua carga de bondade e simpatia no relacionamento com os outros eram resultado do seu estar demoradamente com Jesus por muito tempo em silêncio de amor e de adoração.

Todos os santos e também todos os grandes homens que se distinguiram na ciência e na arte foram treinados na escola do silêncio, aprenderam a calar e a ouvir, a refletir e meditar, procurando humildemente conhecer a verdade.

Se formos sempre barulhentos e faladores, se falarmos sem pensar, não é possível nos tornarmos pessoas maduras e sábias. Há uma frase antiga que diz: "O homem sábio diz poucas palavras bem pensadas. O homem falador cai no chão sem direção".

Há também um silêncio não bom, que não é verdadeiro silêncio, mas mutismo ou mau humor. É aquele que separa dos outros, quando nos sentimos ofendidos ou sentimos antipatia, ou de alguma forma não nos interessam. Esta é uma atitude egoísta, não cristã, já que Jesus recomenda amar a todos, até mesmo os inimigos.

Devemos, outrossim, aprender a suportar as ofensas. Também nisto a vida de Carlo é exemplo para nós.

Na verdade, embora tenha morrido tão jovem, frequentou a escola das "ofensas", quando, por exemplo, os companheiros zombavam dele por sua ida à missa, por seu modo de vestir não "na moda". E Carlo mostrou-se, como de costume, discípulo diligente, que sabe tirar de tudo bom fruto. Soube tão bem calar e não se defender, não se ofender, e assim conquistar, apesar de sua "diversidade", a estima e a amizade dos companheiros, e também de muitos adultos. Sua vida tornou-se assim evangelizadora, muito mais que a sua "palavra", que certamente não desprezava, antes, procurava valorizar ao máximo, até servindo-se dos mais modernos meios de comunicação social.

O próprio Jesus, que é o Verbo de Deus encarnado, viveu esse silêncio de humildade, de paciente suportabilidade, de amor oblativo, ansioso apenas para comunicar a bondade e a paz. Sobretudo, gostava de passar as noites na montanha sozinho em silêncio de íntima comunhão com o Pai, bebendo assim de seu Pai o que depois dizia aos apóstolos, para que o transmitissem à Igreja e a todos os povos.

Modelo de humildade e silêncio contemplativo é também Maria, a Mãe de Jesus, e com ela também São José, escolhido por Deus como guardião zeloso da Mãe e do Filho.

Descobrir a beleza do silêncio é como encontrar a chave para crescer em todas as virtudes.

Para cada momento da existência, há um silêncio que ajuda a vivê-la bem, na simplicidade e na paz. Há o silêncio da alegria, há o silêncio de adoração, há o silêncio de humildade, há também silêncio para a hora da prova, o silêncio entretecido de fortaleza e fé, que faz a pessoa abraçar o sofrimento, físico ou moral, sem gritos e reclamações. Assim a Sagrada Escritura nos pede: "Permanece em silêncio diante do Senhor e espera nele" (Sl 37,7). No texto hebraico, este "permanece silencioso" é expresso com o mesmo verbo que retorna no Salmo 131, o salmo da criança calma e serena nos braços da sua mãe. Esse silêncio não é espontâneo em nós, não é nem mesmo um esforço de heroísmo, mas um dom do Espírito. E Carlo revelou-se preenchido com ele na hora de sua fulminante doença, que ele aceitou como cordeiro manso, permitindo ao Senhor a realização do seu plano nele.

"Fazia anos", testemunha uma enfermeira, "que eu não via um paciente nessas condições, eu me pergunto como fazia para não se queixar da dor, visto que tinha pernas e braços inchados e cheios de líquidos". E quando, certo dia, foi questionado: "Como tu te sentes?", Carlo respondeu com a costumeira calma de sempre: "Como sempre, bem!". Meia hora depois entrou em coma... Foi dito que ele decolou em direção ao céu "com asas de águia". Não podia voar tão alto, se não pudesse dizer, na hora do sofrimento, que estava "bem", no sentido profundo, segundo o qual na vontade de Deus estamos sempre bem. Mas de onde brotou essa capacidade de dizer "Sim, bem"? Certamente da sua contemplação: inebriara sua alma e seus sentidos castos fixando o olhar do coração para o azul do céu, escutando as harmonias do silêncio cheio da divina presença. Cada um de nós pode e deve tornar-se um lugar de "silêncio sagrado", como acontece na celebração litúrgica.

Quando, em 1964, o papa Paulo VI foi em peregrinação à Terra Santa e visitou Nazaré, relembrando com comoção a vida da Sagrada Família, disse: "Em primeiro lugar, ela nos ensina o silêncio. Oh, se renascesse em nós a estima pelo silêncio, ambiente admirável e indispensável do espírito, enquanto estamos atordoados por tantos estrondos, rumores e vozes sensacionais na vida agitada e tumultuada de nosso tempo. Oh! Silêncio de Nazaré, ensina-nos a ser firmes em bons pensamentos, voltados para a vida interior, prontos para ouvir bem as inspirações secretas de

Deus e as exortações dos verdadeiros mestres. Ensina-nos quão importante é o trabalho de preparação, o estudo, a meditação, a interioridade da vida, a oração...". Tudo isso é ainda mais necessário em nosso tempo, quando o silêncio é quase impossível pelo excesso de barulho provocado pela mídia e por um estilo de vida social e familiar cada vez mais exteriorizado, superficial e muitas vezes alienante.

Diz-se que a palavra é prata e o silêncio é ouro; o peso de uma pessoa, ou seja, seu valor, é proporcional à sua capacidade de silêncio. O verdadeiro silêncio, de fato, dá espaço para a ação da graça, para a condução forte e suave do Espírito Santo, Espírito de verdade e de amor, de comunhão e de paz, de santidade e de alegria.

Madre Canopi menciona as ofensas que Carlo recebeu em vida. Não se importou. Como nas três pessoas da Santíssima Trindade há um movimento eterno de amor, assim ele, por meio da oração, sabia que estava unido ao amor de Deus e isso era o suficiente para ele. "A oração é a linguagem do céu", repetia. E ainda:

À medida que aumentarmos nossa capacidade de amar, nos tornaremos cada vez mais retos e puros e poderemos dizer com espírito livre: Deus é o meu "tudo". Sozinhos não poderemos adicionar uma única hora à nossa vida, nem poderemos obter para nós mesmos as graças das quais temos necessidade, mas sempre teremos de pedi-las a Deus.

Pensava que para nos aproximarmos de Deus é verdadeiramente importante ser livre de si mesmo e de todas as coisas criadas. Quanto mais simples for a oração, mais profunda será, dizia.

Monsenhor Poma, pároco de Santa Maria Segreta, foi testemunha excepcional ao traçar algumas qualidades de meu filho. Acima de tudo, queria enfatizar como estava muito longe de Carlo qualquer desejo de

> ser o primeiro e construir para si um papel de estrela, embora tivesse excelentes qualidades de prontidão e afabilidade na conversa e em se apresentar. Sóbrio na vida e nas aspirações. Hoje, quem se lembra dele descobre com crescente surpresa uma incomum "justeza agradável" de raízes cristãs claras [...] Ele amava reunir-se em intimidade com seus próprios pensamentos e em conversa com Deus. Nisso foi muito pontual e bom: foi seu método de não ter ideias muito vagas sobre seu futuro. Era natural para ele concluir algumas de suas conversas com um rápido "se o Senhor quiser". Eu não conhecia detalhadamente suas "devoções" (incomodava-o a simples ideia de ostentar seus segredos espirituais): mas sua forte relação com a Eucaristia, isso sim posso testemunhar com grande certeza [...] Pode-se dizer que Carlo sempre viveu cada momento de sua existência intensamente mas sem nunca se esquivar de seus deveres. Apesar das pequenas provas típicas da vida de todo adolescente, ele enfrentou tudo com otimismo e alegria e atenção constante para o outro.

Monsenhor Poma define Carlo com este adjetivo: "Inesquecível". Ele diz:

> Seu olhar, antes de tudo, tão franco e tão acessível; um olhar que, sozinho, era grande sorriso para a vida; o olhar de um menino que não tem nada a esconder e grande vontade de se comunicar. Dentro de mim sinto de novo com precisão emocionante o tom de sua voz dizendo e fazendo perguntas sobre isso e aquilo: uma voz transparente, que não tem nada para esconder, e o desejo de verificar os próprios

pensamentos e os projetos que impulsionam a vida. Minha memória refaz as observações, os argumentos, as avaliações aos quais, de vez em quando, Carlo me submetia: uma entrevista sem vangloriar-se e sem timidez [...] Carlo foi uma graça evidente através da qual foi possível constatar não ser difícil para um rapaz inteligente e saudável combinar na vida Evangelho e festa, justeza e bom humor, inteligência e amabilidade. Sim, porque Carlo era um jovem tão docemente desconhecedor inconsciente de suas qualidades pessoais incomuns quanto absolutamente à vontade em todos os campos do exercício da sua humanidade: em casa, na escola, no oratório, na amizade, nas relações com Deus. Grato a todos, súcubo de ninguém. Educado em todos os lugares, apesar da firmeza de suas convicções. Para o Senhor, conseguia encontrar o tempo; para ele não era pesado deixar de lado mesmo o que era mais agradável para ele e espontaneamente interessante. Carlo ficava contente quando se detinha diante do Senhor; e então ele se levantava, levando embora o segredo daquilo que o Senhor lhe pedia. É um grande presente poder viver em sobriedade lúcida e serena. É presente incrível quando alguém sente isso desde a manhã da sua vida.

A professora de inglês da escola primária de Carlo disse que meu filho era uma criança muito positiva e generosa: muito educado, sempre sorridente e delicado em seus relacionamentos com adultos e companheiros, para os quais, sem exceção, mostrou grande simpatia e amizade. Disse-me que estava cheio de entusiasmo e vontade de viver. Adorava propor iniciativas que poderiam enriquecer as aulas, e muitos se recordam dele quando, com seu inconfundível "r" à francesa, levantava a mãozinha chamando a professora de *teacher*, para mostrar-lhe algumas curiosidades relacionadas ao mundo anglo-saxão. Na sala de aula, era um dos primeiros a oferecer ajuda inteligente e discreta a quem se encontrasse em apuros.

Também sua professora o considerava uma criança educada e generosa. Em seu depoimento, escreve:

> Dificilmente combinava as pegadinhas "normais" apropriadas para sua idade e nunca deixava seus colegas o envolverem em "malandragem". Minhas colegas também perceberam, pois estava sempre limpo, elegante... Em suma, um verdadeiro cavalheiro em ascensão. Crescendo, mostrara ter uma índole verdadeiramente boa, sempre desejoso de ajudar quem tivesse necessidade. Eu notava que sua bondade não era desbandeirada, pelo contrário... Carlo era muito arredio: quando o cumprimentava por sua gentileza, respondia-me não haver feito nada excepcional... E, ao contrário, ele era excepcional! Era bem querido e sempre procurado por seus companheiros: às vezes funcionava como pacificador nas discussões que surgiam diariamente entre eles e [...] teve um sucesso esplêndido em seu trabalho. Havia um amigo seu com dificuldades consideráveis tanto em nível didático quanto na participação na vida social da classe: Carlo o tomou sob sua proteção e, com infinita paciência, o ajudava sempre, todos os dias! Às vezes eu lhe dizia para ir brincar com os outros companheiros, "soltando" um pouco esse amigo muito exigente que lhe sugava assim tanta energia, mas ele não desistia e continuou a apoiá-lo e sustentá-lo. Passado para o ensino médio, encontrava-o frequentemente no intervalo. Ele me cumprimentava alegremente e me perguntava gentilmente: "Como estás? Teus novos alunos te deixam desesperada como nós? Se precisar, dize-me... É com prazer que te ajudarei!".

Com a morte do meu pai, tive de assumir o seu negócio e comecei a viajar muito. Então decidimos que Carlo teria a seu lado uma jovem para acompanhá-lo de tarde, ajudando-o nas tarefas. Chamava-se Elisa. Após a partida de Carlo, ela me confidenciou que sempre permaneceu impressionada com sua bondade excepcional. Dizia que Carlo era muito obediente e, ao contrário dos outros meninos da sua idade, era muito responsável: começava a estudar e fazer as tarefas sem que ninguém precisasse incentivá-lo. Considerava-o rapaz excepcional, que sabia interessar-se pelo bem-estar físico e espiritual das pessoas que encontrava.

Quando conheceu Carlo, Elisa estava tendo dificuldades com o namorado. Meu filho percebeu. Ele buscava uma solução e a incentivava a se alimentar, visto que, por causa do estresse, tinha emagrecido muito. Carlo queria que ela ficasse serena, apesar da delicadeza do momento; sempre lhe oferecia algo, caramelos ou doces.

Elisa ficou impactada com a maturidade espiritual do meu filho. Às vezes, depois de terminar o dever de casa, pedia a ela que o acompanhasse à missa. Iam juntos, e este simples gesto contribuiu para que Elisa se reaproximasse da fé.

Ela me disse várias vezes que Carlo estava sempre disponível para ajudar seus colegas de classe. Em particular nas tardes depois das aulas, ela o via ajudando todos os que tivessem problemas de inserção ou aqueles que ficavam longe por serem demasiado tímidos. Era muito sensível e imediatamente entendia quem estava passando por um período difícil. Assim aconteceu com um colega seu, cujos pais estavam se separando e por esse motivo sofria de problemas de bulimia.

Sua completa disponibilidade para com os outros transparecia do seu comportamento. Estava sempre pronto para se doar, para se colocar em questão, para ajudar antes que solicitassem sua ajuda. Ele também era muito disponível com as freiras, especialmente as mais idosas da portaria, a quem dava as bolas de algodão para fazer os centrinhos que elas revendiam nas feiras de caridade para ajudar as missões.

Na escola, era considerado uma criança muito equilibrada, educada, prudente, que mostrava maturidade maior que a maturidade própria dessa idade.

Carlo não se importava em ter roupas ou acessórios de grife. Sempre estava na contramão com sua essencialidade. Não suportava aqueles que se gabavam de pertencer a um segmento social superior. Ele dizia que o valor de uma pessoa é diretamente proporcional ao seu nível de caridade e generosidade. Estava profundamente convencido que os detentores de recursos econômicos maiores deviam ser mais responsáveis em ajudar quem era menos afortunado, dentro dos limites de suas capacidades.

Na prática, não tolerava nenhuma forma de injustiça social, porque dizia que todos os homens são criaturas de Deus. Falava com todos e tinha palavras de encorajamento e de solidariedade para todos. Não fazia distinção de religião ou nacionalidade. Em todos ele via Cristo a ser amado.

Por ocasião do Natal, ele comprava com suas economias presentes para todos, incluindo professores e funcionários de serviço. Costumava trazer para casa um amigo da escola com dificuldades motoras e problemas para estudar, e que os outros marginalizavam. Ele procurava apoiá-lo e, quando ele estava na aula,

O SEGREDO DO MEU FILHO – Por que Carlo Acutis é considerado santo

ajudava-o a se integrar, a tal ponto que aquela criança só queria brincar com meu filho.

Claro, Carlo era uma criança animada, mas nunca faltava com respeito e educação para com os outros. Também não gostava de litigar, discutir; ao invés disso, preferia fazer um silêncio sagrado. Era um arrastador no bem.

Também Irmã Miranda Moltedo, reitora do Instituto onde Carlo frequentava o fundamental e era professora de desenho, disse-me que Carlo era um menino muito bom. Jamais foi ouvido falando palavrão. Não era briguento, mas diligente e obediente às instruções da professora. Nunca houve a necessidade de chamar sua atenção. A própria freira confidenciou-me que, pela idade e anos em que o conheceu, já possuía as virtudes cristãs em grau heroico na forma de criança. Por exemplo, escondia seu *status* social, enquanto acontecia que, já no ensino fundamental, a maioria das crianças mostrava a riqueza de suas famílias.

Irmã Isa Velate, a professora de religião, dizia que Carlo era uma criança "muito generosa". Se um companheiro pedisse algo emprestado, era rápido no empréstimo, sem nunca pedir de volta. Às vezes deviam intervir a irmã ou a professora, para lembrar ao companheiro que devia devolver o que recebera por empréstimo de Carlo. Se ela não se lembrava de alguma passagem da Bíblia, perguntava a Carlo, que sempre sabia tudo na hora certa.

Outra religiosa do Instituto, Irmã Maria del Rocío Soria Ratia, era encarregada de assistir as crianças depois do almoço. Lembra-se de como Carlo adorava brincar. Às vezes ela se prestava para jogar futebol com os meninos. Carlo se aproximou dela e se divertia, dizendo-lhe que, mais cedo ou mais tarde, ela se tornaria uma jogadora de futebol famosa. Carlo era muito curioso. Queria conhecer as coisas e compreendê-las, e se esforçava para entendê-las. Gostava de falar com a freira de coisas importantes, de religião, do Islã, do relacionamento com as outras religiões. Sabia dar respostas muito sérias e profundas e era muito atencioso e participativo. Lembrava dele também como rapaz transparente e sincero: o que era justo dizer, dizia-o sem medo e sem agressividade.

Muitas pessoas concordavam em considerar meu filho um menino muito inteligente, muito propenso para algumas matérias; acima de tudo, humilde e pronto para defender os mais fracos e os marginalizados. Era engraçado, até alegre e bobo em certas ocasiões. Com sua vivacidade, arrastava e se deixava levar. Às vezes, tanta vivacidade o levava a receber observações, porque, com sua voz irreprimível, adicionada aos gestos do corpo, acontecia que perturbava as aulas. Ele tinha profundo senso do humorismo, e sabia desdramatizar até mesmo as situações mais difíceis. Procurava sempre levantar a moral daqueles que estavam tristes e desanimados. Referindo-se àqueles que se entregavam à depressão e desconfiança, ele disse uma frase que ficou impressa em mim: "A tristeza é o olhar para si mesmo, a felicidade é o olhar voltado para Deus". Carlo era o oposto da tristeza. Eu também nunca o ouvi lamentar-se ou murmurar. Pelo contrário, ele sempre era positivo e otimista, mesmo nas situações mais difíceis. Estava cheio de energia vital e considerava a vida como dom imenso. Ele queria saboreá-la com gosto o tempo todo, porque dizia que "cada minuto que passa é um minuto a menos que temos disponível para nos santificar". Gostava das meditações, a este respeito, do filósofo Blaise Pascal:

> Os estoicos nos dizem: "Voltem para dentro de si mesmos: é lá que vocês encontrarão a paz". E isso não é verdade. Os outros dizem: "Saiam fora e busquem a felicidade na diversão". E também isto não é verdade; a doença vem. A felicidade não está fora de nós nem dentro de nós; está em Deus, dentro e fora de nós.

Aos quatorze anos, para o ano letivo de 2005-2006, o matriculamos no liceu clássico do Instituto Leão XIII de Milão, dirigido pelos padres jesuítas. Ali ele teve a chance de mostrar uma de suas qualidades mais apreciadas: o talento para a ciência da computação. Os padres, que sempre estiveram envolvidos na educação dos jovens, muito contribuíram para valorizar seus talentos. Compreenderam imediatamente que a estatura espiritual de Carlo era especial. Até o pároco, padre Gianfranco Poma, entendeu imediatamente, confessando que meu filho era um menino extraordinário e me confidenciou isso abertamente.

Aconteceu comigo muitas vezes conhecer pessoas que ficavam logo edificadas e atraídas por meu filho, que era um pouco parecido a um ímã. Sempre pensei que inconscientemente o povo se dava conta que em Carlo se ocultava a presença de Jesus. Eram por ele atraídos porque, conscientes ou não, tinham no coração o desejo do encontro com Deus.

Recordo, a este respeito, o que nos aconteceu em Assis. Carlo tinha oito anos. Passamos por uma irmã nunca vista antes. Ela nos parou dizendo-nos que Carlo tinha uma missão especial na Igreja. Não sei como foi possível, mas ela falou exatamente assim.

Por vários motivos, sempre estivemos próximos dos jesuítas. Por isso decidimos inscrevê-lo no Leão XIII. Entre outras coisas, justamente no ano que passou ao Leão, durante uma viagem decidimos passar por Manresa, na Catalunha, onde Inácio de Loyola viveu onze anos. Aqui se completou a sua conversão: de nobre cavaleiro de temperamento ardente a amigo do Senhor, em tudo disposto a servi-lo para responder ao seu amor. Foi em Manresa que Inácio começou a escrever os *Exercícios Espirituais*, com a clara intenção de ajudar muitos outros a fazer – como ele fez – a mesma experiência salvífica de encontro pessoal com Deus. Seguindo os passos desse santo, fomos a Montserrat, outro lugar ligado à conversão do santo, onde existe um santuário dedicado a Nossa Senhora, que se manifestou várias vezes, operando muitas graças e milagres. Em fevereiro de 1522, Inácio chegou à abadia dos beneditinos de Montserrat, nas proximidades de Barcelona. Era véspera da festa da Anunciação. Ali ele passou a noite inteira, no final da qual depôs simbolicamente a espada no altar da Virgem, como sinal do início de nova vida em Cristo vestindo a indumentária de peregrino.

Quem foi de modo especial tocado por esse lugar foi Carlo. Além do parque natural que o circunda, o local oferece vistas únicas com as montanhas rochosas típicas suavizadas pelo vento e por cores rosadas. Concluímos a seguir a visita a Barcelona, e desta vez visitamos todos os lugares. Carlo ficou encantado com a Basílica da Sagrada Família, do arquiteto Antonio Gaudí, cuja causa de canonização foi iniciada. Para Le

O SEGREDO DO MEU FILHO – Por que Carlo Acutis é considerado santo

Corbusier, foi o maior arquiteto do século XX, apelidado de "o arquiteto de Deus".

Carlo aprovava em tudo quando escreveu que

a verdadeira originalidade consiste em voltar à origem, que é Deus [...] A criação continua incessantemente através da mediação do homem. O homem não cria, mas descobre e começa a partir dessa descoberta. Aqueles que buscam as leis da natureza para realizar novos trabalhos colaboram com o Criador; aqueles que copiam não colaboram. Por isso a originalidade consiste em voltar à origem.

O Templo da Sagrada Família foi construído para "despertar do seu torpor os corações adormecidos, exaltar a fé e dar calor à caridade": assim podemos ler nos Atos de colocação da primeira pedra, em 19 de março de 1882. Carlo gostava muito de Gaudí. Certo dia me disse que recebeu dele um pequeno sinal. De fato, ele o invocara para que o ajudasse a glorificar Jesus, que se faz realmente presente na Eucaristia, fazendo-se nosso alimento e nossa bebida. Meu filho o admirava muito; foi o único arquiteto da era moderna que dedicou sua vida a um empreendimento não mais tentado havia séculos: a construção de uma catedral, dedicada à Sagrada Família, construída única e exclusivamente com as ofertas "de los pobres", e ele próprio morreu muito pobre. Era asceta e místico. Nas pedras da Sagrada Família está relatado todo o Evangelho. A Sagrada Família é um livro para todo o mundo. Para quem tem fé, para quem sabe ler com o coração e a mente, mas também para aqueles que estão longe. No portal central da fachada da Natividade, sobressai uma escultura que representa o nascimento de Jesus, que é o ápice do amor de Deus por nós. As três portas representam as três virtudes: esperança à esquerda, com o massacre dos Inocentes e a fuga para o Egito; à direita a fé, mas a caridade está no centro, porque é a maior, como diz São Paulo, que permanece mesmo após a morte e nos dará o grau de bem-aventurança eterna que desfrutaremos. Acima da imagem da Sagrada Família, os anjos cantam, como diz o Evangelho. Carlo dizia que, num momento de crise tão grande para a instituição da família, esse santo arquiteto representa a resposta divina a tanta devastação. Enquanto a sociedade destrói a família, Gaudí a reconstrói metaforicamente mediante o templo da Sagrada Família. O próprio Carlo citou mais de uma vez as palavras proféticas de Irmã Lúcia de Fátima, uma das videntes testemunhas das aparições da Virgem Maria em Portugal, em 1917:

> Chegará um momento em que a batalha decisiva entre o reinado de Cristo e Satanás será sobre o matrimônio e a família. E aqueles que trabalharão para o bem da família sofrerão perseguição e tribulação. Mas não precisa ter medo, pois Nossa Senhora já lhe esmagou a cabeça.

Padre Roberto Gazzaniga, animador espiritual dos liceus e responsável pela pastoral escolar do Leão XIII, e em seguida reitor do mesmo Instituto, traça um quadro de Carlo muito completo:

> Carlo inscreveu-se no Instituto Leão XIII, escola dirigida pela Companhia de Jesus, no ano letivo 2005-2006, escolhendo frequentar o liceu clássico. Aluno do 4º ginásio B, imediatamente se destacou, com evidência e discrição, por suas profundas qualidades humanas.

Desde o início das aulas, se movimentou como se conhecesse havia tempo o Instituto, com uma cordialidade, familiaridade, gentileza e suavidade não comuns para iniciantes. Estava bem dentro do Instituto, camaradas, professores e pessoal não docente ficaram felizes em se relacionar com ele, ajudados pela acolhida e estilo senhoril, espontâneo e jovial que o caracterizava. Carlo viveu com entusiasmo e participação a sua inclusão no Leão XIII, relacionou-se espontaneamente para seus companheiros, colocando as premissas para se tornarem seus amigos, para senti-los amigos, realidade da qual fazia muita questão.

É importante o fato de que também o padre Gazzaniga notou a atenção de Carlo pelos mais desfavorecidos:

Remonta exatamente àquele tempo a sua atenção por aqueles que percebia "um pouco deixados de lado". Algumas meninas e meninos precisam de mais tempo para se familiarizar num contexto novo de escola e de companheiros. Desde os primeiros dias, Carlo se fez próximo, com discrição, respeito e coragem àqueles que tinham dificuldade para se reconhecer na nova realidade de classe e Instituto. Alguns meses após sua separação da vida terrena e dos colegas de classe, ouvindo-os e pedindo-lhes algum traço característico de Carlo que os havia impressionado, vários deles ressaltaram a sua delicadeza em perceber, desde os primeiros dias de aula, quem tinha mais dificuldade e sua disponibilidade de trabalhar ao lado deles e facilitar sua integração de classe, exortando-os a não exasperar a situação e buscar desfazer resistências e silêncios. Muitas companheiras e companheiros são gratos a Carlo por sua capacidade de criar e facilitar relações, transmitindo confiança e proximidade sem intrusões.

Padre Gazzaniga considerava a vitalidade de Carlo especial nas relações com os colegas de escola:

Estar presente e fazer o outro se sentir presente foi uma nota que logo me impressionou nele. Andava à vontade pelos corredores e os dois andares do liceu durante o intervalo mais longo na metade da manhã e buscava contatos com jovens e professores. Muitas vezes era acompanhado por algum companheiro/a que, não envolvido por ele, poderia ser encontrado em seu lugar na sala ou sozinho nas proximidades à espera do fim do intervalo. Tinha capacidade de iniciativa e envolvimento das pessoas, respeitoso, animado e muito juvenil na exuberância. Vários adultos ficaram impressionados com sua veia natural e elevada capacidade de iniciativa e cortesia, alheia à familiaridade. O "histórico porteiro do Instituto" lembra com emoção a delicadeza de Carlo quando, em algumas manhãs, entrando pelo ingresso "lado piscina", passava mais tarde durante o intervalo para saudá-lo expressamente na portaria central, não tendo feito isso no começo da jornada. Um gesto vivido com espontaneidade, repetido várias vezes com verdadeira participação que causa impacto, porque muitas vezes os jovens saúdam ou não de acordo com os humores.

A luminosidade de Carlo, a busca por contato direto não deixavam indiferentes. Jovem simpático, reunia em torno de si consensos e adesões. Sempre me causou impacto o fato de que, por suas qualidades e habilidades inatas, muito além da média, não tenha se tornado alvo de piadas ou gozações. Muitas vezes os rapazes, entre si, quando um é excelente, são muito capazes de "redimensioná-lo" com atitudes de depreciação ou intimidação. Numa idade caracterizada por fortes contradições e competições, não é fácil para um adolescente reconhecer o valor superior do outro, a riqueza de talentos recebidos e adquiridos. Este é outro elemento que, na minha visão, torna Carlo grande. A bondade e a autenticidade da pessoa de Carlo venceram os jogos de revanche tensionados a diminuir o perfil dos que são dotados de elevadas qualidades. Sua transparência é certamente um valor vivido, Carlo nunca escondeu sua opção de fé e até mesmo em conversas e confrontos verbais com colegas de classe fez-se respeitoso das posições dos outros, mas sem renunciar à clareza de dizer e testemunhar os princípios inspiradores de sua vida cristã. Quando um coirmão meu entrou na classe de Carlo para propor a participação em um grupo extracurricular denominado: Comunidade de Vida Cristã CVX, no final da proposta, Carlo imediatamente se aproximou dele no corredor, dizendo-lhe: "Interessa-me o itinerário evangélico que expuseste". O único de toda a classe a tomar posição e declarar seu real interesse por aquela proposta agregadora.

Padre Gazzaniga destaca os comentários unânimes dos amigos de escola de Carlo:

Ouvindo seus colegas de classe por mim interpelados sobre o "dom de Carlo", recordo que as ressonâncias da sua presença, os traços que mais impressionaram e entraram na memória e experiência da vivência dos rapazes são: alegria, vivacidade, generosidade, vontade de amizades, capacidade de autodisciplina: "Nunca visto enraivecido, mesmo quando provocado", rapaz comprometido em vários interesses sem descuidar de seus deveres, sorridente, gentil, capaz de boas relações com todos, "se você estivesse mal humorado, ao estar perto dele o mau humor passava"; contagiava com seu otimismo, capaz de interesses sociopolíticos "na fase de crescimento onde a atenção para si mesmo e ao próprio pequeno mundo, a simpatia e o estilo acolhedor e hospitaleiro também no sentido de tomar a iniciativa de acolher amigos entre os muros domésticos, sentir que com ele as palavras não caíam na escuta formal, havia real interesse pela pessoa". Em particular, causaram muito impacto em seus companheiros de classe e não somente neles, a espontaneidade, a disponibilidade e a habilidade e confiabilidade de Carlo. Quando eu precisei de colaboração para o serviço do voluntariado realizado pelos alunos do Leão, Carlo se colocou à disposição para elaborar a apresentação das várias propostas de voluntariado com um programa usado por profissionais chamado Dreamweaver, que o manteve ocupado durante o verão na concepção, programação e implementação. Em reuniões da comissão do voluntariado, composta por alguns pais, todos ficaram profundamente impressionados com a vivacidade da fala, da paixão e inventividade de Carlo para fazer um CD capaz de despertar interesse nos alunos, a fim de tornar mais fácil para eles escolher fazer o serviço de voluntariado. As mães ficaram literalmente fascinadas com a forma de proceder e das habilidades de liderança de Carlo, pelo seu estilo amável, vivo e eficiente.

Finalmente, o jesuíta conclui seu testemunho sublinhando o aspecto da fé e da busca por Deus na vida de Carlo:

A última vez que o vi foi no sábado anterior ao da apresentação de atividades voluntárias em preparação da mostra para os alunos, programada para 4 de outubro de 2006. Fiz algumas observações que lhe entreguei, e o encontrei disposto a revisar parte do trabalho realizado com uma liberdade e uma busca pelo melhor, o que não ocorre em muitos jovens. Durante a projeção de sua obra, realizada por um colega da quinta série, finalmente eu disse que o trabalho havia sido composto por Carlo, e o som do aplauso festivo espontâneo e intenso que ouvimos o deixou animado e um pouco envergonhado. O amor pela vida e pelas pessoas, o estilo e seu modo de proceder tão pessoal, transparente e belo não vamos esquecer. Todos estamos convencidos de que era o fluxo de uma interioridade cristalina e festiva que unia o amor a Deus e às pessoas numa suavidade alegre e verdadeira, que não nos deixou indiferentes. Quantas vezes como padre e agente da pastoral juvenil vibrei ao ver e escutar Carlo, ao perceber sua influência positiva sobre os companheiros. Eu estava e estou convencido de que era exatamente como o fermento na massa, não faz barulho, mas faz crescer. Ainda mais agora que é como o grão de semente que entrou na terra para produzir o fruto de vida. Poderia ser apontado e dito: aqui está um jovem e cristão feliz e autêntico. "Carlo é um presente", seu nome é pronunciado com respeito e forte nostalgia. O Carlo existe e ao mesmo tempo nos falta.

Carlo amou a todos e fez-se amar. Uma vez tirou nove em uma redação no liceu, possivelmente uma das melhores notas da classe. Ele estava, no entanto, quase arrependido porque dois de seus colegas, que estavam entre os melhores da classe, começaram a chorar porque Carlo tirou uma nota mais alta que eles. Ele ficou surpreso com a reação deles e nos disse que passou um tempo confortando-os, dizendo-lhes que o professor avaliou excessivamente bem e que ele não merecia. A inveja era um sentimento desconhecido para Carlo; sempre tentou ajudar a todos a ter sucesso nos estudos e na vida espiritual.

Lembro que tinha amigos que frequentavam as discotecas da tarde, usavam drogas e consumiam muito álcool. Em várias ocasiões, eles o convidaram para ir com eles, mas Carlo detestava discotecas; ele tivera a respeito disso sinais muito fortes em que seu anjo da guarda o alertava acerca da periculosidade desses lugares. Ele os confiara às orações de alguns monges de clausura e nos pediu para unirmo-nos à oração por essa intenção. Rajesh diz que Carlo não ficava feliz quando lhe perguntavam: "Você tem namorada?". Estava convencido de que era muito cedo, no período do ensino médio, para começar a pensar nessas coisas. Entre seus amigos, pelo contrário, houve muitos que anteciparam uma vida afetiva que lhes tirou a pureza e o frescor que, ao invés, deveriam caracterizar os jovens dessa idade. A esse respeito, gostava muito de citar o exemplo de Santa Maria Goretti. Até minha mãe, sobre este assunto, estava convencida de que a sua pureza era extraordinária, eu diria quase heroica.

O professor de religião nos contou como Carlo compartilhava a posição da Igreja sobre o aborto, e como defendeu apaixonadamente os valores da vida nascente. Durante a aula de religião, houve uma discussão animada em classe e Carlo foi o único que se declarou contrário ao aborto. Não tinha medo de ir contra a corrente, sempre defendeu firmemente suas ideias, mas sem querer impor nada a ninguém. Carlo foi moldado diretamente por Jesus e por sua Mãe Maria, em silêncio e oração, mais que pelos livros lidos. Sua docilidade ao Espírito Santo facilitou muito sua jornada de fé, e lhe permitiu, em breve tempo, liberar-se para horizontes muito elevados do ponto de vista espiritual, mas sem fazê-lo perder um contato saudável com a terra, com a família, com os amigos e com todas as atividades relacionadas aos deveres de seu estado.

O SEGREDO DO MEU FILHO – Por que Carlo Acutis é considerado santo

Durante o período escolar, praticou diversos esportes: caratê, Kung Fu, tênis, vôlei, futebol de salão, esqui, natação, atletismo. Em tudo ele se empenhava, mas nunca com o espírito de competição que os jovens normalmente têm. O importante para Carlo era poder compartilhar momentos de alegria com os amigos. Ele via o esporte como meio para poder cultivar o valor da amizade, de compartilhar, de crescimento pessoal. Como Jean Giraudoux, escritor francês, escreveu bem: "O desporto consiste em delegar ao corpo algumas das maiores virtudes do ânimo".

Carlo estava convencido de que o esporte era um meio muito eficaz para fortalecer a vontade, graças à qual é possível alcançar grandes metas. Como bem escrevia o escritor francês Pierre de Coubertin: "O esporte procura o medo para dominá-lo, a fadiga para triunfar sobre ela, a dificuldade para vencê-la". Para Carlo não era a perfeita forma física que interessava, mas sua saúde, então ele não se atrevia a seguir esportes de risco. A esse respeito, lembro que se preocupava muito com a minha saúde, visto que estava com certo sobrepeso. Escondia-me os doces que eu comeria se estivessem por aí e me levava a caminhar para emagrecer. Assim ele fazia com Rajesh, que era diabético. Carlo conseguia se controlar, embora se declarasse guloso. Mas nunca comia fora das refeições e era moderado na quantidade. Quando tinha cerca de oito anos, era um pouco gordo. Na verdade, no mar havíamos exagerado, comendo sempre pizza e sorvete e assim, ao voltar das férias, começou a moderar sozinho e imediatamente conseguiu perder peso. Já então tinha a virtude da temperança que, para uma criança da sua idade, não era nada comum. A esse respeito, ele fez alguns pequenos sacrifícios para ajudar as almas do purgatório, por exemplo, renunciando à merenda, aos doces e às frutas. Ele oferecia sempre esses pequenos sacrifícios a Nossa Senhora, que havia solicitado expressamente em muitas de suas aparições no curso dos séculos. Algum mimo o fez também impondo-se não ver os filmes de que ele mais gostava. Não queria ver os filmes violentos ou vulgares, gostava muito de desenhos animados e documentários sobre animais. Se na televisão eram transmitidas propagandas equívocas ou de caráter sexual, cobria os olhos com a mão. Às vezes, passando diante do quarto de minha mãe ou da sala de jantar onde Rajesh assistia televisão enquanto passava roupa, se visse que estavam transmitindo comerciais ou cenas ousadas, cobria os olhos e imediatamente saía da sala ou pedia para mudar de canal, a fim de não assistir a esses programas deseducadores.

Devo dizer que fiquei surpresa por ter um filho cujos principais interesses eram Deus, Nossa Senhora, os anjos e os santos. Comparando-o comigo criança e com os meus amigos de infância, me parecia ter de lidar com um alienígena, um rapaz de outro planeta. Também a mãe de um companheiro da escola primária dele e do ensino médio, articulista de um conhecido jornal italiano, que respeito muito, percebeu sua pureza. Em várias ocasiões pôde constatar, falando com ele, como Carlo estava convencido de que viver de maneira cristã transmitia grandes valores e ajudava as pessoas a se tornarem melhores e altruístas. Também no que diz respeito à proposta cristã da vida moral, Carlo não tinha medo de expressar suas convicções acerca da pureza e dos relacionamentos antes do casamento. Certo dia, disse a ela que estava

O SEGREDO DO MEU FILHO – Por que Carlo Acutis é considerado santo

profundamente convencido da beleza de viver o noivado castamente, assim como era muito determinado em se opor ao aborto. Ele expressou suas ideias com firmeza, mas sempre com respeito, às vezes até de uma forma despreocupada, para evitar um tom muito sério que em alguns casos poderia indispor. Padre Ilio, seu diretor espiritual, foi testemunha das convicções de Carlo em relação aos valores da vida e da moral. Ele me disse que certa vez ficou muito aborrecido porque alguns companheiros seus de escola haviam se mostrado favoráveis ao aborto, à masturbação e às relações pré-matrimoniais. Expressara seu parecer contrário e lhe contou que havia encontrado muitas perplexidades e resistências de seus amigos.

Embora seus estudos exigissem muito esforço, ele decidiu espontaneamente dedicar parte do tempo com alguns adultos voluntários para preparar as crianças para a crisma. Ainda estava no ensino médio. Ele pediu-me permissão. Nós a concedemos com a condição de que esse compromisso não criasse problemas em seu desempenho escolar. Fazia muita questão desse encargo e, quando não podia estar presente por causa dos compromissos escolares, ficava muito desgostoso.

Carlo dedicava muito tempo aos outros. Com um estudante de engenharia da computação, passou a cuidar do site da paróquia de Santa Maria Segreta, em Milão. Seu talento para a ciência da computação o tornou popular entre seus amigos, que frequentemente lhe pediam para ajudá-los. Era capaz de criar programas de computador com linguagens de informática mais complexas, tanto que dois professores universitários de engenharia da computação ficaram maravilhados. Carlo, desde tenra idade, sempre mostrou interesse pelas disciplinas científicas e para a informática em particular. Como jogo gostava de vestir um jaleco tipo pequeno químico, com um par de óculos falsos e um distintivo que lhe havia dado o pai, onde escrevera "cientista da computação". Já quando tinha nove anos, começou a ler textos de informática que costumavam usar nas universidades; nós os comprávamos na livraria da Politécnica de Milão. Era muito hábil em gestão e programação. Conseguia usar o computador com grande habilidade. Sabia como criar sites e páginas *web*. Não apenas nós da família, mas também as pessoas estranhas se maravilhavam que um menino de sua idade conseguisse programar sem ter seguido cursos específicos em C, C ++, Ubunto, Java, e soubesse usar os logaritmos como ele fazia. Tinha um tio, que para o trabalho usava computador com várias licenças. Presenteou-o com vários programas como Suíte Adobe e Maya, para processamento em 3D. Graças aos seus conhecimentos de informática, além de nós da família, começaram a recorrer a ele também os amigos e companheiros de escola. Esse seu interesse buscava colocá-lo a serviço dos outros, tanto que, durante o exame da oitava série, ele preparou para muitos companheiros de classe uma apresentação da monografia no computador.

Naturalmente Carlo gostava das ferramentas tecnológicas, assim como a maioria de seus colegas, também como jogos. Quando era pequeno, novos jogos eletrônicos começaram a aparecer, como o Gameboy, o PlayStation, o Gamecube, o Xbox. Lembro-me de que num Natal lhe demos o Gamecube, que tinha a forma de um cubo preto. Rimos muito porque

O SEGREDO DO MEU FILHO – Por que Carlo Acutis é considerado santo

justamente naquele mesmo ano, no Natal, em frente à Basílica de São Francisco, foi montado um presépio em forma de cubo preto com gatos desenhados. Parecia o jogo de Carlo. Embora apreciando os jogos de vídeo, impôs-se um tempo de uso que não podia superar uma hora por semana. Havia lido que muitos rapazes, sobretudo nos Estados Unidos, acabaram em hospitais especializados em patologias desencadeadas pelo uso excessivo de jogos de vídeo. Alguns até tiveram crises epilépticas causadas pelo excesso de uso.

Meu filho sempre quis manter a liberdade interior em relação a esses meios, incluindo o computador. Havia percebido que muitos dentre os que passam muitas horas diante desses meios têm o olhar apagado.

Pouco depois da morte de Carlo, a comissão histórica da sua causa de beatificação analisou toda a cronologia do seu computador pessoal, que havia parado um dia antes de ser internado. Não encontraram nenhum site fora de lugar, e a maioria dos sites acessados referia-se a matérias de fé.

Com certeza, sua retidão e pureza se manifestavam também naqueles que eram seus passatempos preferidos, como o computador, que usava para fazer o bem. Quantas vezes escutei meu filho exortar seus amigos a viver vida casta, não caindo vítimas da ação pervertedora dos demônios que obviamente, para agir, precisam do consentimento da nossa vontade, caso contrário nada podem fazer contra nós.

Dizia que seu anjo da guarda lhe dissera que, por meio da pornografia e dos pecados de impureza, o demônio leva para o inferno muitas almas. Também Nossa Senhora, aparecendo em Fátima em 1917, disse aos três pastorzinhos Francisco, Jacinta e Lúcia, que "muitas almas vão para o inferno por causa dos pecados da carne".

O *Catecismo da Igreja católica*, no número 2354, adverte:

> A pornografia... lesa gravemente a dignidade dos que se prestam a isso (atores, comerciantes, público), pois um se torna para o outro objeto de prazer rudimentar e de ganho ilícito. Imerge uns e outros na ilusão de um mundo irreal. É culpa grave. As autoridades civis devem impedir a produção e difusão de materiais pornográficos.

Papa Francisco dedicou a Carlo três parágrafos na Exortação Apostólica escrita por ocasião do encerramento do Sínodo dedicado aos jovens, realizado no Vaticano em 2019:

> Recordo-te a boa notícia que nos foi comunicada na manhã da ressurreição: que, em todas as situações sombrias e dolorosas de que falamos, há uma saída. Por exemplo, é verdade que o mundo digital pode expor-te ao risco de te fechares em ti mesmo, do isolamento ou do prazer vazio. Mas não te esqueças de que também há jovens criativos e às vezes brilhantes nesses contextos. É o caso do jovem venerável Carlo Acutis. Ele sabia muito bem que esses mecanismos de comunicação, publicidade e redes sociais podem ser usados para nos tornar sujeitos adormecidos, viciados em consumo e novidades que podemos comprar, obcecados com o tempo livre, fechados em negatividade. Mas ele foi capaz de usar as novas técnicas de comunicação para transmitir o Evangelho, para comunicar valores e beleza. Não caiu na armadilha. Via que muitos jovens, embora parecendo diferentes, na realidade acabam sendo iguais aos

outros, correndo atrás daquilo que os poderosos impõem sobre eles através dos mecanismos de consumo e atordoamento. Ao fazer isso, não deixam desabrochar os dons que o Senhor lhes deu, não oferecem a este mundo aquelas habilidades tão pessoais e únicas que Deus semeou em cada um. Assim, dizia Carlo, acontece que "todos nascem como originais, mas muitos morrem como fotocópias". Não deixes isso acontecer contigo.

O secretário da Pontifícia Academia "Cultorum Martyrum", da qual sou curadora desde 2000, pediu-lhe que o ajudasse a criar uma seção específica dentro do site do Vaticano dedicado aos mártires. Carlo se dedicou a isso com grande paixão. Ficou muito impressionado com a história do sacerdote jesuíta Anton Luli, de origem albanesa, que, durante o regime comunista, ficou preso por dezessete anos, seguidos por onze de trabalhos forçados, e pelo impedimento de exercer o ministério sacerdotal. Fez comovente discurso por ocasião da Assembleia Especial do Sínodo dos Bispos para a Europa, aberto no dia 28 de novembro de 1991, também na presença de São João Paulo II. Escutara inteiramente a sua história numa fita cassete que um ancião sacerdote jesuíta lhe havia dado para que fosse transcrita no site. Reproduzo aqui uma parte:

Conheci o que é a liberdade aos oitenta anos, quando pude celebrar a primeira missa no meio do povo. Foram anos verdadeiramente terríveis os transcorridos no cárcere. Na noite de Natal do primeiro mês, me obrigaram a tirar a roupa e me penduraram com uma corda a uma trave, de modo que só com a ponta dos pés eu conseguia tocar o chão.

Fazia frio. Sentia o gelo subir pelo corpo: era como uma morte lenta. Quando o gelo estava chegando ao peito, gritei desesperadamente. Meus carrascos acorreram, encheram-me de chutes e a seguir me desceram. Frequentemente me torturavam com a corrente elétrica, punham os dois polos em meus ouvidos: era coisa horrível e indescritível. Minha vida é um milagre da graça de Deus. Bendigo o Senhor que a mim, pobre e frágil, seu ministro, me deu a graça de permanecer fiel a ele numa vida vivida praticamente toda em cadeias. Muitos coirmãos meus morreram mártires: a mim, porém, coube-me viver, para testemunhar.

Tivemos a sorte de conhecer o cardeal Simoni, um santo em vida, que comoveu o mundo e, em particular, o papa Francisco quando, em 21 de setembro de 2014, na Catedral de Tirana, contou diante do pontífice as violências e o assédio sofridos por 27 anos durante a ditadura comunista. Foi preso na noite de Natal em 1963, enquanto celebrava a missa em Barbullush, e confinado numa cela de isolamento, condenado a dezoito anos. Para seus companheiros de prisão, os torturadores ordenaram registrar sua "raiva previsível" contra o regime, mas da boca do padre sempre vieram apenas palavras de perdão e oração. Chegou pontualmente também a sentença de morte, mas sua pena foi comutada em 25 anos de trabalho forçado nos túneis escuros das minas de Spac e depois nos esgotos de Scutari. Também nessa situação dramática nunca perdeu a fé e não interrompeu seu ministério sacerdotal. Ele até conseguiu celebrar a missa todos os dias em segredo e confessar os outros encarcerados, tornando-se o pai espiritual de alguns deles e também distribuindo a comunhão, com uma hóstia

O SEGREDO DO MEU FILHO – Por que Carlo Acutis é considerado santo

cozida às escondidas em forninhos, ao passo que para o vinho recorriam ao suco de bagos de uvas. Foi definitivamente libertado em 5 de setembro de 1990. Saindo da prisão, confirmou o perdão aos seus algozes, invocando para eles a misericórdia do Pai. Sua nomeação como cardeal – faz questão de especificar – é um reconhecimento a todos os mártires e católicos perseguidos em sua terra.

Pensando nesses heróis da fé, me vêm à mente as palavras de Carlo, que sempre dizia, aos que reclamavam, para ver quem estava pior do que eles, especialmente o exemplo dos mártires que souberam dar um testemunho heroico na fé e nas obras, tornando-se "evangelhos vivos". Para Carlo, se temos Deus em nosso coração, nada pode nos perturbar, porque com ele os espinhos se transformarão em flores, as nuvens desaparecerão do céu, que se tornará claro e sereno. Como as montanhas se refletem em um lago calmo e sereno, assim também Deus se, olhando para dentro de nós, nos encontrar calmos, tranquilos e confiantes nele, espelhando-se encontrará refletida a sua própria imagem.

O crescimento escolar de Carlo andou de mãos dadas com o crescimento espiritual. Quando completou os anos para a inscrição na escola primária, decidimos fazê-lo frequentar o Instituto San Carlo de Milão, que é uma das escolas da diocese. Depois de dois meses de aula, no entanto, o transferimos ao Instituto Tommaseo, dirigido pelas Irmãs Marcelinas. Essa nova escola, além de ser mais próxima de casa, era também menos dispersiva e competitiva do que o San Carlo. Permaneceu oito anos no Marcelinas.

Depois o transferimos para o Leão XIII. Lembro-me de que, quando Carlo percebeu que precisava deixar o San Carlo, ficou desapontado. Não nos disse nada, porém era seu estilo. Gostava da professora que tinha e se enturmara com seus companheiros. Uma lágrima furtiva apareceu quando teve de dizer adeus a todos. Tentou escondê-la de mim para não me entristecer, mas o fato não me passou despercebido.

Carlo se adaptou imediatamente à nova escola, graças ao seu caráter aberto e sociável. Integrou-se perfeitamente. Era muito alegre e sempre de bom humor. Ele gostava de brincar com as outras crianças, que imediatamente experimentavam uma simpatia instintiva e sincera por ele. Por um tempo, a sua vivacidade lhe criou problemas porque não conseguia ficar em silêncio na aula, mas logo aprendeu como se comportar, conseguindo vencer a si mesmo. Ele se impôs melhorar esse defeito e se saiu muito bem. Sempre fazia o exame de consciência todas as noites e às vezes se dava notas, assinalando os objetivos a serem alcançados, especialmente em seu relacionamento com Deus, com o próximo e na oração.

Era um menino muito inteligente, como me diziam as professoras, aprendia depressa, embora não fosse o primeiro da classe nos resultados. Sendo autodidata em várias coisas, suscitava espanto nos adultos. Por exemplo, como instrumento musical para tocar na escola, ao invés da flauta, da qual não gostava muito, resolveu levar o saxofone. Conseguiu aprender imediatamente a tocá-lo sozinho, sem ajuda de nenhum instrutor. Se devia alcançar uma meta, a ela se dedicava com grande diligência, sendo sempre bem-sucedido na sua tentativa. Tinha grande tenacidade e força de vontade.

Amando muito a boa cozinha, começou a fazer comida por conta própria. Costumava experimentar novas receitas às vezes muito complexas e dignas dos maiores *chefs*, que, no entanto, conseguia preparar com êxito.

Gostava de ler os jornais que o pai lhe passava, e eles frequentemente comentavam as notícias juntos. Isso fez nascer nele o desejo de formar-se jornalista e escritor. Por outro lado, tinha realmente inclinação para escrever. Um dos seus jogos favoritos tornou-se a invenção de histórias fantásticas, como a de Pomodorin Laden, pseudônimo de Bin Laden. Nesse seu conto metafórico, conseguiu desdramatizar e redimensionar numa perspectiva de fé a terrível situação criada pelo terrorismo internacional, que foi criada após a queda das torres gêmeas, conseguindo dar sentido cristão a tanta dor.

Mesmo na hora de mudar de escola, no entanto, demonstrou sua grande docilidade. Ele nunca se lamentava, mesmo se tenho certeza de que às vezes lhe custasse muito não fazer isso. Tinha verdadeiramente a virtude da obediência em grau heroico, o que é muito raro hoje, dada a desobediência planetária a que assistimos em qualquer área, inclusive a religiosa.

A esse respeito, lembro ter-me dito que em 2003 sonhara com anjos com trombetas dispostas, num céu azul, que gradualmente se encheu de nuvens ameaçadoras. Pouco depois, a cena mudou e apareceu Nossa Senhora de Fátima dizendo, acima da praça São Pedro, lotada por multidão de pessoas envoltas em uma luz cinza: "Tempos difíceis aguardam a cristandade, por causa da desobediência".

Dizia que somos feitos para o próximo, e não para nós mesmos. Eis por que para meu filho era prudente e sábio fazer-se ajudar e aconselhar por pessoas colocadas por Deus ao lado de nós como guias e suporte. Carlo dizia que não haverá nenhum obstáculo para aqueles que persistentemente mantiverem o coração abandonado ao Senhor. Essa mansidão e humildade nos convenceram profundamente do fato de que Carlo era um menino verdadeiramente especial e santo. Acerca da humildade, Carlo escrevera em suas anotações:

Jesus quis colocar a humildade como fundamento na base dos ascetas cristãos. A humildade que é fundamento também da outra virtude por ele tão praticada: a caridade. A humildade é a virtude que permite viver em sociedade, que nos aproxima, que converte. O que é a humildade? É reconhecer de Deus tudo aquilo que somos. É reconhecer de Deus o bem que se tem. É reconhecer de nós todo o mal que somos e temos. A virtude da humildade é uma virtude tipicamente cristã. Trouxe-a para a terra, vivendo-a primeiramente Ele. Muitos dizem que Jesus nasceu pobre, que foi colocado em uma manjedoura... e coisas desse tipo, e por isso nasceu humilde. Mas não é por isso que Jesus nasceu humilde. Unir à natureza divina a natureza humana foi o gesto da mais sublime humildade. É por isso que pôde dizer: "Aprendei de mim, porque sou manso e humilde de coração". Depois do batismo, Jesus é impelido ao deserto por quarenta dias. Ele vem como se estivesse surpreso, levado e empurrado. Nenhuma reação. Sem contraste. Sem rebelião. Deixa-se fazer. É extraordinariamente brando e submisso. Isso também porque tudo estava dentro de seus planos. Ao longo de sua existência chamada pública, durante os vários deslocamentos, de zona em zona, seguido, perseguido, jogado por aí, suspeito, invejado, atacado, insolente, não acreditado, abandonado, pratica totalmente o que ensina: "Aprendei de mim que sou manso e humilde de coração". Manso e humilde: manso, doce, prestativo, modesto, respeitoso, quieto, calmo, equilibrado, exemplar. O primeiro vício capital, a soberba, não tem nada a ver com ele. Ele coloca a humildade, praticamente uma virtude desconhecida na história anterior, como fundamento da sua ascética, de sua moralidade, na substância de sua espiritualidade. Aprende comigo, ou seja, a partir de mim, que sou manso e humilde de coração. Na língua hebraica, "de coração" significa "de mente", porque, para eles, o coração o chamavam também rins, sede das nossas decisões mais profundas. "Eu te amo com todos os meus rins...". E só Deus é aquele que pode examinar as nossas afeições e os nossos pensamentos mais ocultos. "Eu sou Aquele que sonda os afetos e pensamentos mais ocultos dos homens, e vou dar a cada um de vós segundo as suas próprias obras" (Ap 2,23). De nosso coração e de nossos rins, partem nossas decisões que nos merecem ou não o prêmio da Vida Eterna. Os rins/coração são a sede dos pensamentos secretos, das sensibilidades e vontades escondidas. Todos os nossos pensamentos se originam no coração, daqui partem todas as nossas decisões, tanto as boas como as ruins; é por isso que as Escrituras nos exortam a manter nosso coração tão inocentemente e a fazer de modo que nele não entrem todas as coisas que não agradam a Deus: "Com todo cuidado vigia o coração porque dele jorra a vida" (Pr 4,23). Jesus diz: "Não há nada fora do homem que, entrando nele, possa contaminá-lo; são, ao invés, as coisas que saem do homem a contaminá-lo" (Mc 7,15).

Quando Deus fala ao nosso coração, significa que ele fala à nossa vontade, à nossa mente, à nossa consciência. Para a Bíblia, o coração é o centro da pessoa que toma decisões de acordo com a vontade de Deus. No livro do profeta Jeremias, encontramos escrito: "Eu vos darei pastores de acordo com meu coração, que vos guiarão com ciência e inteligência" (3,15). E novamente: "Vós sois muito justo, Senhor, para que eu possa discutir convosco" (12,1). Isso deveríamos repetir todos nós continuamente! O querer discutir com Deus vem apenas do maligno. Então, "sou manso e humilde de coração" significa "tenho uma mente humilde". Esse é o manifesto da virtude originária e original inventada por Jesus e seguida por sua religião. Essa virtude é a humildade.

E Carlo ainda continuou em suas notas:

A capacidade de sentir em si o mal e em Deus o bem. A capacidade de não julgar o próximo, mas julgar somente a nós mesmos: efetivamente essa humildade, que caiu do céu com o Cristo, é a virtude fundamental, básica e central da espiritualidade católica. Humildade que Jesus exerceu com a encarnação. A humildade que ele viveu foi não tanto o fato de ter nascido numa manjedoura, mas percorrer aquele corredor massacrante que se chama encarnação. Jesus passou do infinito, sua substância, para o finito, sua condição. Essa passagem exaustiva do infinito para o finito é a sua humilhação. E é o exemplo contínuo de humildade que ele nos dá com sua encarnação que viveu por uma geração inteira, mais de trinta anos, e sofreu e ofereceu no exercício contínuo de humildade. E então, é preciso que nós, católicos, decidamos viver essa humildade, ou seja, essa virtude fundamental pela qual nos curvamos, para a qual nos inclinamos diante de Deus, nos inclinamos diante do nosso próximo e nos aprofundamos numa caridade que não é senão humildade praticada. Porque qualquer falta de caridade é falta de humildade e vice-versa. O mundo é feito de soberba. O mundo é essencializado de orgulho. Porque, se realmente fôssemos humildes, o Senhor se curvaria diante de nós e nos concederia as graças. Porque toda graça não concedida é um ato de soberba realizado. E uma graça concedida é um ato de humildade realizado: "Aprendei de mim que sou manso e humilde de coração". "Tende em vós o mesmo sentimento de Cristo Jesus: Ele, estando na forma de Deus, não usou o seu direito de ser tratado como um deus, mas se despojou, tomando a forma de escravo. Tornando-se semelhante aos homens e reconhecido em seu aspecto como um homem, abaixou-se, tornando-se obediente até a morte, a morte sobre uma cruz. Por isso Deus soberanamente o elevou e lhe conferiu o nome que está acima de todo nome, a fim de que ao nome de Jesus todo joelho se dobre nos céus, sobre a terra e debaixo da terra, e que toda língua proclame que o Senhor é Jesus Cristo para a glória de Deus Pai (Fl 2,5-11).

Irmã Terra

Em relação aos animais, Carlo tinha atenção e sensibilidade particulares. Certo dia, passando na frente de uma loja perto da área da alameda Piave, em Milão, vimos na janela um cachorrinho preto com uma mancha branca no peito, que começou a abanar a cauda e a fazer muita festa. Era uma pequena vira-lata, um cruzamento de mestiço e raposa. Foi uma atração fatal. Entramos na loja e pegamos o cachorro para vê-lo de perto. Ele foi tão legal conosco que não resistimos em adotá-lo. Nós a chamamos Chiara, em homenagem ao santo de Assis, a quem tínhamos muito apego. Esse nome mais tarde criou problemas para nós. Quando estávamos caminhando por Assis, muitas freiras, quando ouviam-nos chamando o cachorro, nos olhavam mal. Meu marido nos sugeriu então chamá-la Ara. Ela rapidamente se tornou uma companheira de jogo insubstituível. Carlo se escondendia e ela o procurava; arremessava coisas, e ela as trazia de volta. Parecia que faltava apenas falar. Engravidou por acaso quando já era bastante grande. Carlo ainda não tinha completado onze anos. Penso que foi o Senhor quem permitiu. Tínhamos ido passear no parque, desamarrando-a. Nesse momento um cachorro apareceu e nos seguiu de longe sem nosso conhecimento e num instante a engravidou. Nós não tivemos tempo de nos virar para chamá-la, que o "crime" já havia ocorrido. Ela deu à luz quatro cachorrinhos lindos. Um deles, Poldo, que se tornou um dos seus favoritos, nasceu algumas horas depois dos outros. Carlo tinha acabado de voltar da escola quando ele veio à luz. Meu filho se improvisou obstetra e ajudou no parto. Tínhamos inicialmente encontrado uma família para cada um deles. Todos os seus amigos queriam um de presente e muitos vieram a nossa casa para vê-los. Porém a seguir dois deles decidiram devolvê-los a nós e assim nossa família cresceu. No total tínhamos três cães, Poldo, Chiara, Stellina, e dois gatos, Bamby e Cleópatra. Esses animais foram os protagonistas de outro dos jogos favoritos de Carlo: fazer um roteiro, cenografia, edição e músicas para pequenos filmes de sua própria produção. Ele ocasionalmente convidava amigos para sua casa para ver esses filmes completados com pipoca, Coca-Cola e várias iguarias. Imagine o riso das crianças ao ver como gatos malvados tentaram conquistar o mundo e eliminar todos os cães do planeta, que, ao contrário, eram bons. Chiara era o supremo general Rato; Stellina, a cadela canhão, comia muito e era bastante gordinha. E Poldo, o capitão desajeitado. Cleópatra era a gata preta e fazia o papel do mau general. Em seguida, ao elenco da brigada alegre associou-se também Briciola, tornando-se a estrela das estrelas, o inominável terrível "cão dos sete demônios". Recebeu esse nome por causa do seu aspecto ameaçador, semelhante ao de um dobermann em miniatura e por seu inconfundível modo de rosnar e mordiscar coisas.

Essa cachorrinha especial veio bem cedo à nossa casa, em janeiro de 2005. Carlo e eu a vimos em uma loja atrás da catedral. Nossos passeios nas lojas de animais eram muito perigosos; na verdade, na frente deles éramos semelhantes a Ulisses com as sereias, que, para resistir às suas canções, foi obrigado a fazer-se amarrar ao mastro. Foi muito difícil convencer meu marido para que aceitasse o pedido de outro cachorro. Lembro que pedi ao Senhor em oração se era ou não sua vontade. Pelo que ele disse, parecia certo que Deus estava feliz que Carlo também tivesse aquele cachorro, e a pegamos.

Eles a fizeram passar por uma anã pinscher. Mesmo o lojista nos convencera a comprar um casaco em mescla de caxemira à venda, nos dizendo que não cresceria muito e essa espécie de cães sofria muito com o frio e gostava de ficar aquecida. Quando ela chegou a casa, os outros cães ficaram bastante confusos, eu diria quase nauseados com a visão daquele tipo de coisinha que tinha todas as semelhanças de um rottweiler em miniatura. Obviamente o lojista tinha nos enganado, porque a Briciola cresceu muito e se tornou uma espécie de "bezerro", como a apelidou um padre amigo nosso. O casaco depois de alguns meses cobria, sim e não, a metade de sua pata. Naquela época nós fazíamos sempre uma viagem pela Europa de carro e conseguimos convencer meu marido a levar Briciola conosco. A primeira parada de nossa viagem foi em Lourdes. A cachorra era carregada pela avó Luana em sua bolsa, para que ninguém percebesse sua presença. Essa bolsa de estilo Mary Poppins da vovó permitiu-nos visitar sem perturbação vários lugares. Briciola também teve o privilégio de ingressar na gruta de Lourdes, e tenho certeza de que tê-la feito beber a água milagrosa certamente ajudou a acalmá-la.

O SEGREDO DO MEU FILHO – Por que Carlo Acutis é considerado santo

Quando Carlo chegou diante da gruta de Massabielle, renovou seu voto a Maria de sempre ser fiel à recitação cotidiana do santo rosário e consagrou-se ao seu Imaculado Coração. Lembro-me de que, depois de beber a água milagrosa, permaneceu absorto em oração por mais de uma hora. Causaram admiração em todos nós todas aquelas longas fileiras de velas em cada lado da gruta que, no crepúsculo da noite, brilhavam e iluminavam o ambiente circundante, criando uma atmosfera surreal. Pensar que cada uma dessas velas contava a história de uma pessoa, seus desejos secretos, suas esperanças, suas angústias mais profundas, era realmente comovente. Quanta dor, mas também quanta fé irradiava desse lugar. Também nós acendemos nossas velas.

No dia seguinte, visitamos os lugares de Bernadette, especialmente o Moulin de Boly, a casa miserável onde nasceu a pastorinha que viveu a infância afligida por terríveis crises de asma, num ambiente insalubre, mas de qualquer forma sereno e cheio de amor.

Mediante as aparições de Lourdes, Carlo entendeu e tornou próprio o convite da Virgem à penitência e ao sacrifício. Costumava contar a história de Bernadette e suas visões na gruta de Massabielle, para convidar todos a seguir as recomendações da Imaculada Conceição. A figura de Bernadette, essa adolescente analfabeta e pobre filha do povo, que foi escolhida pelo céu por sua profunda simplicidade e humildade, muito impressionou a Carlo e contribuiu com certeza para o seu crescimento espiritual.

De 11 de fevereiro a 16 de julho de 1858, a Virgem Maria se manifestou dezoito vezes a Bernadette, que tinha catorze anos de idade. A própria vidente disse ter visto uma senhora vestida de branco, com véu branco e faixa azul, e tinha uma rosa amarela em cada pé. Entre as mensagens que Nossa Senhora deu a ela, há também a promessa de fazê-la feliz não neste mundo, mas no outro. Exortou-a a levar vida de sacrifício e oração, recomendando de modo especial que o santo rosário fosse recitado. Disse-lhe três vezes: "Penitência! Penitência! Penitência!", convidando-a a comer erva e com as mãos abrir um buraco do qual depois saiu a água milagrosa, graças à qual houve e continuam acontecendo inúmeras curas e conversões.

Na aparição de 25 de março, Maria revelou que ela era a Imaculada Conceição. Bernadette disse: "Ela elevou os olhos para o céu, juntando as mãos em sinal de oração, e estavam esticadas e abertas para a terra, e me disse no dialeto local: 'Que soy era Immaculada Councepcion'".

Bernadette não sabia o significado dessas palavras e teve de lutar para se lembrar delas. Ela mesma contou que, assim que a aparição acabou, ela fugiu e continuou todo o caminho repetindo-as continuamente, a fim de não esquecer e ter condições de relatá-las fielmente ao pároco, que ficou muito impressionado. Ela desconhecia que essa expressão teológica se referia à Santíssima Virgem e que quatro anos antes, em 1854, papa Pio IX havia definido o dogma da Imaculada Conceição.

Quanto à Imaculada Conceição, é assim que Carlo se expressava:

Mãe de Deus. A criatura subiu ao infinito. Dando-se a Deus, entregando-se a Deus, ela se encontra Mãe de Deus. Agora temos um de nós elevado, sublimado, "celestializado".

O SEGREDO DO MEU FILHO – Por que Carlo Acutis é considerado santo

Mãe de Deus: três palavras, cinco sílabas, nove letras, um poema. O universo deve ter tido um estremecimento. Todo o universo foi afetado de alguma forma. Além disso, também o céu, os anjos, os arcanjos, os tronos, as dominações, virtudes, os poderes, principados, querubins, serafins devem ter percebido o evento. Somos nós os superficiais, os incipientes, os tolos. Devemos sentir-nos nesta beatificante situação. Aquela que foi preservada do pecado original, prenunciada pelo Pai, maternizada pelo Espírito Santo, é uma de nós. Não é que possamos pronunciar as palavras "Santa Mãe de Deus" com hábito e familiaridade e superficialidade. Devemos pensar nelas teologicamente, espiritualmente. Mãe de Deus: estar com um ente. O infinito com o finito. O eterno com o tempo. O Criador com a criatura".

De Lourdes continuamos nossa jornada e fomos à Espanha. Como primeira pausa, paramos em Burgos, onde estão a bela catedral e o mosteiro cartuxo de Miraflores. Ali os monges recebem intenções de oração e celebram missas gregorianas. Carlo comprou um rosário feito pelos próprios monges com as pétalas de rosa comprimidas. Delas, ainda hoje, conservou-se o aroma.

No dia seguinte, assistimos à missa e continuamos nossa viagem diretamente a Madri. No porta-malas tínhamos latas de dez litros de água benta que pegamos em Lourdes. Estavam bem visíveis e atraíram a atenção de alguns espanhóis que, observando-nos, puseram-se a rir simpaticamente. Provavelmente estavam acostumados a ver os turistas vindos de Lourdes carregados de garrafas.

Em Madri nos divertimos muitíssimo. A beleza da cidade causou impacto. Chegados a Puerta del Sol, encontramos, em uma pequena loja, um casaco vermelho para Briciola com a imagem do touro preto, que é um dos símbolos da Espanha. Trajando esse casaco, Briciola parecia autêntico "tourinho" em miniatura, e rimos bastante.

Dentre os museus que visitamos, memorável foi o do mosteiro das Descalzas Reales, onde ainda residem as monjas Clarissas. Durante a visita guiada, levamos o cachorro conosco. Disseram-nos por telefone que era proibido entrar com animais, mas avó Luana, para não deixar a cachorrinha sozinha no hotel, decidiu arriscar e carregá-la consigo, escondendo-a em sua bolsa. A visita ao museu do mosteiro durou muito tempo, parecia nunca acabar. O guia, durante suas explicações, de vez em quando parava e fazia longas pausas de silêncio, convidando os presentes a meditar. Briciola inevitavelmente começou a fazer pequenos grunhidos e, muito envergonhados, nos alternávamos com a avó e Carlo simulando tosses irritadas e compulsivas. Carlo se divertiu muito filmando todas as cenas com sua câmera, e daí originou-se o filme *Pânico no museu*.

Lembro-me de um dia no mar, em Palinuro. Estava lá também Umberto, primo de Carlo. Ambos tinham cerca de treze anos e eles recentemente tinham feito amizade com crianças de Nápoles. Enquanto estavam brincando juntos em nosso terreno, um deles, para se divertir, atirou uma pedra numa lagartixa, matando-a. Carlo ficou muito desgostoso por causa da pobre lagartixa, a ponto de quase chorar. Tentei consolá-lo, dizendo que a lagartixa estava agora no céu com Jesus. Estava muito zangado porque dizia que a lagartixa era uma criaturinha indefesa, que não tinha feito mal a ninguém.

O SEGREDO DO MEU FILHO – Por que Carlo Acutis é considerado santo

Outra vez meu filho e eu fomos à casa dos seus amigos em Assis, Jacopo e Mattia, e os primos deles também estavam lá. Estes, por pura diversão, com uma vassoura começaram a molestar o cachorro do tio que estava no quintal da casa onde eles brincavam. Carlo ficou com raiva e confiscou a vassoura, avisando que não se deve fazer nenhum mal aos animais para se divertir: ainda temos uma foto dele com a vassoura na mão.

Quando estávamos em Assis, íamos à piscina municipal, e Carlo, muitas vezes, além de ajudar os salva-vidas a limpar a piscina, também era o "salva-vidas" dos insetos que caíam na água e corriam o risco de se afogar.

Lembro que, em dezembro de 2000, tínhamos acabado de chegar a Assis e estávamos hospedados num hotel próximo à igreja São Pedro. Lá estavam Carlo, a avó e os cachorros. À noitinha saímos para passear com os cachorros, antes de dormir. Assim que chegamos ao jardim diante da igreja São Pedro, nós os soltamos da coleira para fazê-los correr um pouco. Nunca teríamos pensado que o pequeno muro no fundo do jardim era, na verdade, um muro de contenção com cerca de quinze metros de altura. Os cães, assim que soltos, correram direto para o muro e pularam, mergulhando no vazio. Estávamos convencidos de que nada mais havia a ser feito. Em vez disso, Carlo orou a Jesus, confiante de que ele os teria protegido. E assim foi. Descemos a rua e passamos sob o arco da Porta San Pietro, viramos para alcançar a parte mais baixa sobre a qual estava o pequeno muro. Maravilhados, encontramos os cães sãos e salvos, abanando o rabo, felizes por rever-nos. Esse episódio foi um

– 236 –

sinal óbvio de como também nesta ocasião as orações de Carlo foram ouvidas pelo Senhor. Naquela mesma noite, ouvi uma voz que me disse: "Jesus salvou-os para Carlo".

O amor que Carlo nutria pela natureza, que, para ele, era o reflexo do amor de Deus pelos homens, o aproximara muito de São Francisco. Não por acaso, o poema favorito de Carlo era o Cântico das Criaturas, onde o pobrezinho louvava a Deus pelas belezas da criação.

Às vezes, Carlo olhando para o céu e as belas paisagens se emocionava, pensando nas palavras do Salmo 8:

> Quando vejo o céu, obra de teus dedos, a lua e as estrelas que fixaste, que é o homem, para dele te lembrares, e um filho de Adão, para vires visitá-lo? E o fizeste pouco menos do que um deus, coroando-o de glória e beleza, para que domine as obras de tuas mãos; sob seus pés tudo colocaste: ovelhas e bois, todos, e as feras do campo também; as aves do céu e os peixes do mar, quando percorrem as sendas dos mares. Ó Senhor, nosso Deus, quão poderoso é teu nome em toda a terra.

Carlo se perguntava como era possível que muitas pessoas ainda pudessem ter dúvidas sobre a existência de Deus, olhando a perfeição da natureza. Acima de tudo, era difícil para ele entender como tantos homens cientistas preferiam refugiar-se por trás de qualquer teoria, até a mais fantasiosa, jogando no lixo seu rigor científico, a fim de negar a existência de um Deus Criador. Como escreveu Martin Nowak, professor de matemática e biologia na universidade de Harward, a respeito da teoria da evolução, que é frequentemente citada como prova contra a existência de Deus:

Uma interpretação puramente científica da evolução não gera um argumento a favor do ateísmo. A ciência não refuta Deus, nem substitui a religião. A evolução não é um argumento contra Deus, não mais do que a gravidade. A evolução explica o desenrolar da vida no planeta. O Deus do cristianismo é aquele sem o qual não haveria nem evolução nem todo o resto.

Antes de Carlo, eu nunca tinha encontrado uma criança capaz de se surpreender com a beleza de um pôr do sol, ou com a majestade de uma paisagem montanhosa. Num verão, uma parente que viera nos visitar em Assis lamentou-se porque dizia, acerca das caminhadas nas montanhas, que eram todas iguais, e nada mudava. A partir de então Carlo, assim que alguém não mostrava valorizar a natureza, brincando com a gente, dizia, irônico: "É tudo igual, é tudo igual, qual é a diferença?".

Carlo gostava muito da criação e de estar no verde. Um dos seus passatempos favoritos em caminhadas era construir cruzes com a madeira que encontrava no chão e depois espalhá-las ao longo do caminho: apreciava a ideia de que alguém, encontrando-as, ter-se-ia lembrado de Jesus crucificado por amor dos homens.

No verão, Carlo criava "missões" de limpeza de papel usado que encontrava nas caminhadas que fazíamos junto com os cães ao longo das montanhas da Úmbria. Na montanha de Subasio, encontrávamos de tudo: garrafas de vidro quebradas, com pedaços de vidro pontiagudos espalhados que podiam ser muito perigosos e machucar alguém, tampas enferrujadas ou tocos de cigarros, restos de papelão e também seringas usadas por algum dependente químico. Para isso se tinha munido de luvas e um bastão cata-papel que ganhou de presente. Fez a mesma coisa no verão à beira-mar: colocou a máscara e foi buscar os pedaços de plástico que a maré ocasionalmente trazia ao longo da praia.

Os primos se lembram de como Carlo os repreendia quando deixavam a torneira aberta, e assim a água corria inutilmente, ou uma lâmpada acesa quando saíam de uma sala. Brincando, chamava a terra de "lata de lixo giratória", porque dizia que, com o lixo compulsivo que é feito de coisas, mais cedo ou mais tarde acabaríamos submersos no lixo. Nas palavras do teólogo Albert Schweitzer: "O homem perdeu a capacidade de prever e prevenir. Acabará destruindo a Terra".

A indiferença aos desastres ambientais que afetam toda a criação, da qual o homem é a primeira vítima, foi para Carlo o espelho de uma humanidade cada vez mais distante de Deus, que rejeita seu amor. Carlo considerava os danos à criação uma campainha de alarme da posição desrespeitosa que os homens assumiram em relação à natureza. Dizia que a nossa sociedade já não reconhece na natureza que a rodeia os vestígios de Deus. Sabemos como nos diz São Paulo em sua Carta aos Romanos: "Sabemos bem, em fatos, que toda a criação geme e sofre até hoje as dores de parto" (Rm 8,22), esperando a total redenção que restaurará e completará toda a harmonia da criação em Cristo. Nele, "todas as coisas se resumem, as do céu e as da terra" (cf. Ef 1,10). O Evangelho de Marcos nos leva de volta àquilo que Jesus ordenou: "Ide por todo o mundo e pregai o evangelho a toda criatura" (Mc 16,15). Como a palavra grega "criação" (*ktísis*)

O SEGREDO DO MEU FILHO – Por que Carlo Acutis é considerado santo

indica criar como ato (a criação) e as criaturas e o conjunto de realidades criadas (o criado), é evidente que toda a criação é a destinatária do anúncio evangélico. Podemos dizer que existe uma vocação planetária para o encontro com Deus. O ser humano não é o único protagonista da história da salvação, mas toda a criação participa desse dinamismo salvador. Como São Paulo escreve em sua Carta aos Romanos: "Desde a criação do mundo, as suas perfeições invisíveis podem ser contempladas com o intelecto nas obras que ele fez, como o seu eterno poder e divindade" (1,20). Certamente, se Carlo estivesse vivo hoje, estaria inteiramente de acordo com a abordagem dessas questões ambientais que papa Francisco tem em sua Carta Encíclica *Laudato Si'*. Aqui, o papa exorta a adotar uma aproximação ecológica integral na consciência de que tudo está conectado. A ecologia integral inclui interações entre o ambiente natural, a sociedade e suas culturas, as instituições, a economia. Nesta interconexão, atenção especial deve ser dada a retribuir dignidade aos excluídos, cuidando da natureza. Papa Francisco, no parágrafo 139, escreve:

É fundamental buscar soluções integrais que considerem as interações dos sistemas naturais entre si e com os sistemas sociais. Não há duas crises separadas: uma ambiental e outra social; mas uma única e complexa crise socioambiental. As diretrizes para a solução requerem uma abordagem integral para combater a pobreza, devolver a dignidade aos excluídos e, simultaneamente, cuidar da natureza.

Quando íamos a Turim visitar nossos avós, para chegar ao morro onde moravam, passávamos em frente à fábrica da Fiat. Diante dela podem-se ver barracas. Carlo ficou escandalizado que aquelas pobres pessoas tivessem de viver em tais condições, e disse que cada município deveria ter-se organizado com áreas adequadas com todos os serviços necessários e pensar também nessas periferias.

O ambiente em que vivemos está intimamente conectado com o homem, que Deus designou para sua salvaguarda. Mesmo que os estilos de vida dominados pela tecnologia aparentemente pareçam ter dado bem-estar maior para ao homem, iludindo-o de ter ao alcance das mãos a felicidade, por outro lado esconde uma degeneração cada vez mais preocupante da relação entre os seres humanos e a relação homem-terra. "A tecnologia é o nosso destino hoje", escreve o filósofo Anders. Ela corre o risco de ser para nós semelhante àquela "semente de fogo" que o mítico Prometeu roubou de Zeus, sob a ilusão de ter resolvido todos os problemas. Se não for usada bem, pode sair pela culatra no homem, basta pensar na bomba atômica, uma verdadeira caixa de Pandora.

Carlo conversava conosco sobre esse assunto; ele achava que a técnica tinha o potencial de melhorar drasticamente a vida do homem, mas tudo depende do uso que dela se faz. Meu filho, em particular, tinha uma percepção clara de que poderemos dizer que melhoramos nossa condição humana graças à tecnologia apenas se deixarmos um mundo melhor para as gerações futuras, isto é, se o bem-estar material conquistado puder ser mantido, preservando-se o capital natural recebido. Portanto, a técnica deve servir para permitir o progresso material em uma economia circular sustentável. Como o papa Francisco escreve em *Laudato Si'*:

Até os recursos da terra são saqueados por causa de formas de compreender a economia e a atividade comercial e produtiva muito atrelada ao resultado imediato. Perda de florestas e bosques implica, ao mesmo tempo, a perda de espécies que poderiam constituir recursos no futuro extremamente importantes, não apenas para nutrição, mas também para o tratamento de doenças e para vários serviços. As diferentes espécies contêm genes que podem ser recursos-chave para responder no futuro a alguma necessidade humana, ou para resolver alguns problemas ambientais.

Mas se o mundo for melhor, não será medido apenas pelo bem-estar material, mas sim pelo grau em que as pessoas corresponderão à sua vocação, ou seja, o motivo pelo qual foram criadas, que é o Amor: amar "o Deus amor" por si mesmo e o próximo por amor a Deus. O progresso tecnológico é uma solução, e não um problema, desde que seja usado por pessoas boas. E aqui no fim das contas a responsabilidade está nas mãos de cada indivíduo. É inútil reclamar do que os outros estão fazendo, se não formos os primeiros a usar nossa engenhosidade para realizar ações virtuosas. A soma de comportamentos virtuosos leva a uma sociedade virtuosa e, portanto, sustentável. Ser cegos diante do Apocalipse, como diria Günther Anders, indiferentes e acostumados com convulsões ambientais, criou uma sociedade desumanizada, que parece pensar somente no consumo. Bento XVI reiterou, em uma de suas homilias:

Há muitas formas de deserto. Há o deserto da pobreza, o deserto da fome e da sede, há o deserto do abandono, da solidão, do amor destruído. Há o deserto das trevas de Deus, do esvaziamento das almas sem mais consciência da dignidade e do caminho do homem. Os desertos exteriores se multiplicam no mundo, porque os desertos internos se tornaram tão amplos. Portanto, os tesouros da terra não existem mais a serviço da construção do jardim de Deus, no qual todos podem viver, mas são subservientes aos poderes da exploração e da destruição.

Como afirma Arne Naess, teórico da *Deep Ecology*:

Até o momento, há essencialmente uma lamentável subestimativa do potencial da espécie humana. Nossa espécie não está destinada a ser a praga da Terra. Se o homem é destinado a ser algo, provavelmente é ser aquele que, conscientemente alegre, capta o significado deste planeta como uma totalidade ainda maior em sua imensa riqueza.

Recordo que, poucos dias após a sua morte, em oração dirigi-me a Carlo para pedir-lhe que me desse um sinal acerca de uma dúvida que eu tinha e me causava mal-estar e preocupação. Na verdade, eu me sentia angustiada com a ideia de que os animais terminariam em nada após a morte. A Igreja nunca definira de forma exaustiva esse ponto. Tendo tido muitos animais no decorrer da minha vida, me consolava a ideia de que, depois da morte, eu encontraria todos, como entre outras coisas assegurou o santo papa Paulo VI a uma criança desconsolada com a perda de seu querido cachorrinho. Disse a Carlo: "Se após a morte os animais também vão para o céu, vem me visitar em sonho com meu cachorro Billy, de quando eu era menina e a quem tanto amei". Eu fiz esse pedido em segredo, convencida de que meu filho me daria um sinal. E a resposta não demorou a chegar. Antecipo que não falei com ninguém acerca do meu pedido a Carlo. Poucos dias mais tarde, minha tia de Roma me ligou para dizer que havia sonhado com Carlo com meu cachorro Billy.

Outra confirmação que tive acerca da sobrevivência dos animais, mesmo depois da morte, veio a mim pela porteira do edifício em Milão, onde vivemos. Uma senhora tinha perdido seu querido cão, atropelado por um carro. Estava desesperada. Naquela mesma noite, ela sonhou com Carlo com seu cachorro, brincando juntos. Esse fato a tranquilizou tremendamente, e ela quis me contar logo.

Em 2019, Briciola, cachorra de Carlo, foi para o céu. Eu era muito apegada a ela porque, especialmente após a partida do meu filho, tornara-se para mim uma espécie de relíquia viva. Infelizmente, nos últimos meses, piorou muito, ela já tinha quinze anos. Ela nasceu no dia de São Francisco de Assis, 4 de outubro de 2004. Também nessa ocasião, Carlo me deu um belo sinal: apareceu num sonho com Briciola nos braços de um padre na mesma noite em que a cachorra morreu. Afinal, Carlo, já em vida, tinha certeza de que os animais não acabariam no nada.

Falando em animais, um dia Carlo me contou um episódio ligado a São João Maria Vianney, Cura d'Ars:

Em 1852, São João conheceu dois homens na rua. Um deles se chamava François Dorel, e era incrédulo na fé e muito afastado de Deus. Para agradar a um de seus amigos, tinha ido com ele para Ars. Ele propositalmente tinha levado consigo seu cão de caça, pois não queria ser confundido com os outros peregrinos que iam até o santo padre que confessava dia e noite, e era considerado por todos um grande taumaturgo.

Os dois viajantes entraram na aldeia no momento em que o Cura, atravessando a praça entre duas fileiras de peregrinos, avançava lentamente, com seu gesto habitual de bênção. François Dorel, curioso do espetáculo, tinha se misturado com a multidão, e o santo Cura chegou à frente dele, parou, fixando primeiramente o cão e depois o caçador. Com ar sério, pronunciou estas palavras: "Senhor, seria desejável que sua alma fosse tão bela como seu cão". O homem profundamente afetado corou e abaixou a cabeça, entrou na igreja, foi se confessar pela primeira vez e depois tornou-se religioso.

Enquanto estávamos em Assis, Carlo confidenciou-me que, olhando a criação, a natureza, o céu, as estrelas, os animais, se comovia porque traziam-lhe à mente Deus e sua grandeza. Como nos diz a Escritura: "Pela grandeza e beleza das criaturas por analogia se contempla seu autor" (Sb 13,5).

Desejo concluir citando os maravilhosos versos escritos por Leopardi em seu poema *O infinito*:

Mas sentando e olhando, intermináveis
Espaços além daquela, e sobre-humanos
Silêncios, e profundíssima calma
Eu no pensamento me finjo; onde por pouco
O coração não se espanta. E como o vento
Ouço farfalhar entre estas plantas, eu aquele
Infinito silêncio a esta voz
Vou comparando: e me sobrevém o eterno,
E as mortas estações, e a presente
E viva, e o som dela. Então, entre esta
Imensidão se afoga o pensamento meu:
E o naufragar me é doce neste mar.

Um anjo caminhará à sua frente

Carlo sempre nutriu grande devoção ao anjo da guarda. Desde pequeno, orava todos os dias a seu anjo da guarda, experimentando sua ajuda concreta naquilo que lhe pedia. Sua relação com esses mensageiros de Deus começou muito cedo. As leituras das manifestações angélicas na vida dos santos contribuíram muito para fortalecê-lo na fé nesses mensageiros celestiais. Quando Carlo tinha cerca de sete anos, fizemos uma viagem cultural na Itália com sua avó. Fomos visitar Florença, depois Pisa e finalmente Lucca, para conhecer as belezas artísticas das quais nosso país é muito rico. Nós estávamos hospedados junto a algumas irmãs que viviam justamente no centro de Florença, perto da igreja de Santo Ambrósio, um lugar especial por ter sido privilegiado por dois milagres eucarísticos acontecidos em 1230 e 1595. O primeiro aconteceu no dia 30 de dezembro de 1230. Um padre chamado Uguccione, após haver celebrado a missa, não percebeu que algumas gotas de vinho consagrado ficaram no cálice e se transmutaram em sangue. No dia seguinte, voltando para celebrar a missa na mesma igreja, encontrou dentro do cálice gotas de sangue vivo coagulado e encarnado. O sangue foi imediatamente coletado em uma ampola de cristal. O outro milagre aconteceu na Sexta-feira Santa do ano de 1595. Uma vela acesa caiu no chão inadvertidamente

O SEGREDO DO MEU FILHO – Por que Carlo Acutis é considerado santo

e incendiou a capela lateral, chamada do Sepulcro. As pessoas imediatamente correram para apagar o fogo e foi possível salvar o Santíssimo Sacramento e o cálice. No tumulto geral, da píxide que continha algumas hóstias consagradas, caíram seis partículas no tapete incandescente que, não obstante o fogo, foram encontradas intactas e unidas entre si. Em 1628, o arcebispo de Florença, Marzio Medici, após examiná-las, encontrou-as não corrompidas e, portanto, as colocou num precioso relicário. Cada ano, durante as Quarenta Horas que se celebram em maio, as duas relíquias são expostas juntas.

Já então, Carlo estava muito fascinado por esses prodígios eucarísticos e gostava de visitar esses lugares sagrados. Em Lucca fomos ao túmulo onde os restos mortais do corpo intacto de Santa Zita estão guardados, na Basílica de São Frediano. Além de padroeira da cidade, Santa Zita é também padroeira das donas de casa e empregadas domésticas. Na verdade, aos doze anos começou a trabalhar como empregada doméstica da família Fatinelli, e viveu e trabalhou nessa casa até a morte. Muitos eram os milagres atribuídos à sua intercessão, que realizou quando ainda estava viva. Era frequentemente assistida pelos anjos, e é por isso que Carlo queria ir a essa igreja de propósito, a fim de implorá-la e pedir-lhe ajuda com seu anjo da guarda para instaurar uma relação cada vez mais especial. Um dos milagres de que Santa Zita foi protagonista é o do "manto". Uma noite, durante a missa da vigília de Natal, enquanto a santa estava saindo para ir à missa, encontrou o patrão que, preocupado com o frio intenso que fazia, para que não adoecesse, insistiu para que Zita usasse o manto dele revestido de peles. Chegando à porta sul da igreja, ela viu um pobre homem, mal vestido e tiritando de frio. Comovida com a situação do homem, emprestou-lhe o manto, pedindo para devolvê-lo no final das funções, pois pertencia a seu patrão. Zita mergulhou de tal forma na oração que não percebeu que havia ficado sozinha na igreja e que todos já haviam saído. Quando ela saiu, o pobre não estava lá. Desesperada com a perda do manto, voltou para casa. O patrão ainda estava de pé e, quando a viu sem o manto, começou a repreendê-la. Pouco depois, ouviram bater à porta um jovem muito belo, carregando no braço o manto. O misterioso personagem agradeceu à mulher diante do patrão por tê-lo protegido do frio e logo desapareceu num halo de luz. Era um anjo, e, a partir de então, a porta sul da Basílica passou a ser chamada "Porta do Anjo". O milagre é lembrado no vitral da supracitada porta. O próprio Dante Alighieri, seu contemporâneo, citou várias vezes Zita em *A divina comédia*, muito antes de ela ser canonizada oficialmente.

Paramos uma noite em Lucca e, no dia seguinte, fomos primeiramente à igreja onde estão os restos mortais de Santa Gema, e depois visitamos a casa dos Giannini. Ali, após o desaparecimento dos pais, a santa foi acolhida e viveu o restante dos seus dias. Carlo ficou muito impressionado ao ouvir a narrativa que uma das freiras zeladoras da casa-museu nos fez, sobre a relação estabelecida entre Gema e seu anjo da guarda. A freira nos disse que o anjo da guarda repreendeu Santa Gema porque às vezes se distraía durante a missa ou porque se apegava demais a objetos, como lhe havia acontecido com um relógio de ouro ganho como presente. Vendo a devoção de Carlo pela

O SEGREDO DO MEU FILHO – Por que Carlo Acutis é considerado santo

santa, permitiu que se sentasse na cadeira na qual Gema normalmente se sentava. Provavelmente a freira tinha sido tocada por Carlo, tanto que me disse que ele parecia um anjinho para ela. Logo depois disso, visitamos também o quarto de Santa Gema, onde ainda havia o móvel no qual a santa costumava depositar à noite as cartas que escrevia ao seu diretor espiritual, padre Germano, que morava em Verona. De noite, o anjo da guarda vinha pegar as cartas, endereçando-as imediatamente ao seu diretor. Santa Gema nunca usou a postagem normal, porque era o seu anjo da guarda quem entregava as cartas.

Ele também ficou muito impressionado com a grande devoção aos anjos, de São Pio de Pietrelcina. Em 2001 fizemos uma peregrinação ao Santuário de Nossa Senhora do Rosário de Pompeia, e de lá prosseguimos para San Giovanni Rotondo, para visitar São Pio. Lá conhecemos um taxista que fora filho espiritual de Padre Pio; contou-nos como o santo frequentemente lhe pedia para acompanhar certas pessoas, que foram de modo especial assediadas pelo demônio, diretamente para o santuário de São Miguel Arcanjo. Carlo me pediu para levá-lo a visitar esse santuário, e o fiz com muito gosto. Grande foi sua maravilha quando viu que não estava fora, mas dentro de uma caverna muito profunda. Ficou muito impressionado com esse lugar sagrado e, a partir desse momento, adquiriu o hábito de recitar, quando estava de férias, a coroa angélica dedicada aos nove coros dos anjos. Consiste em 27 ave-marias e 9 pai-nossos para dedicar às hostes angelicais.

Também São Pio, a quem Carlo tanto amava, teve como companheiro fidelíssimo o seu anjo da guarda, que, desde a infância, o conduziu pelo caminho do bem e o encaminhou por estradas que conduzem ao céu. "Se tens necessidade, envia-me teu anjo da guarda", repetia aos fiéis. Ele tinha grande tarefa, durante as horas do dia e da noite, para ouvir as mensagens de tantas criaturas angelicais que lhe levavam as mensagens de pessoas do mundo inteiro. Em uma carta datada de 20 de abril de 1915, dirigida a Raffaelina Cerase, o santo a exorta a amar o anjo: "Adquira o belo hábito de sempre pensar nele. Ao nosso lado está um espírito celeste que, do berço ao túmulo, não nos abandona por um instante". Frequentemente, o anjo da guarda ajudou Padre Pio a traduzir as cartas que recebeu dos fiéis espalhados por todo o mundo em outras línguas, ou atuou como seu intérprete durante encontros com peregrinos estrangeiros. Sobre isso, Padre Agostino, seu diretor espiritual, testemunha em seu diário: "Padre Pio não sabe grego nem francês; seu anjo da guarda explica tudo para ele e ele me responde em forma compatível".

Com as experiências desses santos, Carlo aprendeu a dirigir-se ao anjo da guarda, para que pudesse ajudá-lo a superar seus principais defeitos. Ele dizia que os anjos da guarda não entram em lugares onde o pecado é regularmente cultivado, como certas discotecas. Quando se consente em pecar, não se desfruta da proteção deles, enquanto houver de nossa parte condescendência e comprometimento espiritual. Para Carlo, era importante instaurar uma relação pessoal com seu anjo da guarda, porque esses fiéis mensageiros são dom especial e único que Deus faz a cada pessoa individualmente. Instaurando essa relação pessoal, nós nos beneficiamos com suas inspirações.

Privando-nos da proteção especial do nosso anjo da guarda, infelizmente seremos presas fáceis dos ataques do demônio. Os anjos da guarda nos guiam desde o momento da nossa concepção, ao longo de toda a jornada de nossa vida, até acompanhar-nos no paraíso, para desfrutar da presença de Deus conosco para sempre. Se, por acaso, após a morte formos para o purgatório, também lá desfrutaremos de sua assistência e intercessão, mas ele não virá conosco se acabarmos no inferno. Padre Pio dizia que, se pudéssemos ver com nossos olhos os demônios que nos cercam, não poderíamos mais ver a luz do sol. Nos lugares onde nossa alma se sente edificada e mais perto de Deus é porque nesses lugares estão de modo especial presentes os santos anjos. Carlo dizia que o apego ao pecado e a perseverança nele, além de afastar-nos da comunhão com Deus e com os nossos anjos da guarda, nos abre ao poder do maligno, com todas as várias consequências de todos aqueles distúrbios espirituais, incluindo as vexações e as possessões diabólicas. Muitas doenças físicas e psíquicas dependem de influências diabólicas. A maneira como Satanás é particularmente bem-sucedido em criar uma devastação espiritual para as almas é fazê-las cair nas redes de todas as formas de superstição, adivinhação e de magia, que são pecados contra o primeiro mandamento, portanto pecados de idolatria, que, junto com todos os outros pecados, incluindo os da impureza, são a maneira como o demônio amarra as almas a si mesmo e, assim, impede seu progresso espiritual. Carlo dizia que, durante os exorcismos, o demônio canta vitória com os abortos, a pornografia, a imoralidade, as traições da família e todas as práticas da Nova Era que

estão se espalhando pelo mundo, porque arbitraria-
mente se substituem aos mandamentos de Deus e aos
ensinamentos de Jesus, que encontramos no Evangelho. Todas as almas próximas de Deus tiveram sempre de enfrentar o combate espiritual, muitas vezes
até brutal. Eu mesma fui testemunha de experiências
com o anjo da guarda mediante uma alma sacerdotal
favorecida por muitas experiências místicas, entre as
quais dialogar com seu anjo da guarda e o dos outros.
Muitas vezes enviei meu anjo da guarda ao anjo daquele sacerdote; embora vivesse muitos quilômetros
distante, recebia a mensagem e me dava respostas às
minhas perguntas. Mediante o anjo da guarda desse
sacerdote, recebi muitos conselhos úteis para a minha
caminhada espiritual e em várias circunstâncias.

"No fim, meu Imaculado Coração triunfará"

Carlo sempre teve grande devoção pela Eucaristia e por Nossa Senhora. Dizia que "todas as vezes que nós voltamos para a Mãe de Deus, nos colocamos em contato direto e imediato com o céu". Por pouco não entramos. Chamando-a de "Cheia de Graça", invocando-a assim, atestamos nossa confiança filial. Nós acreditamos assim. Nós a esperamos doadora de tudo de bom. De toda graça. Dizemos-lhe: rogai por nós. Ou seja, nós a convidamos a usar o seu *status* para nos ajudar. Nós nos voltamos para ela sabendo-a *Omnipotentia Supplex* (onipotente por intercessão). Sua intercessão é segura. Sua intervenção é óbvia. Sua oração é infalível. A raça humana, em Maria, era para ascender à dignidade sobrenatural. Deus associou a si uma criatura para Mãe. Mistério!

Para Carlo, eram muito importantes os lugares onde, ao longo dos séculos, a Virgem manifestou-se, tanto para fazer milagres, quanto para guiar seus filhos à verdadeira vida. É por isso que, antes de morrer, começou a realizar a mostra sobre os "Apelos de Nossa Senhora", que a seguir fomos nós a concluí-la. A última viagem que fizemos com Carlo foi em 2006 a Fátima e Espanha. Naqueles dias comemoravam-se os 750 anos do milagre eucarístico ocorrido

O SEGREDO DO MEU FILHO – Por que Carlo Acutis é considerado santo

em Santarém (Portugal) e, justamente por isso, antes de chegar a Fátima, Carlo queria visitar esse lugar sagrado. Fazia questão disso e ficou muito contente ao receber como presente medalhas comemorativas desse evento prodigioso, junto com muitas fotos para adicionar à sua exposição. Nessa pequena cidade, dois milagres aconteceram, um em 1247 e outro em 1340. No primeiro, uma jovem senhora, atacada por ciúme de seu marido, dirigiu-se a uma feiticeira que lhe sugeriu ir à igreja para roubar uma hóstia consagrada, para com ela fazer uma poção do amor. A mulher então a escondeu num pano de linho, que imediatamente se manchou de sangue. Aterrorizada, correu para casa. Quando abriu o lenço para ver o que havia acontecido, percebeu com grande espanto que o sangue jorrava direto da hóstia. Confusa, repôs a partícula em uma gaveta de seu quarto, mas desta começaram a desprender-se fachos de luz. O marido percebeu o crime e imediatamente informou o pároco, que foi à casa deles para pegar a hóstia e levá-la de volta para a igreja de Santo Estêvão em procissão solene, acompanhada por muitos religiosos e leigos. A partícula sangrou por três dias seguidos. Posteriormente, foi colocada em magnífico relicário de cera de abelhas. Em 1340, outro milagre. O sacerdote abriu o tabernáculo e encontrou o vaso de cera quebrado em muitos pedaços: em seu lugar estava um vaso de cristal e dentro dele o sangue da hóstia milagrosa misturado com cera.

Em seguida, fomos para Fátima, onde encontramos uma irmã nossa amiga, junto com o então postulador da causa da beatificação de Francisco e Jacinta Marto, padre Luis Kondor. Ele nos contou muitas coisas e nos levou a visitar uma mostra repleta de fotos inéditas sobre as aparições de Nossa Senhora, que aconteceu em Fátima, em 1917, aos três pastorzinhos: Jacinta, sete anos; Francisco, nove anos, e Lúcia, dez. Ele nos disse que Irmã Lúcia, a vidente mais velha que mais tarde se tornou freira, pouco antes de morrer tinha visto a imagem de Nossa Senhora no convento chorando. Carlo teve muitos sinais dos pastorzinhos de Fátima. Ele também tinha sonhado com Francisco, que lhe pediu para reparar e oferecer sacrifícios para que as pessoas amassem e honrassem mais a Eucaristia. Poucos dias após a morte da Irmã Lúcia em 2005, Carlo sonhou com ela enquanto lhe dizia que, com a prática dos primeiros cinco sábados do mês, os destinos do mundo poderiam ser mudados. Outra vez, quando tinha cerca de oito anos, viu Nossa Senhora de Fátima, que, durante uma procissão na igreja, parou na frente dele e deu-lhe seu coração, e ele o pousou sobre seu peito. Dizia-lhe para consagrar-se ao seu Coração Imaculado e ao Sagrado Coração de Jesus.

Carlo e eu ficamos muito impressionados com a história dos pastorzinhos. Ficou tão emocionado quando leu a história das suas vidas escritas pela irmã Lúcia em seu livro *Memórias*. Como a Virgem Maria havia previsto em 13 de junho em 1917, os dois irmãos Francisco e Jacinta morreram pouco depois, em 1919 e 1920, devido à pandemia de febre espanhola. Ao pedido feito por Lúcia: "Gostaria de pedir-lhe para nos levar ao céu", respondeu a Virgem Maria:

Sim; Jacinta e Francisco, logo trago, mas você vai ficar aqui ainda algum tempo. Jesus quer servir-se de você para tornar-me conhecida e amada. Ele quer estabelecer no mundo

O SEGREDO DO MEU FILHO – Por que Carlo Acutis é considerado santo

a devoção ao meu Imaculado Coração. Para aqueles que aceitam, eu prometerei a salvação, e essas almas serão amadas por Deus, como flores colocadas por mim para enfeitar o seu trono.

A morte de um jovem nem sempre é recebida com fé, e, após a morte prematura de Carlo, descobri que muitos de seus colegas e amigos ficaram com raiva do Senhor. Em particular, havia uma querida amiga sua. Ela me disse que seu avô tinha noventa anos, e não podia entender por que Jesus não o levara no lugar de Carlo.

Eu entendo que nem sempre é fácil descobrir os desígnios de Deus, mas sabemos que tudo contribui para o bem daqueles que o amam. O Livro da Sabedoria nos diz a esse respeito: "O justo, mesmo que morra prematuramente, vai encontrar um lugar de descanso. A velhice venerável não é a longeva, nem é medida pelo número de anos; mas cabelos grisalhos para os homens são sabedoria, a velhice é uma vida imaculada. Tendo-se tornado querido por Deus, era amado por ele e, porque viveu entre pecadores, foi levado para outro lugar. Ele foi sequestrado, para que a maldade não alterasse sua inteligência ou o engano não seduzisse sua alma, já que o encanto das coisas frívolas obscurece tudo o que é belo e o turbilhão da paixão perverte a alma sem malícia. Chegado em breve à perfeição, alcançou a plenitude de uma vida inteira. Sua alma agradava ao Senhor, então ele se apressou para sair da maldade. As pessoas viram, mas não entenderam, não refletiram sobre fato tão importante: graça e misericórdia são para seus eleitos e proteção para seus santos. Os justos, mortos, condenarão os ímpios ainda vivos; a juventude logo chegará à sua conclusão, vai condenar os ímpios, embora carregados de anos" (Sb 4,7-16). De um mal Deus sempre irá tirar o bem. O céu pensa em termos de vida eterna. Há um episódio significativo sobre a mãe de Jacinta, para perceber como os acontecimentos não podem ser julgados apenas olhando para o horizonte do tempo, que ainda é limitado, mas como eles devem sempre ser lidos com o olhar voltado à eternidade. Irmã Godinho, que tratou de Jacinta durante algum tempo quando ela foi hospitalizada no hospital de Lisboa, um dia perguntou à mãe da pequena se ela gostaria que suas filhas tivessem abraçado a vida religiosa. Falava principalmente de Teresa, de quinze anos, e Florinda, dezesseis anos. A mãe de Jacinta respondeu quase apavorada: "Deus me livre!". Jacinta não estava presente nessa conversa, mas, um pouco mais tarde, disse à freira: "Nossa Senhora gostaria que minhas irmãs se tornassem freiras. Mas minha mãe não quer e por isso Nossa Senhora as levará com ela ao céu". Logo depois disso, as duas irmãs também morreram de pneumonia. Provavelmente, Nossa Senhora, sabendo que haveriam feito escolhas contrárias ao plano que Deus tinha para elas, levou-as imediatamente ao paraíso. Meu filho estava convencido de que a beleza da vida não dependia da sua extensão, mas do fato se se conseguirá ou não colocar Deus em primeiro lugar. Para ele, esta foi uma vida de "sucesso". Ele dizia que "amar a Deus acima de todas as coisas" precisaria ser a "meta" ideal da vida de todos. Para Carlo, se esse objetivo elevado for alcançado, receberemos as chaves diretamente de Deus para abrir as portas que levam ao paraíso.

O SEGREDO DO MEU FILHO – Por que Carlo Acutis é considerado santo

Carlo dizia que o céu raciocina de forma muito diferente da nossa. Por exemplo, em aparição de Kibeho, na África, à vidente Nathalie, no dia 15 de maio de 1982, Nossa Senhora deu esta mensagem: "Ninguém chega ao céu sem sofrer... O filho de Maria nunca se afasta do sofrimento". Essa aparição foi reconhecida em 2001 e tinha impressionado muito a Carlo. Aqui Nossa Senhora pediu para rezar todas as sextas-feiras o rosário dedicado às suas dores, conhecido como o *rosário das sete dores*, prometendo a quem o recitasse as graças necessárias para se arrepender dos próprios pecados antes de morrer. Carlo o recitava frequentemente, gostava de meditar sobre os sofrimentos de Maria. Era também muito dedicado à coroazinha das lágrimas de Nossa Senhora. Também em Pellevoisin, a Virgem Maria se manifestou à jovem Estelle Faguette em 1876 e a curou de uma doença incurável. Numa de suas aparições, depois que Estelle pediu a ela para levá-la logo ao céu, a Virgem respondeu:

> Ingrata, se meu filho te deixa viva é porque tu precisas. Qual é o dom mais precioso que Deus concedeu ao ser humano nesta terra senão a vida? Dando-te a vida não creias, porém, estar isenta de sofrimento. Não, tu sofrerás e não estarás isenta de penalidades. É isto que nos proporciona méritos durante a nossa vida. Se meu filho se deixou tocar, é por tua grande resignação e paciência.

Em 1918, Nossa Senhora perguntou a Jacinta se ela queria ficar na terra um pouco mais para se oferecer e salvar os outros pecadores. A menina aceitou generosamente esta prova pelo amor de Deus, mas, como a Virgem Maria lhe tinha dito, iria morrer sozinha no hospital, sem o conforto dos entes queridos, enfrentando grandes sofrimentos causados pela pneumonia e pela operação nas costelas, a que teria de se submeter sem anestesia. Como Jesus foi perfurado por uma lança no lado, a tão pequena Jacinta também sofreu uma ferida no lado muito dolorosa, assimilando-a à Paixão de Jesus. O sofrimento é um meio de expiar o pecado do mundo, se unido ao sofrimento de Jesus e Maria. As longas horas de contemplação de Cristo crucificado e ressuscitado e da sua Santíssima Mãe aos pés da cruz (cf. Jo 19,25) conduziram Carlo a aprofundar o mistério do sofrimento humano, a origem do mal, mas, acima de tudo, o significado e o valor que a fé cristã dá às grandes questões do homem sobre a morte, o sofrimento, a doença e o destino final do homem. Carlo olhava com sadio realismo aquilo que ensina a Palavra de Deus a respeito do mal e do pecado cometido pelo homem e "a desordem que isso trouxe à vida pessoal, familiar e social". Na verdade, nas primeiras páginas das Escrituras, é mostrado a nós como a desobediência aos mandamentos de Deus por Adão e Eva tenha mudado radicalmente o destino e a vida de cada homem e de cada mulher, de toda a raça humana. Antes de pecar, eles possuíam graça santificadora e dons preternaturais, que eram: a integridade, a imortalidade, a impassibilidade e a ciência infusa. Então, após o "pecado original", apareceram a desordem, a fadiga, a doença e a morte em sua vida. Carlo dizia a este respeito:

Misteriosamente, todo sofrimento tem duas faces: a consequência de uma precedente desordem que o causou e a ação purificadora da misericórdia de Deus, perfeitamente unida à sua justiça. Deus, de fato, em sua infinita sabedoria, predispôs que o mal, fruto do pecado, isto é, da rebelião contra Deus, concorresse para o bem de quem o ama, por meio da sua purificação e santificação.

Escrevia Santo Inácio de Loyola: "Se Deus te manda muito sofrimento, é um sinal de que ele tem grandes planos para ti, e certamente deseja fazer-te santo". Famoso é o episódio de Santa Teresa de Ávila, que, enquanto estava indo para seu convento, foi surpreendida por repentina tempestade, e escorregou de seu cavalo e caiu em uma poça de lama. Ironicamente, disse a Jesus: "Se é assim que tratas teus amigos, não admira que tenhas tão poucos!". Infelizmente, o caminho que leva para a santidade é muito difícil: "Entrai pela porta estreita, pois largo e espaçoso é o caminho que leva à perdição, e muitos são os que por ele passam" (Mt 7,13). Até o heroísmo da beata Alexandrina Maria da Costa, estigmatizada, que viveu quatorze anos alimentando-se apenas da Eucaristia, não era menos. Ela dizia que o Senhor lhe apareceu e lhe deu como programa de vida "amar, sofrer, reparar". A própria Nossa Senhora lhe obteve a graça de aceitar este programa de imolação: "Nossa Senhora me concedeu uma graça ainda maior. Primeiro a renúncia, depois a conformidade completa com a vontade de Deus e, finalmente, o desejo de sofrer". Certamente, quando Carlo adoeceu, estava bem ciente dos exemplos desses santos que souberam acolher o sofrimento, sabendo que tudo concorre para o bem, se oferecido a Deus com fé e confiança. Carlo via indissoluvelmente unidas a misericórdia e a justiça de Deus que redimem o homem das consequências do seu pecado. Deus não abandona o homem em sua situação de desordem, não o deixa só, mas continuamente bate em seu coração para dar-lhe sua graça e a sua reconciliação. Todo o sofrimento humano, incluindo aquele dos inocentes, é um efeito do pecado original, uma desordem que privou a humanidade, até o fim do mundo, daquela "vida abençoada" que Deus havia pensado no paraíso terrestre, criando o homem e a mulher. Essa vida feliz, a bem-aventurança eterna, não é um sonho que falhou para sempre. Os crentes sabem que, com sua obediência aos mandamentos de Deus, sua paciência e mansidão em viver situações felizes, mas também às vezes tristes e dramáticas da vida, eles já estão a caminho para aquela vida abençoada que Adão e Eva perderam, mas Cristo Jesus nos reconquistou com sua paixão, morte e ressurreição. São duas mulheres: a primeira, da desobediência aos mandamentos de Deus, do "não" aos planos de Deus, é Eva; a segunda, a do "sim" ao plano providencial de Deus, é Maria Santíssima. Eva nasceu sem pecado original, Maria foi concebida sem culpa original em previsão da paixão, morte e ressurreição de seu filho Jesus. Nessas duas mulheres, Eva e Maria, podemos ver a situação de nós, homens e mulheres do terceiro milênio. Também nós temos a liberdade de escolher o bem ou o mal, e assim estar no caminho para a vida eterna ou a morte eterna.

Em virtude do corpo místico, do qual Jesus é a Cabeça e nós somos os membros, todas as nossas boas ações, cada oração nossa, cada um de nossos sacrifícios irá beneficiar a todos os membros deste corpo, e vice-versa, cada ação má que fazemos e ocasião perdida de fazer o bem será em detrimento de todos. Como diz São Paulo em sua carta aos Colossenses: "Alegro-me pelos sofrimentos que sofro por vós e completo na minha carne o que falta aos sofrimentos de Cristo, a favor do seu corpo que é a Igreja". Na Constituição Dogmática *Lumen Gentium* 7, a Igreja sapientemente nos recorda que: "Por isso, revivemos os mistérios de sua vida. Como o corpo à Cabeça, participando da paixão para participar também de sua glorificação".

Cristo chama também a nós para cooperar de alguma forma à redenção que ele realizou uma vez por todas, morrendo na cruz para a nossa salvação. O *Catecismo da Igreja católica* reitera no n. 1368:

> A Eucaristia é também o sacrifício da Igreja. A Igreja, que é o Corpo de Cristo, participa da oferta da sua Cabeça. Com ele, ela mesma é oferecida toda inteira. Ela se une à sua intercessão junto do Pai em favor de todos os homens. Na Eucaristia o sacrifício de Cristo se torna igualmente o sacrifício dos membros do seu corpo. A vida dos fiéis, seu louvor, seu sofrimento, sua oração, seu trabalho estão unidos aos de Cristo e à sua oferta total, e desta forma adquirem valor novo. O sacrifício de Cristo reatualizado sobre o altar oferece a todas as gerações de cristãos a possibilidade de estar unidos à sua oferta.

Na aparição em Fátima do dia 19 de agosto de 1917, a Virgem Maria exortou os pastorzinhos, convidando-os a rezar e oferecer sacrifícios: "Rezai, rezai muito e fazei sacrifícios pelos pecadores, porque muitas almas vão para o inferno, porque não há quem reze e se sacrifique por eles".

Carlo interpretou essas palavras literalmente e se sentia sempre culpado porque dizia que não estava fazendo suficientes sacrifícios e orações por aqueles que estavam longe de Deus.

Também a Escritura reitera que os sofrimentos, as tribulações, para aqueles que amam a Deus, são fonte de graças para si e para os outros: "É uma graça, para quem conhece a Deus, sofrer aflições, sofrendo injustamente" (1Pd 2,19). O mesmo *Catecismo da Igreja católica*, no n. 1473, diz-nos:

> O perdão do pecado e o restabelecimento da comunhão com Deus trazem consigo a abolição das penas eternas do pecado. Mas subsistem as penas temporais. O cristão deve esforçar-se por aceitar, como uma graça, estas penas temporais do pecado, suportando pacientemente os sofrimentos e as provações de toda espécie e, chegada a hora, enfrentando serenamente a morte: deve aplicar-se, através de obras de misericórdia e de caridade, bem como pela oração e pelas diferentes práticas da penitência, a despojar-se completamente do "homem velho" e a revestir-se do "homem novo" (cf. Ef 4,24).

Carlo sempre citava a Escritura para explicar o motivo do sofrimento, ele dizia que Cristo tomou sobre si todo o peso do mal:

> O justo meu servo justificará muitos, assumirá a iniquidade deles. Por isso eu lhe darei em prêmio as multidões, dos poderosos fará despojo, porque entregou-se a si mesmo à morte e foi contado entre os ímpios, enquanto ele carregava o pecado de muitos e intercedia pelos pecadores" (Is 53,11-12)

e tirou o "pecado do mundo" do qual a doença não é senão consequência. O profeta Isaías, apesar de escrever cerca de setecentos anos antes da vinda de Jesus, intui que o sofrimento do justo também redime os pecados de outros. Com sua paixão e morte na cruz, Cristo deu novo significado ao sofrimento e nos assimilou à sua redenção.

O apóstolo São Tiago nos convida a interceder pelos outros:

> A oração do justo feita com insistência vale muito. Elias era um homem de nossa própria natureza: orou intensamente para que não chovesse e não choveu durante três anos e seis meses. Depois rezou de novo e o céu deu chuva e a terra produziu seus frutos. Meus irmãos, se um de vós se afasta da verdade e outro o traz de volta, saiba que quem traz de volta de sua vida errada um pecador salvará a própria alma da morte e cobrirá uma multidão de pecados (Tg 5,16-20).

Quando Carlo era pequeno, Jacinta apareceu-lhe. Ela lhe disse que não há palavras na terra para descrever o horror do inferno. Justamente por isso, frequentemente fazia meditações sobre as realidades últimas, entre elas o inferno e a possibilidade de acabar nele. De vez em quando, dizia-me: "Mãe, você já parou pra pensar o que significa ir pro inferno por toda a eternidade? Imagine estar num lugar para sempre, para sempre, para sempre, para sempre...". Foi a forte conscientização do risco que muitos correm que o impeliu a montar a exposição sobre "Inferno, purgatório e paraíso". Nossa Senhora mostrou aos pastorzinhos o inferno no dia 13 de junho de 1917: No início exortou os videntes, dizendo-lhes: "Sacrificai-vos pelos pecadores e repeti muitas vezes, sobretudo quando fizerdes algum sacrifício: 'Ó Jesus, é por amor a vós, pela conversão dos pecadores e em reparação dos pecados cometidos contra o Coração Imaculado de Maria'".

Enquanto terminava de pronunciar estas palavras, Nossa Senhora abriu de novo as mãos, como nos dois meses anteriores. Pareceu que o reflexo penetrasse a terra e vimos como um mar de fogo. Imersos naquele fogo, os demônios e as almas, como se fossem brasas transparentes e pretas, ou bronzeadas, em forma humana, flutuavam no incêndio, transportadas pelas chamas que saíam delas mesmas, junto com nuvens de fumaça caindo de todos os lados, como a queda das faíscas nos grandes incêndios, sem peso e sem equilíbrio, em meio a gritos e gemidos de dor e desespero que suscitavam horror e faziam tremer de medo.

Lúcia detalhou: "Deve ter sido diante dessa visão que deixei fugir aquele 'ai!', que afirmam me terem escutado falar".

Os demônios se distinguiam pelas formas horríveis e nojentas de animais assustadores e desconhecidos, mas transparentes como pretos carvões incandescentes. Apavorados e como quem pede socorro, levantamos o olhar para Nossa Senhora, que nos disse com bondade e tristeza: "Vistes o inferno, onde caem as almas dos pobres pecadores. Para salvá-los, Deus quer estabelecer no mundo a devoção ao meu Coração Imaculado. Se fizerem o que eu vos digo, muitas almas se salvarão e terão paz. A guerra está prestes a terminar. Mas se não deixarem de ofender a Deus, no pontificado de Pio XI, outra pior começará. Quando virdes uma noite iluminada por luz desconhecida, sabei que é o grande sinal que Deus vos dá, e punirá o mundo por seus crimes, por meio da guerra, fome e perseguições à Igreja e ao Santo Padre. Para evitá-la, eu virei e pedirei a consagração da Rússia ao meu Imaculado Coração, e a comunhão reparadora nos primeiros sábados. Se escutarem meus pedidos, a Rússia se converterá e haverá paz. Se não, espalhará seus

O SEGREDO DO MEU FILHO – Por que Carlo Acutis é considerado santo

erros por todo o mundo, provocando guerras e perseguições à Igreja. Os bons serão martirizados, o Santo Padre
terá muito que sofrer, várias nações serão destruídas. Meu
Imaculado Coração finalmente triunfará. O Santo Padre me
consagrará a Rússia, que se converterá, e será concedido ao
mundo algum tempo de paz. Em Portugal, se conservará
sempre o dogma da fé... Quando rezardes o rosário, depois
de cada mistério dizei: 'Ó meu Jesus! Perdoai-nos, livrai-
-nos do fogo do inferno, levai as almas todas para o céu,
especialmente as que mais precisarem'".

Carlo estava demasiado descontente com o fato
de que muitos arriscavam perder-se por toda a eternidade, para ele era uma realidade chocante. Ele havia anotado alguns escritos de santos que descreviam
esse lugar. Usava-os para catequizar aqueles que não
acreditavam na existência do inferno. Reproduzo um
sobre o inferno, tirado do Diário da Irmã Faustina
Kowalska, a santa da Divina Misericórdia:

Hoje, sob a orientação de um anjo, estive nos abismos do
inferno. É um local de grandes tormentos em toda a sua
extensão assustadoramente grande. Estas são as várias pe-
nalidades que tenho visto: a primeira pena, aquela que
constitui o inferno, é a perda de Deus; a segunda, os remor-
sos de consciência; a terceira, a consciência de que esse destino nunca mudará; a quarta punição é o fogo que penetra
na alma, sem aniquilá-la; é uma pena terrível: é um fogo
puramente espiritual, aceso pela ira de Deus; a quinta punição é a obscuridade continua, um fedor sufocante horrível,
e embora seja escuro os demônios e as almas condenadas
se veem entre si e veem todo o mal dos outros e o próprio;
a sexta penalidade é a companhia permanente de Satanás;

a sétima penalidade é o tremendo desespero, o ódio de Deus, as imprecações, as maldições, as blasfêmias. Essas são punições que todos os condenados sofrem juntos, porém este não é o fim dos tormentos. Há tormentos particulares para as várias almas, que são os tormentos dos sentidos. Cada alma com aquilo que pecou é atormentada de uma forma tremenda e indescritível. Há cavernas horríveis, abismos de tormentos, onde cada suplício é diferente do outro. Eu teria morrido ao ver aquelas torturas horríveis, se não me tivesse sustentado a onipotência de Deus. O pecador saiba que com o sentido com o qual peca será torturado por toda a eternidade. Eu escrevo isso por ordem de Deus, para que nenhuma alma se justifique dizendo que o inferno não existe, ou que ninguém jamais esteve lá e ninguém sabe como é. Eu, Irmã Faustina, por encomenda de Deus, estive nas profundezas do inferno, com o objetivo de recontá-lo às almas e testemunhar que o inferno existe. Os demônios demonstraram grande ódio contra mim, mas, por ordem de Deus, eles tiveram de me obedecer. Aquilo que escrevi é frágil sombra das coisas que vi. Uma coisa notei, ou seja, que a maioria das almas que lá estão são almas que não acreditavam que existisse o inferno. Quando voltei a mim mesma, não conseguia me recuperar do susto, ao pensar que almas ali sofrem tão terrivelmente, por isso rezo com maior fervor pela conversão dos pecadores, e invoco incessantemente a misericórdia de Deus para elas. Ó meu Jesus, prefiro agonizar até o fim do mundo nas maiores torturas, ao invés de ofender-te com o menor pecado.

Outra passagem que frequentemente usava em suas catequeses era aquela relacionada às aparições de Nossa Senhora em Laus, na França. De 1664 a 1718, durante 54 anos, a Virgem Maria apareceu à pastora Benoîte Rencurel instruindo-a diretamente e revelando-lhe

O SEGREDO DO MEU FILHO – Por que Carlo Acutis é considerado santo

muitas coisas sobre o inferno, o paraíso e o purgatório. Um dia foi levada para ver o inferno. Era 1694, o padre Gaillard relata o episódio da seguinte maneira:

Certa vez, os demônios carregaram Benoîte para o inferno. Viu uma imensidão de pessoas, seus conhecidos, imersos até o estômago nas chamas. Ela ficou lá alguns momentos; então dois anjos vieram e a levaram para longe daquele lugar desesperador. Disseram-lhe que Deus havia permitido isso, para fazê-la ter mais compaixão pelos pecadores. O anjo também disse a ela: "Vistes, minha filha, as chamas e o fogo! Aquela pessoa tão impaciente (da qual falou o nome) virá a este lugar se não se corrigir...".

Na quinta-feira, 7 de abril de 1927, o Senhor apareceu à beata Dina Bélanger. Aqui está o relato da beata:

De 20 de março, a doença me obriga a ficar na cama. Esta manhã, antes da comunhão, o Senhor me apresentou o assunto das minhas considerações para estes dois dias, a saber, "a dor infligida em seu agonizante coração da inutilidade de seus sofrimentos por tão grande número de almas necessitadas". No momento da comunhão ele me deu seu cálice abençoado. Durante a ação de graças me mostrou, em espírito, aqueles que, aos milhões e milhões, estavam correndo em direção da eterna perdição, seguindo Satanás. E ele, o Salvador, circundado por pequeno número de almas fiéis, estava sofrendo, mas em vão, por todos aqueles pecadores. Seu coração os via cair, aos milhares, no inferno. Diante disso, eu lhe disse: "Meu Jesus, da tua parte a redenção foi completa; mas então o que pode estar faltando, já que tantas almas se perdem?". Ele respondeu: "A razão é que as almas piedosas não se associam suficientemente aos meus sofrimentos".

No dia 6 de maio, primeira sexta-feira do mesmo ano, Dina ouviu essas palavras do esposo celeste, que lhe explicava melhor por que tantas almas se perdem:

> Minha pequena esposa, se vês tantas almas caindo no inferno, é sem dúvida porque eles querem, mas também porque as almas consagradas abusam das minhas graças. Por meio da minha Santíssima Mãe e do meu Divino Coração, roga e suplica ao meu Pai Celestial para salvar e santificar todas as almas. Ora e implora para que ele santifique todas as almas consagradas. O meu coração ama infinitamente cada alma. Durante a minha vida terrena, eu não poderia fazer mais pela salvação e a santificação das almas, e desde então quero continuar a redenção através da minha vida nas almas. Reza e suplica ao meu Divino Pai. Suplicar quer dizer orar com insistência, rezar sem se cansar, rezar com a certeza de ser ouvidos. Ora e suplica.

Presentearam-nos três litografias de Salvador Dalí sobre o inferno, paraíso e purgatório, e descobrimos que a visão do inferno de Fátima converteu Dalí, que imediatamente começou a criar algumas obras de cunho religioso e eclesiástico, entre as quais a *Madonna di Port Lligat* e *O concílio ecumênico*, em homenagem ao Concílio Vaticano II, e algumas ilustrações de *A divina comédia*, encomendadas pelo governo italiano.

Após as seis aparições públicas de Nossa Senhora, Santa Jacinta recebeu várias visitas privadas da Virgem Maria enquanto estava doente e foi forçada a ficar na cama. A Mãe Celeste especificou: "Os pecados que levam mais almas ao inferno são os pecados da carne. Virão certas modas que muito ofenderão a Jesus.

As pessoas que servem a Deus não devem seguir a moda. A Igreja não tem modas. Jesus é sempre o mesmo...".

Carlo era também muito devoto de São João Bosco, que, acompanhado de seu anjo da guarda, também foi levado a visitar o inferno, onde viu que havia também pessoas jovens. Também São João dizia que o anjo revelou a ele que os pecados que levam mais almas ao inferno são aqueles contra o sexto mandamento e a imodéstia. É por isso que Carlo se importava tanto com esse mandamento e se fazia apóstolo com seus companheiros para ajudá-los a respeitar esse mandamento. Encontrei entre as anotações de Carlo algumas reflexões sobre a mensagem de Fátima que ele aproveitou, ouvindo várias catequeses e lendo alguns livros.

Quando falamos sobre a Mensagem de Fátima, fazemos referência a um conjunto de aparições que ocorreram por treze anos. Referimo-nos, em primeiro lugar, às aparições do anjo em 1916, exatamente três aparições, na primavera, no verão e no outono para os três pastorzinhos, Francisco, sua irmã Jacinta e a prima Lúcia, a mais velha, que se tornou freira e morreu em 2005. Depois temos, de 13 de maio a 13 de outubro de 1917, as seis aparições de Nossa Senhora na Cova da Iria, local onde atualmente se encontram a capelinha de Nossa Senhora e o santuário. Faz exceção aquela que ocorreu em 19 de agosto de 1917 nos Valinhos, e adiada porque as crianças foram sequestradas em 13 de agosto e colocadas na prisão. Foi o presidente da câmara quem deu ordem de prisão para descobrir qual era o conteúdo do segredo confiado por Nossa Senhora aos pastorzinhos em 13 de julho. Embora não lhes tenham feito nenhum mal físico, foram torturados psicologicamente, chegando a ponto de ameaçar fazê-los morrer cozidos em óleo fervente, se não revelassem o segredo. Precisamente essa atitude heroica dos pastorzinhos em não revelar o segredo demonstra claramente a verdade das aparições e sua credibilidade. São parte das aparições de Nossa Senhora em Fátima também aquelas aparições ocorridas na Espanha, em Pontevedra, em 1925, para a Irmã Lúcia. Aqui Nossa Senhora e o Menino Jesus pediram a devoção reparadora dos cinco primeiros sábados do mês às ofensas feitas a Maria Santíssima: "Apareceu a Santíssima Virgem e, a seu lado, suspenso em uma nuvem luminosa, um menino. A Santíssima Virgem, pondo a mão no meu ombro, mostrou-me, ao mesmo tempo, um coração coroado de espinhos que segurava na outra mão. Ao mesmo tempo, o menino disse: 'Tem compaixão do Imaculado Coração da tua Santíssima Mãe, que está coberto de espinhos que os homens ingratos em todos os momentos vos cravam, sem que alguém faça um ato de reparação para tirá-los'". Em seguida, Nossa Senhora disse:

> Olha, minha filha, o meu Coração coroado de espinhos que homens ingratos a cada momento me põem, com blasfêmias e ingratidões. Tu, pelo menos, tenta consolar-me, e dize que todos os que, durante cinco meses, no primeiro sábado, se confessarem recebendo depois a Sagrada Comunhão, rezarem um rosário, e me fizerem 15 minutos de companhia meditando os 15 mistérios do rosário, com a intenção de dar-me alívio, eu prometo assisti-los, na hora da morte, com todas as graças necessárias para a salvação dessas almas...

Um confessor da Irmã Lúcia perguntou-lhe, em 1930, por que o número cinco. Ela perguntou a Jesus, que respondeu:

Trata-se de reparar as cinco ofensas dirigidas ao Coração Imaculado de Maria:

1. As blasfêmias contra sua Imaculada Conceição.

2. Contra sua virgindade.

3. Contra sua Maternidade divina e a recusa de reconhecê--la como Mãe dos homens.

4. A ação daqueles que publicamente instilam no coração dos pequeninos indiferença, desprezo e até ódio contra essa Mãe Imaculada.

5. A ação de quem a ofende diretamente nas suas imagens sagradas.

Em 1929, em Tuy, Nossa Senhora junto com a Santíssima Trindade apareceu de novo à Irmã Lúcia. Aqui, Lúcia recebeu luzes acerca do mistério da Santíssima Trindade e da importância da santa missa como fonte de misericórdia para toda a humanidade. Mas vamos ver o relatório feito pela própria vidente em suas *Memórias*:

A única luz era a da lâmpada. De repente, toda a capela se iluminou com luz sobrenatural e sobre o altar apareceu uma cruz de luz que chegava até o teto. Em uma luz mais brilhante se via, na parte superior da cruz, um rosto de homem e o corpo até a cintura, no peito uma pomba também de luz e pregado à cruz o corpo de outro homem. Um pouco abaixo da cintura, suspenso no ar, via-se um cálice e uma hóstia grande, sobre a qual caíam algumas gotas de sangue que fluía das faces do Crucificado e de uma ferida do lado. Essas gotas deslizando sobre a hóstia caíam no cálice. Sob o braço direito da cruz, havia Nossa

Senhora (era Nossa Senhora de Fátima com o seu Coração Imaculado na mão esquerda sem espada nem rosas, mas com uma coroa de espinhos e chamas). Sob o braço esquerdo, algumas letras grandes como se fossem de água cristalina fluindo sobre o Altar, formavam estas palavras: "Graça e misericórdia". Eu entendi que me foi mostrado o Mistério da Santíssima Trindade, e recebi luzes sobre este mistério que não me foi permitido revelar...

A aparição de Tuy foi dedicada toda para a Santíssima Trindade e para nos fazer compreender o valor salvífico da Eucaristia e da intercessão do Coração Imaculado de Maria.

Quando pediram a Francisco o que mais lhe agradou das aparições, respondeu dizendo que o anjo lhe agradara muito, porém Nossa Senhora ainda mais, mas aquele que de fato lhe agradara mais que todos havia sido Deus. Francisco havia compreendido o essencial dos acontecimentos. Carlo dizia que as aparições de Fátima foram uma catequese de 360 graus. Fátima é uma mensagem única e unificada, que tem valência místico-profética. Para Carlo, o alcance apocalíptico da mensagem de Fátima não se esgotava nos fatos acontecidos em 1916 e 1917, mas continua a nos seguir mesmo depois, e continua falando-nos. As palavras do anjo e da Virgem Maria foram vividas e encarnadas na vida de Francisco, Jacinta e Lúcia, que se tornaram testemunhas concretas. Temos grande dimensão mística na mensagem de Fátima. Carlo dizia que em Fátima, do início ao fim, Nossa Senhora nos revela, de modo significativo, o amor que a Santíssima Trindade nutre por todos nós e a misericórdia que nos dá por meio do Coração Imaculado de Maria. Do começo ao fim, de 1916 a 1929, mas também depois, tudo na mensagem reflete o quanto a Santíssima Trindade tem no coração nossa salvação e nosso progresso espiritual. Os três videntes fizeram uma autêntica experiência mística de Deus. Em 1916, durante a segunda aparição, o anjo disse: "Os corações de Jesus e Maria têm para vós desígnios de misericórdia". Os corações de Jesus e Maria vos amam e têm misericórdia por vós. Também na última aparição em Tuy, a última palavra foi misericórdia, que outra coisa não é a não ser o amor de Deus que arde sobre as misérias de nosso coração. Tudo em Fátima reflete a Trindade que nos ama, tudo em Fátima estimula a experiência de Deus. Uma coisa é ter fé, mas sem haver feito experiência direta dela, isto é, ser como aqueles que acreditaram nas palavras da Samaritana, mas não fizeram uma verdadeira experiência de Deus. E uma coisa é ser crentes como os Samaritanos da segunda hora, que ao contrário fizeram experiência de Jesus, porque o viram e nos falaram, e o reconheceram como Salvador do mundo. Haver feito experiência de Deus nos torna não só crentes, mas nos abre para a fé. Carlo estava convencido de que Fátima realmente ajudava a ter uma experiência concreta de Deus. Em 13 de maio de 1917 Nossa Senhora perguntou aos pastorzinhos: "Quereis oferecer-vos a Deus para suportar todos os sofrimentos que Ele vai querer enviar para vós em ato de reparação pelos pecados com que é ofendido, e de súplica pela conversão dos pecadores?". "Sim, queremos", responderam. E depois desta resposta, Nossa Senhora

> abriu as mãos pela primeira vez, comunicando-nos uma luz tão intensa, uma espécie de reflexo que saía delas e nos

penetrava no peito e no íntimo da alma, fazendo-nos ver a nós mesmos em Deus, que era aquela luz, mais claramente de como nos vemos no melhor dos espelhos. Então, por um impulso íntimo também comunicado a nós, caímos de joelhos e repetimos com o coração: Santíssima Trindade, eu vos adoro. Meu Deus, meu Deus, amo-vos no Santíssimo Sacramento.

Aqui Nossa Senhora não fez nada além de reiterar aos pastorzinhos as mesmas palavras pronunciadas por Jesus:

Se alguém quiser vir atrás de mim, negue-se a si mesmo, pegue sua cruz todos os dias e siga-me. Quem quer salvar sua vida, vai perdê-la, mas quem vai perder a vida por minha causa, vai salvá-la. Na verdade, que vantagem tem um homem que ganha o mundo inteiro, mas se perde ou se arruína? (Lc 9,23-25).

Nossa Senhora também lhes prediz que, mesmo se tiverem de sofrer muito, a graça de Deus sempre será seu conforto. Jesus veio para nos salvar e nos restaurar em graça, mas ainda não tirou do mundo o sofrimento, deu-nos o livre-arbítrio para que, com nossas escolhas, possamos merecer ou não a vida eterna, mas nos prometeu ajudar-nos a carregar nossa cruz se confiarmos nele com confiança e amor. O sofrimento é um mistério para nós, às vezes incompreensível, mas a graça de Deus é a nossa força, a nossa esperança. São Leopoldo Mandic, à pergunta sobre como ele entendia as palavras do Senhor quando exorta para tomar a sua própria cruz, respondeu:

Não é o caso de fazer penitências extraordinárias. Nós apenas temos de suportar com paciência as tribulações comuns de nossa vida miserável: as incompreensões, ingratidões, humilhações, sofrimentos ocasionados por mudanças nas estações e na atmosfera em que vivemos...

O século passado foi palco de acontecimentos terríveis como a Segunda Guerra Mundial, os campos de concentração, os gulag, a explosão da bomba atômica, a perseguição de mártires cristãos. Tudo isso tem suscitado no homem muitas questões, incluindo a fundamental: "Mas onde estava Deus?". Justamente Fátima deu a resposta e a chave de leitura para ler os acontecimentos que assolaram todo o século XX e estão também afetando o XXI. Especialmente quando Nossa Senhora falou sobre o terceiro segredo, ela quis nos garantir que Deus não abandonou o homem, mas esteve sempre comprometido com a história. A dimensão profética de Fátima tem sido esta: mostrou-nos um Deus de tal modo preocupado conosco que vem nos falar por meio de Maria. Fátima nos desafia para que nós também nos tornemos responsáveis pela história de nossos irmãos.

Há também uma dimensão mística em Fátima; basta pensar na oração que o Anjo inicialmente pede: "Meu Deus, eu acredito, adoro, espero e te amo. Peço-te perdão por todos aqueles que não acreditam, não adoram, não esperam e não te amam". São as três virtudes teologais, fé, esperança e caridade, os três pilares do sacramento do Batismo. Aqui Deus é colocado no centro e recebe-se o convite para adorá-lo. Os santos são venerados (*dulia*), mas Deus é adorado (*latria*). Aqui são enfatizadas as principais verdades de nossa fé: Deus é uno e trino; a segunda Pessoa da Santíssima Trindade se encarnou e viveu, morreu e ressuscitou, mistério da Páscoa que se realiza na Eucaristia.

Muito importantes para Carlo eram também as orações vocais, que considerava um meio muito eficaz de unir-se a Deus. Carlo dizia que orar nos faz ver tudo do ponto de vista da Eternidade, assim as dificuldades deste mundo parecerão nada quando vistas dessa perspectiva. Mergulhar em Deus por meio do recolhimento e da oração para Carlo era como entrar no céu por uma porta secreta e sentar-se, por um momento, no próprio lugar na Eternidade. Carlo tinha um espírito contemplativo, sempre pensava em Deus, que se tornava o guia de seu coração e de suas ações.

Para Carlo, um meio muito eficaz de meditar sobre a vida de Jesus era a recitação diária do santo rosário. Maria viveu com o olhar fixo em Cristo, valorizando cada uma de suas palavras: "Ela guardava todas essas coisas, meditando-as em seu coração" (Lc 2,19). Ao recitar o rosário, viveremos esses mistérios por meio do coração de Maria e será mais fácil estabelecer a nossa vida imitando a de Jesus e de Maria. Como dizia Carlo: "Ao acolher a mensagem do Anjo que anunciou o nascimento do Salvador, com o sim, Maria nos deu o ícone ideal para modelar também a nossa vida". Fruto sublime de sua cooperação no plano de salvação de Deus foi sua maternidade universal: "É por isso que ela se tornou Mãe para nós na ordem da Graça" (LG 61). Em união com Cristo e submissa a ele, ela colaborou na obtenção da graça da salvação para toda a humanidade, de forma única e irrepetível. Sofrendo com ele moribundo na Cruz, "cooperou de forma muito especial com a obra do Salvador" (LG 61). Compêndio de todo o Evangelho, o rosário nos faz reviver os mistérios da encarnação e da redenção operadas por Jesus com Maria, para a nossa salvação.

Nossa Senhora fez quinze promessas especiais quando apareceu ao beato monge dominicano Alano de la Roche, que viveu no século XV. Em 1461, o beato Alano estava no convento de Lille, e recebeu as primeiras revelações da Virgem Maria, que lhe disse para espalhar seu Saltério e lhe falou de uma Confraria dedicada a ela. Numa de suas biografias, está dito que nosso frade "se encontrava num estado de grande sofrimento; com efeito, por sete anos tinha sido flagelado por períodos de grande aridez espiritual e tentações da carne" a ponto de, num dia indeterminado de 1464, morando como leitor no convento da Cidadela francesa de Douai, "ele até decidiu tirar-se a vida. Mas Nossa Senhora o deteve, dizendo: O que estás fazendo, miserável? Se tivesses solicitado minha ajuda, como das outras vezes, não terias corrido tanto perigo".

Porém, as tentações não cessaram, e o beato estava decidido a deixar a vida religiosa, mas Nossa Senhora uma noite, enquanto "jazia miseravelmente em gemidos mais ardentes", apareceu-lhe novamente e o "cumprimentou com muita ternura". Como mãe pressurosa, debruçou-se sobre ele e "lhe pendurou ao pescoço uma corrente trançada de seu cabelo da qual pendiam cento e cinquenta pedras preciosas, intercaladas de outras quinze, conforme o número do seu rosário". Depois de sete anos de inferno, eis que Alano começou nova vida, e certo dia, enquanto estava orando, a Virgem Maria apareceu novamente para ele, dando-lhe quinze promessas para aqueles que devotadamente recitariam seu rosário:

1. Aqueles que me servirão com constância, recitando o rosário receberão alguma graça especial.

2. A todos aqueles que irão recitar o meu rosário com devoção prometo minha proteção especial e grandes graças.

3. O rosário será uma arma muito poderosa contra o inferno, eliminará os vícios, libertará do pecado, destruirá as heresias.

4. Ele fará as virtudes e obras sagradas florescerem novamente, ele obterá para as almas abundantíssimas misericórdias de Deus; vai trazer os corações dos homens do amor vazio do mundo para o amor de Deus e os elevará ao desejo das coisas eternas. Oh! quantas almas serão santificadas com esse meio!

5. A alma que se confia a mim com o rosário não perecerá.

6. Quem recitar o rosário com devoção, com a meditação dos mistérios, não será oprimido por desgraças, não experimentará a ira de Deus, não morrerá de morte súbita, mas se converterá, se for pecador; se, pelo contrário, for justo, perseverará na Graça e será julgado digno da vida eterna.

7. Os verdadeiros devotos do meu rosário não morrerão sem os Sacramentos.

8. Eu quero que aqueles que rezam meu rosário tenham na vida e na morte a luz e a plenitude das graças; participem em vida e na morte dos méritos dos bem-aventurados.

9. Eu liberto cada dia do purgatório as almas devotas do meu rosário.

10. Os verdadeiros filhos do meu rosário desfrutarão de grande glória no céu.

11. Qualquer coisa que pedires com o rosário, tu a receberás.

12. Ajudarei em todas as suas necessidades aqueles que difundirão o meu rosário.

13. Obtive do meu Filho que os inscritos na Confraria do Rosário possam ter como confrades em vida e na morte todos os santos do céu.

14. Aqueles que recitam meu rosário são meus filhos e irmãos de Jesus Cristo, meu unigênito.

15. A devoção ao meu rosário é um grande sinal de predestinação.

São João Paulo II, para completar a vida de Cristo, introduziu também os mistérios luminosos ou da luz, que são um convite para nos conformar a Cristo, para converter-nos, para transfigurar-nos por meio da Eucaristia, cuja instituição é contemplada no último mistério luminoso, onde tudo se cumpre em Cristo. Carlo dizia que, ao rezar o rosário, revivemos a vida de Jesus e da Sagrada Família, e que eles devem se tornar o espelho no qual modelar nossa vida também. Jesus é a luz do mundo, é o farol que ilumina o mar da vida e direciona o caminho de nossas vidas para um porto seguro que se chama Trindade. Quanto aos outros mistérios do rosário, o papa Leão XIII dizia que, mediante a recitação deles, a alma rechaça os três males que impedem o seu caminho para Deus: a recusa das humildes tarefas da vida cotidiana (mistérios alegres); a aversão ao sofrimento (mistérios dolorosos); o esquecimento dos bens eternos (mistérios gloriosos). Recitando o rosário, as fases da vida de Cristo e sua Mãe irão transformar gradualmente a nossa alma. Por trás de cada mistério, oculta-se uma virtude; aquelas palavras sagradas, meditando-as, vão cavar dentro de nós e nos farão interceptar o que em nós não está de acordo com o santo Evangelho, e nos ajudarão a entender de que tipo de graça precisaremos para continuar nossa jornada. Um dos maiores devotos da Virgem Maria, São Luís Maria Grignion de Montfort, autor do *Tratado da verdadeira devoção à Santíssima Virgem Maria*, escreveu:

Lembra-te de que quanto mais deixares Maria agir em tua comunhão, mais Jesus será glorificado; quanto mais deixares Maria agir por Jesus e Jesus em Maria, mais estarás em profunda humildade e os ouvirás com paz e silêncio, sem te preocupares em ver, provar ou ouvir, pois, em todos os lugares, os justos vivem pela fé, especialmente na sagrada comunhão, que é um ato de fé: "Meu justo viverá pela fé".

Ainda em Fátima, Nossa Senhora pediu aos pastorzinhos: "Rezai o rosário todos os dias para obter paz no mundo e o fim da guerra". Muitos são os santos que têm recomendado esta oração. Irmã Lúcia de Fátima costumava dizer que "pelo poder que o Pai deu, nestes últimos tempos, ao rosário, não há problema pessoal ou familiar, nem nacional nem internacional, que não possa ser resolvido com o rosário". Até São Pio de Pietrelcina, que amava rezar muitos rosários todos os dias, em mais de uma ocasião ele rebateu a seus coirmãos qual seria seu testamento espiritual: "Amai Nossa Senhora e tornai-a amada. Sempre recitai o rosário... Falai sobre o rosário, sobre a minha Mãe Santíssima, falai às almas sobre os grandes meios de salvação: a Eucaristia e o rosário". O fundador do Santuário de Nossa Senhora do Rosário de Pompeia, tão amada e invocada por Carlo, uma vez ouviu um anjo que lhe anunciou: "Se queres a salvação, propaga o rosário. É a promessa de Maria: quem espalha o rosário vai salvar-se". E o santo Cura d'Ars dizia: "Só uma Ave-Maria bem recitada, faz estremecer o inferno". E finalmente meu filho sempre repetia: "Depois da sagrada Eucaristia, o santo rosário é a arma mais poderosa para lutar contra o diabo e está lá a escada mais curta para subir ao céu". Este pedido de sempre rezar o rosário, a Virgem Maria o renovou ao longo dos séculos em numerosas aparições; basta pensar em Lourdes, Banneaux, Beauraing, Pontmain, la Salette, Laus, Kibeho, apenas para citar algumas. Carlo também o recitava em partes enquanto ia para a escola, ou no ônibus, ou caminhando. Ele sabia que a Igreja concede uma indulgência plenária se o rosário for recitado em família, ou em comunidade, ou na igreja, ou seja, junto com alguém, e é por isso que ele sempre tentou fazer isso respeitando essas condições, para ser aplicado às almas no purgatório.

Sobre a impossibilidade de recitar o rosário juntos, recordo um episódio referido numa das biografias de São Pio de Pietrelcina. Uma sua filha espiritual, Margherita Cassano, perguntou um dia a São Pio: "Padre, disseram-me que a oração feita em comum é mais válida do que aquela recitada por si mesmo de acordo com o que Jesus disse: 'Onde estiverem dois ou três reunidos em meu nome, Eu estou entre eles' (Mt 18,20). Eu rezo o rosário sozinha em casa, sozinha na rua, sozinha no trabalho". E o padre: "E por que não rezas o rosário com o teu Anjo da Guarda? Confias a ele a Ave-Maria e a Santa Maria a reservas para ti mesma. O Ave, como nos disse São Lucas, é a saudação de Deus a Maria colocada na boca de um Anjo, portanto, é coisa boa e bonita que haja também os Anjos da Guarda a rezá-la". Assim também Carlo começou a imitar essa piedosa devota, e começou, ele também, a recitá-lo invocando seu Anjo da Guarda. A repetição faz com que os mistérios desçam da mente para o coração. Dá ritmo às nossas orações, e nos ajuda a elevar a alma ao céu.

São João Paulo II, em sua Carta Apostólica *Rosarium Virginis Mariae*, reitera no parágrafo 15:

O rosário misticamente nos transporta ao lado de Maria, comprometida com o crescimento humano de Cristo na casa de Nazaré. Isso permite que ele nos eduque e nos molde com essa solicitude, até que Cristo 'seja formado' em nós plenamente" (cf. Gl 4,19). Essa ação de Maria, totalmente fundada na de Cristo e radicalmente a ela subordinada, "não impede de forma alguma a união imediata dos crentes com Cristo, mas facilita". É o brilhante princípio expresso pelo Concílio Vaticano II, que experimentei tão fortemente na minha vida, tornando-se a base do meu lema episcopal: *Totus tuus*. Um lema, como é conhecido, inspirado na doutrina de São Luís Maria Grignion de Montfort, que assim explicou o papel de Maria no processo de conformação a Cristo em cada um de nós: "Toda a nossa perfeição consiste em estar conformado, unido e consciencioso a Jesus Cristo". Portanto, a mais perfeita de todas devoções é, sem dúvida, a que nos molda, nos une e consagra mais perfeitamente a Jesus Cristo. Ora, sendo Maria a criatura mais conformada a Jesus Cristo, segue-se que, entre todas as devoções, aquela que consagra e conforma mais uma alma a Nosso Senhor é a devoção a Maria, sua santa Mãe, e que quanto mais uma alma lhe será consagrada, tanto mais será consagrada a Jesus Cristo.

As últimas palavras de Nossa Senhora são muito importantes. Ela disse no final do famoso "segredo" de Fátima: "No fim, o meu Imaculado Coração triunfará...". É uma extraordinária mensagem dinâmica de esperança inabalável. É este o "segredo dos segredos", alma da mensagem de Fátima, a luz capaz de iluminar com sua chama ardente os nossos tempos escurecidos. É o Segredo que Jacinta recordou à sua prima como último testamento, pouco antes de ser hospitalizada em Lisboa: "Dizei a todos que Deus nos concede as graças através do Coração Imaculado de Maria.

O SEGREDO DO MEU FILHO – Por que Carlo Acutis é considerado santo

Que o povo as peça! E o Coração de Jesus quer que o Coração Imaculado de Maria seja venerado ao Seu lado...". É o admirável Segredo da mediação da Graça e da misericórdia por parte do Imaculado Coração de Maria. "É um segredo desconhecido quase por todos" (São Luís Maria Grignion de Montfort, *O Segredo de Maria*, n. 70) e que, no entanto, é dirigido a cada um de nós. Irmã Lúcia, depois que Nossa Senhora anunciou que Francisco e Jacinta os acolheria em breve no céu e ela deveria permanecer mais um pouco na terra para tornar conhecida e amada a devoção ao seu Coração Imaculado, confidenciou ao seu diretor espiritual: "Sempre recordarei a grande promessa que me encheu de alegria: 'Eu nunca vou te deixar sozinha. Meu Imaculado Coração será o teu refúgio e o caminho que te conduzirá a Deus'". Essa promessa não era só para Lúcia, mas para todas as almas que voluntariamente se refugiarão em seu Imaculado Coração, e se deixarão conduzir por ela ao longo dos caminhos que conduzem ao céu. Nossa Senhora quer ser para cada um de nós um refúgio espiritual.

A Conferência Episcopal Portuguesa, na nota para o Centenário das Aparições, expressou-se assim: "Para os pastorzinhos, o coração da Senhora era o Santuário do encontro deles com Deus". Carlo fez a consagração muitas vezes ao Imaculado Coração de Maria de uma maneira solene, mas em cada dia a renovava dizendo: "Coração Imaculado de Maria, eu me consagro totalmente a Vós, para sempre, com todos os meus entes queridos". No comentário à Mensagem de Fátima, também o papa Bento XVI, quando ainda era cardeal, confirmou que outra palavra-chave do famoso "segredo" foi a frase: "Meu Imaculado Coração triunfará".

O que significa ter um coração aberto a Deus, purificado pela contemplação de Deus, que vence guerras e misérias do mundo. O *"Fiat"* de Maria, que saiu de seu coração, reverteu o curso da história mundial, mereceu-nos o nosso Salvador. Graças a este "sim", Deus assumiu a natureza humana, tomou um coração humano, dando uma chance para todos os homens de todos os tempos para guiar sua liberdade ao Bem, para sempre. A liberdade para o mal não tem mais a última palavra. O maligno não tem poder para nos separar de Deus, se não quisermos. Jesus nos garante que Ele venceu o mundo (cf. Jo 16,33). A mensagem de Fátima convida-nos à confiança nesta promessa. Os três pastorzinhos experimentaram, por um momento terrível, uma visão do inferno. Eles viram a queda das "almas dos pobres pecadores". E Nossa Senhora lhes explica que foram expostos a esse instante para "salvá-las" e mostrar às almas um caminho de salvação. Na primeira carta de Pedro, somos informados de que "o objetivo da nossa fé é a salvação das almas" (1,9). O Imaculado Coração de Maria é indicado como um caminho para esse fim. A palavra "coração" significa, na linguagem bíblica, o centro da existência humana, onde são tomadas as decisões mais profundas, onde se orienta a nossa vontade para o bem. O "coração imaculado", explica o Evangelista Mateus, é um coração que a partir de Deus alcançou perfeita unidade interior e, portanto, "vê a Deus" (cf. Mt 5,8). Devoção ao Imaculado Coração de Maria é "aproximar-se desta atitude do coração, na qual o *Fiat* – seja feita a tua vontade – torna-se o centro informativo de toda a existência". Provocadoramente, escrevia o cardeal Pierre de Bérulle que o *Fiat* de Maria era para nós muito mais importante que o *Fiat* pronunciado por Deus durante a criação, porque "se no último criou o mundo, no primeiro tornou presente o próprio autor do mundo".

Recordo que, durante o Jubileu do ano 2000, em outubro, por ocasião da festa de Nossa Senhora do Rosário, conseguimos os ingressos para participar da cerimônia que transcorreu ao ar livre, na praça São Pedro, na presença de São João Paulo II, que havia convocado todo o episcopado mundial para consagrar o milênio a Nossa Senhora de Fátima e ao seu Imaculado Coração. Tínhamos convidado para ir conosco o primo de Roma, Umberto, junto a mamãe e papai. Carlo ficou muito impressionado com essa cerimônia, e tenho certeza de que em seu coração ele tenha rezado intensamente para muitas intenções, para todos os jovens e para que o mundo pudesse se aproximar de Deus, reservando-lhe aquele culto de louvor e adoração que são devidos somente a ele. Carlo ficou emocionado ao ver todos aqueles bispos que rezavam diante da imagem de Nossa Senhora de Fátima, que veio especialmente de Portugal. No decorrer da vida de Carlo, fizemos sete atos de entrega a Nossa Senhora do Rosário de Pompeia, que não é outra senão Nossa Senhora do Rosário, com muita bênção de um padre.

Na via sant'Antonio, em Milão, há uma pequena igreja, na qual um sacerdote, que é parte da *Associazione Maria Riparatrice*, celebra missa todos os domingos e imediatamente depois consagra a Nossa Senhora os fiéis que o desejam. Recordando o ato de entrega, ao final da cerimônia, todos recebem uma medalha milagrosa, com muita fita azul, como as cores de Maria. Carlo tinha colecionado muitíssimas dessas medalhas. Lembro que certa vez vieram de Roma visitar-nos os priminhos romanos para passar as festividades natalinas conosco. Carlo insistiu muito para que fizessem, eles também, a consagração a Nossa Senhora naquela igrejinha. Lembro que foi um dia memorável, porque, imediatamente após ter feito a consagração, atravessando Piazza del Duomo, fomos abordados por alguns jovens que pertenciam à obra do frei Ettore, um santo sacerdote que dedicou toda a sua vida para acolher homens e mulheres sem residência fixa, e cuja causa da canonização foi iniciada. Esses jovens tinham em mãos muitos rosários e nos deram muitos. Carlo e os priminhos viram isso um pouco como um sinal de complacência por parte de Nossa Senhora que, através daqueles dons inesperados, convidava a todos nós a recitar o santo Rosário e a divulgar essa devoção.

Em 2017, com meus filhos Francesca e Michele, fomos renovar a consagração a Nossa Senhora nessa igrejinha de Milão. Também dessa vez, recebemos um belo sinal. Tínhamos acabado de fazer a consagração e íamos buscar o carro. Enquanto atravessávamos a piazza del Duomo, não sei por que fui atraída pelos *outdoors* expostos fora do Museo del Novecento. Senti-me como que impelida a levar as crianças para visitá-lo. Com imensa surpresa, ao entrar no Museu, quase trombamos com a postuladora da causa de canonização dos pastorzinhos de Fátima, Irmã Ângela Coelho, que saía. Já tivera o prazer de conhecê-la por ocasião da exposição que fizeram no Santuário de Fátima, em 2016, para o centenário das aparições, em que foram expostos o rosário e a mochila que pertenceram a Carlo e haviam sido postos ao lado de alguns pertences da Irmã Lúcia. Essa freira é membro de uma congregação nascida em 1974, *Aliança de Santa Maria*, que dá continuidade à espiritualidade de Fátima, divulgando a oração do rosário e os apelos de Nossa Senhora para a reparação e consagração ao seu Coração Imaculado. Irmã Ângela viera a Milão por motivos de trabalho e ela também tivera a ideia de visitar o Museu. O fato de encontrá-la tão inesperadamente, e mais ainda em Milão, parecia um sinal da providência e uma confirmação que Nossa Senhora quer que as pessoas se consagrem ao seu Imaculado Coração.

Carlo dizia ser muito importante ajudar Nossa Senhora no acompanhamento das pessoas para que se confiem ao seu Coração Imaculado, "porto de salvação de todos os náufragos deste mundo", como a chamou Irmã Lúcia.

No dia 13 de julho de 1917, a Virgem Maria entregou um "segredo" aos três pastorzinhos dividido em três partes: as duas primeiras foram dadas a conhecer em 1942, ao passo que a última parte foi revelada somente em 2000, por decisão do papa, com um comentário do então cardeal Joseph Ratzinger, na época prefeito da Congregação para a Doutrina da Fé. A primeira e a segunda partes do segredo contêm a visão assustadora do inferno, a devoção ao Imaculado Coração de Maria, a Segunda Guerra Mundial e os problemas causados ao mundo pela Rússia e pelo ateísmo comunista. A terceira parte mostra a imagem de sofrimentos da Igreja e do papa, em quem se reconheceu papa João Paulo II.

Aos 15 de setembro de 1943, dom José Alves Correia da Silva, bispo de Leiria, visitou Lúcia, que estava muito doente. Temendo que ela morresse logo, ordenou que ela escrevesse todo o "terceiro segredo". Antes de deixar definitivamente Fátima, Lúcia, ainda jovem, tivera a visão de Nossa Senhora dizendo-lhe que, daí em diante, deveria seguir sempre aquilo que o bispo lhe ordenaria fazer, porque nele sempre se manifestaria a vontade de Deus sobre ela. Nos meses posteriores, tentou cumprir a ordem cinco vezes, entre novembro e dezembro, mas não conseguia escrever nada:

> Não sei o que há, mas, no momento em que tento aproximar da caneta ao papel, minha mão começa a tremer e não sou capaz de escrever sequer uma palavra: parece-me que não se trata de nervosismo natural, porque, quando eu começo a escrever algo diferente, minha mão é firme. Parece-me também não se tratar de temor moral, pois minha consciência age segundo a fé, e eu acredito que é Deus quem me diz para fazê-lo mediante Sua Excelência. Então não sei o que fazer.

Finalmente, aos 3 de janeiro de 1944, Irmã Lúcia conseguiu fazê-lo: "Ajoelhei-me perto da cama que, às vezes, me serve de mesa para escrever, e tentei de novo, sem conseguir fazer nada; aquilo que mais me impressionava era que eu conseguia escrever qualquer outra coisa sem dificuldade. Então pedi a Nossa Senhora que me fizesse saber qual era a vontade de Deus. E fui à capela. Senti então que uma mão amiga, afetuosa e maternal tocou-me o ombro; levantei os olhos e vi a querida Mãe celestial". Nossa Senhora lhe disse: "Não temas, pois Deus quis provar a tua obediência, fé e humildade; fica serena e escreve o que te ordenam, mas não aquilo que te é dado entender do seu significado. Depois de escrever, coloca-o num envelope, fecha e lacra e por fora escreve 'que pode ser aberto em 1960 pelo cardeal patriarca de Lisboa ou pelo bispo de Leiria'".

Naquele momento, Lúcia teve novamente uma visão:

> Senti o espírito inundado por um mistério de luz que é Deus e nEle eu vi e ouvi: a ponta da lança como uma chama que se estende até tocar o eixo da terra; e esta estremece: montanhas, cidades, vilas e aldeias com seus habitantes são sepultados; o mar, rios e nuvens saem das margens, transbordam, inundam e arrastam consigo, num vórtice, um número incalculável de casas e pessoas: é o mundo sendo purificado do pecado no qual mergulhou; o ódio, a ambição provocam a guerra destruidora; então, no batimento acelerado do coração e no meu espírito, ouvi ressoar uma doce voz que dizia: "Com o tempo, uma só fé, um só Batismo, uma única Igreja, santa, católica, apostólica. Na eternidade, o céu!" Esta palavra "céu" preencheu a minha alma de paz e felicidade, a tal ponto que, quase sem perceber-me disso, continuei repetindo por muito tempo: "O céu!", "O céu!" Assim que essa força esmagadora e sobrenatural passou, comecei a escrever sem dificuldade, aos 3 de janeiro de 1944, de joelhos, apoiada na cama que me serviu de mesa.

Sem dúvida as frases que podem ser lidas no diário de Lúcia do dia 3 de janeiro são muito fortes e dramáticas, como as imagens das águas que transbordam e matam. Já numa carta de pelo menos seis anos antes a vidente havia descrito imagens ainda mais intensas e avassaladoras. Na verdade, no final de 1937, o bispo Correia da Silva enviou para Lúcia, para verificar se o conteúdo estava correto, o rascunho da biografia sobre Jacinta escrita por José Galamba de Oliveira, publicado na primeira edição em maio de 1938. Na carta de resposta, Lúcia falou de detalhes que – entende-se – tinham relação com o segredo. Na carta, Lúcia se lamentava: "Se ao menos o mundo reconhecesse o momento de Graça que ainda lhe é concedido e fizesse penitência"; em seguida, confidencialmente: "Vejo, na imensa luz que é Deus, a terra abalar-se e tremer diante do sopro de Sua voz: cidades e aldeias soterradas, arrasadas, engolidas; montanhas de gente indefesa; vejo as cataratas entre trovões e relâmpagos, os rios e os mares que transbordam e inundam, e as almas que dormem o sono da morte!..." (e a frase termina com sinais de suspensão, semelhantes ao "etc." lido no final da "segunda parte" do segredo, após a anotação sobre Portugal aparecida na IV Memória, onde Lúcia diz que sempre manterá o dogma da fé).

Irmã Lúcia disse certa vez:

> Padre, minha missão não é indicar ao mundo o castigo material que certamente o aguarda se não se converte a tempo à oração e à penitência. Não! Minha missão é recordar a cada um de nós o perigo de perder nossas almas imortais se nos obstinarmos no pecado.

Na *Documentação Crítica de Fátima*, são reproduzidos os interrogatórios feitos aos videntes pelo Dr. Formigão. No capítulo sobre a aparição de 13 de outubro de 1917, à página 40, são reproduzidas as palavras de Jacinta: "E assumindo um aspecto mais triste: 'Não ofendam mais a Nosso Senhor, que já é muito ofendido! Se o povo se emendar, a guerra vai acabar; se não se emendar, acabará o mundo'". Também no interrogatório de 19 de outubro de 1917, a cargo de Padre Manuel Nunes Formigão na casa dos videntes Francisco e Jacinta, aquelas palavras se encontram textualmente e são pronunciadas por Jacinta, na sua oitava resposta. No mesmo dia também padre José Ferreira de Lacerda questionou as crianças. E o relatório foi um documento, mostrando que à vigésima segunda pergunta: "O que disse Nossa Senhora?", Jacinta volta a responder com este conceito: "Se as pessoas não vão mudar, o mundo vai acabar". Entre os documentos reunidos coletados nesses volumes, há finalmente uma carta de padre Manuel Pereira da Silva, que estava presente naquela aparição de 13 de outubro de 1917 na Cova da Iria, em que reportou ao seu amigo padre António Pereira de Almeida – como testemunha ocular e auricular – que ouvira as crianças falarem do "fim do mundo" se a humanidade "não fizer penitência e não mudar de vida".

A hora do triunfo do Imaculado Coração de Maria coincidirá com o advento do Reino universal do Sagrado Coração de Jesus, isto é, de Jesus Eucaristia. Como dizia São Maximiliano Kolbe: "Os tempos modernos são dominados por Satanás, e serão ainda mais no futuro. Somente a Imaculada Conceição recebeu de Deus a promessa de vitória contra Satanás. Mas, na glória do céu, ela necessita da nossa cooperação hoje. Procura almas que se consagrarão inteiramente a Ela e se tornarão em suas mãos uma força para vencer Satanás e as ferramentas para realizar o reino de Deus". No Pentecostes a Igreja foi formada e Maria estava presente e continua acompanhando-a maternamente, para interceder pelo novo Povo de Deus.

Seguir o Coração Imaculado de Maria significa deixar de julgar os outros, ação que nasce do amor próprio. Significa aprender dEla a renegar a si mesmo:

> Não julgueis, para não serdes julgados; porque com o julgamento com o qual tu julgares, serás julgado, e com a medida com a qual medires, serás medido. Por que observas o cisco no olho do teu irmão, mas não percebes a trave que tens em teu olho? Ou como poderás dizer a teu irmão: deixa-me tirar o cisco do teu olho, enquanto em teu olho está a trave? Hipócrita, remove primeiro a trave do teu olho e então verás claramente para remover o cisco do olho do teu irmão" (Mt 7,1-5).

Carlo dizia que "todo batizado é profeta". Profeta no sentido verdadeiro e preciso e completo de testemunha do amanhã. Testemunhar com a fé, professada corajosamente; com a esperança, incessantemente vivida; com a caridade, mui calorosamente cultivada e expressa. Ou seja, as virtudes teologais que o batismo infundiu devem ser cultivadas e levadas a frutificar na vida cotidiana; os outros devem perceber que têm à frente e ao lado gente que vive de espiritualidade; uma espiritualidade sofrida e ofertada. O cristão é profeta se consegue influenciar seu ambiente de modo a transformá-lo radicalmente. Para Carlo,

> ser profeta é dar ao mundo uma prova de que é contínuo, eficiente, e eficaz o contato com o céu. Contato evidenciado pelo sorriso, pela disponibilidade, pela paciência, pela compreensão, pelo inteligente saber compreender o outro. Contato profético, isto é, sobrenatural. Profecia é documentação de vida na Graça. Profecia é evidenciação

do Evangelho tornado vida e vitalidade... A cotidianidade deve ser colocada na atmosfera do batismo. Essa atmosfera é outro ar, outro clima, é outra região. Se entrarmos nessa ordem de ideias e de idealidade, a evangelização torna-se um fato novo e renovado. Fala-se tanto de "nova evangelização". É esta. Não outra!

Nossa Senhora, além de seu Imaculado Coração e do santo Rosário, deu-nos inúmeras fontes de água milagrosas, como a de Lourdes, Caravaggio, Collevalenza e muitas outras. Nessas fontes, a Virgem nos convida a viver de novo a Graça batismal, associando a elas propriedades taumatúrgicas extraordinárias, tanto físicas quanto espirituais. A respeito da água jorrada da gruta de Lourdes, Santa Bernadette disse: "Tomamos água como um remédio... é preciso ter fé, é preciso rezar: essa água não teria virtude sem fé!" Para encontrar a fonte, Bernadette teve de cavar no chão em meio à lama e à terra, figuras daquilo que cada um de nós deveria fazer dentro de si. Se formos capazes de fazer séria introspecção e exame de consciência, será consequência lógica começar um caminho de conversão sério e sincero para eliminar essa "lama" e aquelas imperfeições que turvam nossa alma. O gesto de cavar para encontrar a fonte de água equivale a cavar dentro de nós para remover esses resíduos de poeira devidos ao pecado, no qual, se não vigiarmos com seriedade, cairemos todos os dias. Em cada pessoa há uma "fonte de água viva" oculta para ser descoberta: a imagem e semelhança de Deus, coberta e suja pelo pecado. Esse convite de Nossa Senhora a Bernadette: "Vai beber na fonte e lava-te" é o mesmo que nos faz também. Carlo soube aproveitar esses lugares de Graça. Fomos muitas vezes a Lourdes, Collevalenza, Caravaggio, a Nossa Senhora do Poço em Roma, Montichiari, Banneux e muitos outros, para beber essas águas santificadas por Nossa Senhora.

Carlo dizia: o que realmente conta é a cura da alma, do nosso coração. Para meu filho, as curas físicas que ocorrem nesses lugares eram tão importantes, mas o que realmente tornava especiais esses lugares é que, mediante eles, o Senhor dá a possibilidade de arrependimento e de começar uma nova vida definida na ressurreição. Nesses lugares ocorreram curas surpreendentes, bacias refeitas, paralíticos que começaram a andar novamente, cegos que recuperaram a visão, surdos que voltaram a ouvir, mudos que começaram a falar. Mas houve também conversões de médicos e cientistas, entre eles dois prêmios Nobel. O primeiro foi Alexis Carrel, prêmio Nobel de Medicina que, como agnóstico, depois de ter ido a Lourdes em 1903, como médico seguindo um trem de enfermos, se converteu após ter sido testemunha ocular da inexplicável cura de uma jovem senhora doente terminal. Como escreveu Luis Pasteur: "Pouca ciência afasta de Deus, muita ciência aproxima de Deus". Luc Montagnier, diretor do Instituto Pasteur, descobridor do vírus HIV e prêmio Nobel de Medicina, escreveu: "Quanto aos milagres de Lourdes que estudei, creio efetivamente que se trata de algo inexplicável... eu não me explico esses milagres, mas reconheço que há curas incompreensíveis no estágio atual da ciência". "Quem beber da água que eu lhe der jamais terá sede. Pelo contrário, a água que eu lhe der se tornará nele uma nascente de água que brota para a vida eterna" (Jo 4,13-14). Todas essas fontes são um apelo ao

O SEGREDO DO MEU FILHO – Por que Carlo Acutis é considerado santo

nosso batismo. Exatamente como nos diz a Escritura no livro do Gênesis: "Ora, a terra era informe e deserta e as trevas cobriam o abismo e o espírito de Deus adejava sobre as águas"(1,2). Mediante essas águas milagrosas, a Graça nos é comunicada, se estivermos de boa fé e sinceramente dispostos a fazer uma jornada de conversão. Impressionante é a aparição de Nossa Senhora na Venezuela, em Guanare, em 1651, ao índio Coromoto, onde Maria falou explicitamente do sacramento do batismo: "Ide à casa dos brancos, para que derramem água na cabeça e assim poderdes ir para o céu".

Nesse lugar, Nossa Senhora quis deixar um sinal concreto: ela, com efeito, imprimiu sua imagem num pequeno pergaminho que ainda hoje é possível venerar no santuário a ela dedicado, exatamente como aconteceu cerca de cem anos antes em Guadalupe, México, em 1531, onde Nossa Senhora, na tilma (manto) de São João Diego, imprimiu sua imagem.

"A Eucaristia é o meu caminho para o céu"

Lemos nas *Admoestações* escritas por são Francisco de Assis e presentes em *As Fontes Franciscanas*:

Vede, todos os dias ele se humilha, como quando do trono real desceu ao ventre da Virgem; todo dia Ele mesmo vem a nós com aparência humilde; todo dia desce do seio do Pai sobre o altar, nas mãos do sacerdote. E como aos santos Apóstolos se mostrou na verdadeira carne, assim também agora se mostra a nós no Pão consagrado. E como eles com os olhos do seu corpo viam somente a Carne dEle, mas, contemplando-o com os olhos do espírito, acreditavam que fosse o próprio Deus, vendo Pão e Vinho com os olhos do corpo, devemos ver e acreditar firmemente que este é o seu Santíssimo Corpo e Sangue vivo e verdadeiro. E desta forma o Senhor está sempre presente com seus fiéis, como Ele mesmo diz: "Eis que estou convosco todos os dias, até o fim do mundo" (Mt 28,18-20)" (FF 144-145).

Jesus prometeu estar sempre conosco. Aqui está a nova e definitiva aliança com a qual Deus se ligou ao seu povo. Deus Pai revelara por meio de seu mensageiro: "Eis, a Virgem conceberá e dará à luz um Filho que será chamado Emanuel, que significa Deus

O SEGREDO DO MEU FILHO – Por que Carlo Acutis é considerado santo

conosco" (Mt 1,23). Também o profeta Isaías escrevia: "Portanto, o próprio Senhor vos dará um sinal. Eis que a Virgem conceberá e dará à luz um Filho, a quem chamará de Emanuel" (Is 7,14).

Assim Carlo comentava as palavras de Jesus quando prometeu "estar sempre conosco", até o fim do mundo.

O "convosco" significa a existência a dois. O "com" significa vida juntos. E a vida juntos significa: convivência, coparticipação, colaboração, planos a dois, interação, harmonias organizacionais, perguntas-respostas, atividades concordadas, ideias conaturais, ideais perseguidos juntos, valores vividos juntos, valores defendidos juntos, valores melhorados juntos. "Convosco": é o tabernáculo compreendido, é o tabernáculo ajudado, é o tabernáculo colaborado. As duas palavras devem ser trazidas à vida. E se tornam vida se dentro são "vida". Tomando conhecimento do tabernáculo, reapropriando-se do tabernáculo, administrando o tabernáculo, manobrando o tabernáculo, é finalmente realizado o "convosco". O programa Trinitário em relação do ser racional é claro: elevação ao estado sobrenatural, adoção filial, herança da co-eternidade.

Deus dissera a Moisés: "Eu estarei contigo" (Êxodo 3,12), e Jesus Cristo o repete a cada um de nós, batizado em seu nome, tentando viver observando seu Evangelho. Carlo estava tão ciente disso, a ponto de basear toda a sua existência no encontro diário com Jesus mediante o Santíssimo Sacramento.

Para entender a espiritualidade de Carlo, é necessário entrar no mistério eucarístico. Desde que ele fez a primeira comunhão, com sete anos, começou a ir à missa e fazer a adoração eucarística antes ou depois, todos os dias. Dizia:

Se pensarmos bem, somos muito, mas muito, mais afortunados do que aqueles que viveram há mais de 2.000 anos ao lado de Jesus na Palestina. Os Apóstolos, os discípulos, o povo daquela época, podiam encontrá-lo, tocá-lo, falar-lhe, mas eram limitados pelo espaço e pelo tempo. Muitos tinham de caminhar quilômetros a pé para encontrá-lo, mas nem sempre era possível abordá-lo, porque estava sempre cercado por multidões. Pensemos em Zaqueu que, para vê-lo, escalou uma árvore. Em vez disso, nós só temos de ir à igreja mais próxima, e temos "Jerusalém" à porta da casa!

E ainda:

As pessoas que viveram ao lado de Jesus não podiam se alimentar de seu Corpo e seu Sangue como, pelo contrário, podemos fazer nós. Não podiam fazer a adoração eucarística mediante a qual Jesus nos transfigura e nos assemelha sempre mais a Ele. Foi Ele quem nos disse "sede perfeitos como é perfeito o Pai vosso que está nos céus" (Mt 5,48), e Ele, "escondendo-se" na Eucaristia, se dá a nós totalmente, o seu Corpo, o seu Sangue, a sua Alma e a sua Divindade, e nos ajudará a realizar a nossa santificação. Jesus nos convida a ir a Ele: "Quem tiver sede venha a mim e beba: quem crê em mim. Como diz a Escritura: rios de água viva brotarão do seu seio" (Jo 7,37-38).

Para Santo Inácio de Antioquia, a Eucaristia era um "remédio de imortalidade". Para meu filho, a Eucaristia era a coisa mais sobrenatural que há na terra, porque nela está presente Deus, nosso Criador. Dizia

O SEGREDO DO MEU FILHO – Por que Carlo Acutis é considerado santo

que "se o povo compreendesse a importância da Eucaristia, haveria tantas filas para receber a comunhão, que não se poderia mais entrar em igrejas".

Foi dom Pasquale Macchi, ex-secretário pessoal do Papa Paulo VI, quem garantiu pessoalmente a maturidade de Carlo, a sua formação cristã como condição para antecipar o primeiro encontro com Jesus. Aconselhou-nos celebrar o sacramento num lugar que priorizasse o recolhimento interior, o silêncio da alma, a união do espírito com Deus. Assim, em 16 de junho de 1998, num dia maravilhoso de sol, cheio de paz e alegria, quando Carlo tinha apenas sete anos, fomos ao Mosteiro da Bernaga, em Pelego, para este importante evento.

É difícil dizer quais sensações meu filho experimentou. E quais nós experimentamos. Com certeza, a união com Jesus Eucarístico foi a partir desse momento o coração das jornadas de Carlo. A partir desse dia, começou a ir à missa todos os dias. Para ele o relacionamento com o Corpo de Cristo se tornara "VIDA". Na missa dialogava com Ele, falava-lhe, escutava suas palavras, tirava inspiração e energia para suas ações. Da missa diária jorrava sua criatividade, sua energia construtiva. Do dia da primeira comunhão lembro muitas coisas, entre elas, a viagem de carro feita a partir de Milão. Pouco antes de chegar às Irmãs, enquanto subíamos a colina que leva ao mosteiro, um pastor com um cordeirinho branco atravessou a estrada. Meu marido foi obrigado a parar o carro. Recordo o sorriso de Carlo, seu rosto alegre. Gostava demais dos cordeirinhos. Por isso disse que esse cordeirinho surgido do nada pareceu-lhe um sinal caído para ele do céu, como pequeno presente, todo e só para ele. Estava radiante. Carlo tinha ciência do que ia fazer. A Eucaristia se tornou tão importante que declarou: "Estar sempre unido a Jesus, este é o meu programa de vida". Em seu computador, depois de sua morte, encontrei anotadas estas palavras: "Amar o amanhã é dar ao hoje o melhor fruto". E certamente Carlo se confiou à Eucaristia para amadurecer aqueles frutos, graças aos quais as portas do céu são escancaradas para nós. A então Madre Superiora do mosteiro, Madre Maria Emanuela, a quem Carlo permaneceu muito próximo ao longo de sua existência terrena, dá-nos uma bela descrição daquele dia memorável:

> Está viva em mim, como em toda a comunidade monástica, a memória certamente despertada pelo voo repentino para o céu, daquele dia 16 de junho de 1998, terça-feira após a solenidade de *Corpus Christi*, o dia em que Carlo recebeu sua primeira santa comunhão no altar da nossa igreja monástica, de forma privada, ainda não tendo a idade prevista para receber o sacramento da Eucaristia com seus companheiros, mas estando já pronto e ansioso por isso. Composto e tranquilo durante o tempo da Santa missa, ele começou a dar sinais de "impaciência" à medida que se aproximava o momento de receber a Sagrada comunhão. Com Jesus no coração, depois de segurar sua cabeça entre as mãos por certo período de tempo em atitude recolhida, começou a se mover como se não conseguisse mais ficar parado. Parecia estar acontecendo algo nele, conhecido apenas por ele, algo muito grande que não poderia conter ... As freiras mais próximas do altar não podiam deixar de olhá-lo com profunda comoção, embora fosse através das sutis cortinas da grade, e adivinhar que Carlo tinha realizado o desejo

de longa espera. Por isso permaneceu no coração de todas. Fiquei impressionada com seu desenvolvimento físico harmonioso, porém mais ainda com a limpidez do seu olhar, a luminosidade do seu sorriso e a paz que podia ser lida em seu rosto nos traços tão belos! Apresentava-se um menino distinto, mas não sofisticado, simples e livre nas expressões, sempre muito educado. Recordo que dirigindo-se a seus pais o fazia com espontaneidade filial muito cordial, mas igualmente respeitosa, ouso dizer um pouco fora de uso em nossos dias! ... Além disso fiquei muito impressionada com o fato de que Carlo, tanto nessa ocasião como nas sucessivas, antes de se despedir, sempre me pedia para acompanhá-lo com a oração, para que pudesse realizar os projetos que o Senhor tinha para sua vida de estudante e rapaz pertencente a uma época histórica como a nossa...

Já anteriormente, no mosteiro de Bernaga em Perego, Carlo havia mostrado que se apossara dessa mensagem. Era um dos "locais de silêncio" da sua terra de origem, no topo de um monte, onde cada palavra que se escuta assume significados específicos. Haviam ficado impressas nele algumas frases escritas por madre Maria Cândida Casero, fundadora das monjas Romite da Ordem de Santo Ambrósio em Nemus:

O Espírito Santo é um fogo que facilmente adere às almas purificadas, como o fogo natural às folhas secas. O corpo do Senhor está na mesa! Seu lindo coração está lá, descansando nas chamas e chamas que jorram: mergulha nele! A comunhão de cada dia te dá tudo isso. Na ressurreição a alma de Jesus deu vida a seu corpo; na santa comunhão, o corpo de Jesus dá vida à tua alma... Nunca aprofundaste isso? Deus feito sacramento. Ele é vivo, verdadeiro; e há séculos os laços dos acidentes o mantêm sempre atado em estado de vítima... Bebe da hóstia santa a pureza, a vida! Seja o teu céu contemplá-la também em espírito. Delicia-te no Senhor, e ele te dará aquilo que pedes. Onde está o teu tesouro, aí estará teu coração. Jesus, teu tesouro, está sentado à direita do Pai e vive no tabernáculo santo. Aqui encerras teu coração, ao céu teu pensamento. Não querer saber nem buscar que as coisas celestes... Um dia sem comunhão pode ser comparado a um dia sem sol, sem pão, sem sorriso, sem descanso. Reza para que isso jamais aconteça por culpa tua... Esse "Pão Suprassubstancial" tem o sabor de todas as virtudes! Aproximando-te para recebê-lo, anseia por conquistar ora esta, ora aquela virtude e sê dócil às suas instruções... Quando escutas a santa missa, também tu és o oferente de tanto sacrifício, e aquele sangue preciosíssimo é também teu. Mergulha nele, com plena confiança, te comunicará o ardor de sacrificar-te com generosidade. O teu sagrado espanto, frente ao teu Deus eucarístico, se renove sempre: o corpo do Senhor está lá! Está lá o seu coração belíssimo, que jorra chamas. Está lá a alma sua imensa, mar de luz e de santidade! A comunhão de cada dia nos dá tudo isso... Seria exagero enlouquecer de amor? Aquela pequena hóstia seria capaz de incendiar o mundo: incendeia também tu! É capaz de ferir mais que espada cortante: abandona nela o teu coração! A Eucaristia é todo o céu caído cá embaixo no exílio! Quando vais à igreja, pensa: estou indo ao paraíso! A Eucaristia é uma chama. Dá amorosamente sempre voltas ao redor dessa chama, ou pequena borboleta eucarística acabarás caindo dentro e aí permanecer em cinzas. Tudo encontrarás naquela pequena hóstia, pois aí está o Tudo. É alavanca para elevar-te à santidade, centelha para incendiar-te, lavagem para tuas manchas, suplemento para tuas deficiências, porta que te introduz no céu. A alma eucarística não só vive de Jesus

Eucaristia, diariamente na Mesa Sagrada, mas tenta manter seu pensamento e seu afeto perante o trono eucarístico: sempre! Também tem cuidado para transfundir as virtudes da hóstia santa em todos os seus atos.

Ele fez suas estas palavras. Não foi por acaso que Carlo fez sua primeira comunhão precisamente neste mosteiro, onde é possível respirar muito forte essa mística eucarística. O fato de o destino de Carlo ter sido associado pela divina providência a essas santas freiras, que sempre continuaram rezando por ele mesmo depois de sua partida, eu acho que é justamente um sinal do céu, e a confirmação de como a espiritualidade de Carlo estava ligada desde o início à Eucaristia. Essas monjas, que todo o dia vivem de silêncio e oração, seguem os eventos do mundo e das pessoas que habitam o mundo com profundidade e dedicação única, e Carlo queria muito ser seguido e ajudado por suas orações. Era incrível como acompanhavam as vicissitudes de Carlo, embora permanecendo sempre dentro dos muros do próprio mosteiro. Carlo gostava muito delas. Mais uma vez quem atraiu meu filho a esse mosteiro foi a vida totalmente unida à Eucaristia que as monjas viviam lá dentro. Estava fascinado por causa da união delas com Jesus. De alguma forma, também ele desejava vivê-la com a mesma intensidade. Depois de conhecê-las escreveu: "Quanto mais Eucaristias recebermos, mais nos tornaremos semelhantes a Jesus e já nesta terra degustaremos o paraíso". Evidentemente, foram exatamente essas monjas, que Carlo definiu "tabernáculos viventes", a inspirá-lo. Carlo costumava com frequência deter-se a adorar Jesus na Eucaristia. A seus amigos, pedia que tentassem fazer como ele: "Façam como eu – dizia – e verão que revolução acontecerá dentro de vocês". Daqui, deste profundo apego à Eucaristia, também nascia seu amor pelos pequenos, pelos últimos, pelos pobres. Muitos dentre os sem-teto que foram aos funerais dele haviam sido encontrados, tenho certeza, graças ao impulso em direção a eles que lhe deu o encontro diário com Jesus na Eucaristia em que Deus, se dando a nós, nos ensina a nos doar aos outros. Como escreveu Santa Teresa de Calcutá: "Se você não sabe reconhecer Cristo nos pobres, você não será capaz de encontrá-lo na Eucaristia. Uma fé única, idêntica e igual ilumina ambas as coisas".

Quando no pai-nosso se diz "o pão nosso de cada dia nos dai hoje", a expressão "de cada dia", em grego é um derivado composto de ἐπι-ουσία, onde ἐπι significa "acima", "sobre" e ουσία significa "substância". Na Bíblia grega, isso comparece apenas duas vezes, justamente nas duas versões do pai-nosso. Foi traduzido por "de cada dia", "diário", "cotidiano", mas poderia aludir também ao pão "super-substancial", ao pão "do mundo por vir", como enfatizou o papa Bento XVI: "É o pão da vida eterna, do mundo novo, que já nos foi dado hoje na santa missa, para que o mundo futuro de agora em diante comece em nós. Com a Eucaristia, portanto, o céu vem à terra, o amanhã de Deus cai no presente e o tempo é como se fosse abraçado pela eternidade divina".

Ainda sobre este assunto, entre as anotações de Carlo encontrei esta bela meditação para explicar às pessoas como, verdadeiramente, em nosso planeta, a Santíssima Trindade, há mais de 2000 anos, tenha estabelecido morada no meio de nós:

E o Verbo se fez carne... assumindo a natureza humana, associando-a com a natureza divina em uma única pessoa divina ... e veio habitar entre nós. Mas o termo *habitar* não deve ser entendido no sentido comum de residir, de morar como se diz, de fazer a própria habitação nesta terra. Não se trata disso. Quando em nosso idioma usamos este termo – habitar –, instintivamente somos levados a pensar em algo assim: ele adquiriu uma casa em determinado lugar. Esse termo – habitar – é palavra que leva a conclusões assustadoramente redutivas. O verbo "habitar" (é verbo latino) vem do verbo "habere", que significa ter, haver, mas possui muitos outros sentidos, como "auxiliar". Quer dizer... primeiramente, haver, mas quer também dizer ter, frequentar, quer dizer possuir, quer dizer santificar, quer dizer assimilar, quer dizer conaturar, quer dizer gemelar, e muitas outras coisas... Portanto, devemos tomar esse termo... Habitou entre nós... como termo muito mais geral, muito mais universal, muito mais amplo, infinitamente mais amplo; por isso, quando eu digo: ... e o Verbo se fez carne e habitou entre nós, digo uma coisa que por si é muito redutiva, não traduzindo o pensamento do verbo inspirado pelo Evangelista João que, ao escrever mediante o Espírito Santo, quis dizer muitas coisas. Jesus, quando assumiu a natureza humana e se tornou Homem, desceu a este planeta, não como extraterrestre, mas como "Um" que habitando fora do tempo e espaço entrou, com a natureza, no tempo e no espaço e a si como que a englobou, assimilou, conaturou, gemelou. Por isso Jesus se tornou, como diz o Apóstolo Paulo: "Tudo em todos..." e então tomou deste planeta a verdadeira realidade, a verdadeira substancialidade; este planeta Terra que é parte da criação, portanto do universo. Antes da Encarnação, a humanidade, prisioneira na culpa original e atual, havia avançado nos séculos num abismo que parecia insondável, insuperável. Mas, a certo ponto, "o Amor" prevaleceu sobre a "Justiça", a "Misericórdia" prevaleceu sobre a "Pena" e o pecado foi derrotado pela Encarnação... Este planeta que viu em Ti, por uma geração, a segunda Pessoa da Santíssima Trindade, encarnada, há mais de vinte séculos, não é mais o mesmo de antes. Sim, astronômica, científica, geologicamente, pode ser o planeta de antes, mas, do ponto de vista do Evangelho, da Encarnação, não é mais o planeta de antes, é um planeta que foi englobado na Eternidade, num desígnio divino, pelo qual somos verdadeiramente imersos, há vinte e um séculos, nesse projeto. Nós devemos pensar nessa assim chamada "habitação" como uma apropriação do planeta por Jesus, aquele Jesus que se move ainda agora na Eucaristia, como na fé, no meio de nós, por isso caminha em nosso meio, vive no meio de nós, conosco reparte este quotidiano, tanto na Eucaristia como na fé; então devemos ver esta casa como verdadeiro habitar de Cristo neste planeta Terra. Vemos Jesus no meio de nós, vemos Jesus conosco, vemos Jesus verdadeiramente em nós.

Eis que a Eucaristia, uma "segunda Encarnação", vem a ser, verdadeiramente, não tanto o Sacramento entendido ritualmente, quanto o Sacramento entendido sobrenaturalmente. Por isso, quando fazemos a comunhão, Jesus, que se detém em nós quinze minutos oculto sob as espécies do pão e do vinho, substancialmente presente, verdadeiramente habita, no sentido que falei acima, ou seja, conosco reparte essa cotidianidade e continua, depois que se decompuseram as espécies do pão e do vinho, com a sua Graça, a sua morada conosco. Por isso nós nos tornamos a sua casa, a sua habitação, por isso Jesus, presente, vivo e verdadeiro, não é somente um fato de fé, não é somente um fato de "sacramentalidade", mas é um fato de "Vida"! Ou seja, Jesus está comigo e eu com Ele como um fato extremamente pessoal, individual. Esse contato direto entre mim e Jesus acontece mediante a Eucaristia e a fé. Quando Jesus veio ao planeta Terra, tentou resumir, ou como diz Paulo, recapitular em Si mesmo toda a Eternidade, toda a humanidade. A humanidade antes dEle, humanidade durante Ele, humanidade depois dEle. Isso é habitar. E Jesus, habitando neste sentido, resumiu em Si mesmo, dia após dia, hora após hora, todo o gênero humano em todos os sentidos... E então estamos diante de um milagre que realmente nos deixa maravilhados e verdadeiramente surpresos. É o milagre da redenção, é o milagre da vida de Jesus conosco, que, recapitulando toda a humanidade em Si mesmo, se tornou realmente Redentor, Salvador, Santificador, de cada um de nós.

Pierre Teilhard de Chardin escreveu: "Quando o Cristo desce sacramentalmente em cada um dos seus fiéis, não é só para conversar com ele... Toda a natureza recebe, lenta e irresistivelmente, a grande consagração".

Para Carlo "mediante a Eucaristia seremos transformados no *Amor*". Assim como o pão e o vinho, após a consagração pelo poder do Espírito Santo, se tornam o Corpo e o Sangue de Jesus, assim também nós seremos "transubstanciados" em Cristo. O próprio Jesus assegura "Eu sou o pão da vida", "Eu sou o pão vivo que desceu do céu". E reitera com autoridade que não foi Moisés que nos deu o pão do céu, mas é Seu Pai quem nos dá o verdadeiro pão do céu. É Jesus o verdadeiro Pão Vivo descido do céu que nunca perecerá, e não o que o povo de Israel comeu no deserto, o maná, que, ao contrário, é um pão que perece (cf. Jo 6,31-35).

Nas anotações de Carlo, encontrei estas belas meditações a respeito do Pão do céu:

Quando Jesus diz que não foi Moisés quem deu o Pão do céu, mas é o Seu Pai quem dá o Pão do céu, o verdadeiro, apresenta a Eucaristia. Seu grande projeto, seu plano de prestígio, seu prodigioso projeto está tomando forma, está prefigurando-se realidade. Apresenta o Pai que declara o doador do Pão, o verdadeiro: se autodefine como "o Pão de Deus". Entramos no contexto da Eucaristia. "Aquele que desce do céu": uma expressão que deve ser prontamente reescrita e meditada e estudada e contemplada. Céu: A Eternidade. Falamos da descida porque pensamos no céu como uma entidade do Acima. O termo significa simplesmente "vinda", "chegada" da Eternidade ao tempo. Do extra-espaço ao planeta Terra. Temos uma intervenção única: a Santíssima Trindade se põe em contato pessoal com o ser racional. Há um encontro que é realizado. Pão de Deus: a Vida. Então lhe disseram os Judeus: "Senhor, dá-nos sempre esse pão". E Jesus responde: "Eu sou o Pão da Vida; quem vier a mim não terá mais fome e quem acreditar em mim nunca terá sede". Aqui estamos. Jesus declara de forma inequívoca e inevitável que é "o Pão da Vida". "Pão" se define. E "da vida", preciso. Seu projeto está tomando forma em suas palavras. Promete-nos ser "alimento". Pensando bem, é de pasmar. Evento histórico. A expressão "Eu sou o Pão da Vida" significa que o peso anormal e enorme seja assumido pelo Cristo, é suportado pela natureza divina, é feito completamente celestial pela Pessoa divina, para não ter mais fome ou sede. Na verdade, Cristo está real e substancialmente presente sob as espécies ou aparências do pão e vinho. É o Pão que dá à existência a virada para o Além.

E acrescenta: "Porém, eu vos disse que me vistes e não acreditais". Acusa-os de não-fé. Tagarelam sobre a expressão incomum "Eu sou o Pão que desceu do céu". Eles se referem ao seu conhecimento. Apelam para seus conhecimentos documentais. Conhecem Maria e José. Temos preciosa demonstração ou prova da historicidade do Cristo. Para eles é uma coisa estranha, absurda, que não está nem no céu, nem na terra. Ouviram bem: "Eu sou o Pão descido do céu". Que pão é esse? De qual céu está falando? O que é essa descida? E eles discutem, e raciocinam e fazem ilações. Estão em crise. Quase angústia. Jesus os enfrenta: "Não murmureis entre vós. Ninguém pode vir a mim, se não o atrair o Pai que me enviou; e eu o ressuscitarei no último dia. Em verdade em verdade eu vos digo: quem crê tem a vida eterna" (Jo 6,47). Jesus os leva para o campo da sobrenaturalidade. Jesus explica: "Se alguém comer deste pão viverá para sempre, e o pão que darei é a minha carne para a vida do mundo" (Jo 6,51). Ele especificou sua vontade: ele quer dar-se em comida e bebida. Não faz teoria. Não se entrincheira no Absoluto. Não complica com raciocínios intricados. Fala de maná, de deserto, de pais, de mortos. Quanto a isso não podem contestar. Isso não complica o raciocínio obscuro. Fala de maná, de deserto, de pais, de mortos. Sobre isso não podem contestar. A Bíblia está aí na sinagoga e todos podem ser resposta. A Bíblia está na sinagoga e todos podem ler e recordar. Mas logo, como raio em céu aberto, acrescenta que Ele é o Pão vivo, que garante a Eternidade. Fala de carne sua para a vida do mundo. É a sua realidade físico-psíquico-espiritual. Essa realidade é o Pão da vida, Pão que é preciso comer se se quer viver eternamente. Do contrário morte eterna. Atirou a pedra no charco: a grande, enorme, surpreendente declaração – afirmação – promessa. Falou tão claramente, expressou-se com termos tão e de tal modo precisos e inequívocos, que "os Judeus começaram a discutir entre si: Como pode dar-nos a sua carne para comer?" Compreenderam bem, por pouco não o acusam de incentivador do canibalismo. "Carne a comer": centraram o tema-problema. É certo que as afirmações-declarações de Jesus não são as mais irrelevantes. São expressões explosivas. São rasgos de céu. Mas Jesus: "Em verdade, em verdade vos digo, se não comerdes a Carne do Filho do Homem e não beberdes o seu Sangue, não tereis em vós a vida. Quem come a minha carne e bebe o meu Sangue tem a vida eterna e eu o ressuscitarei no último dia. Porque a minha carne é verdadeira comida e o meu sangue verdadeira bebida. Quem come a minha carne e bebe o meu Sangue permanece em mim e eu nele. Como o Pai, que tem a vida, me enviou e eu vivo pelo Pai, assim também aquele que comer de mim viverá para mim. Este é o Pão que desceu do céu, não como aquele que vossos pais comeram e morreram. Quem comer este Pão viverá para sempre" (Jo 6,53-58). São 6 versículos-centro de gravidade. São 6 versículos ultramagnéticos. São 6 versículos do Além. São 6 versículos da Eternidade. Jesus não fala em termos genéricos ou aproximativos. Não arrasta o tema como partindo de longe. Não faz rodeios. Imediata e concretamente pede para se alimentar d'Ele, e assim para não cair na não-vida. Oferece-se a nós como comida e bebida. Quer que nos alimentemos dele. Sua realidade divino-humana é colocada à nossa disposição total e globalmente. Se isso não é *Amor*, o que será o amor? Jesus estabelece um vínculo muito próximo e muito íntimo com Ele. Vínculo ao nível da vida. Vínculo ao alcance da Eternidade. Jesus e nós. Jesus por nós. Jesus e nós. Jesus conosco. Jesus por nós. Jesus em nós. Como se pode ver, um relacionamento interpessoal é criado. Cada homem, cada mulher estão univocamente interessados no estabelecimento dessa "com-vivência". Comer e beber significa ingerir dentro de nós comida e bebida diariamente. Ingerir é inserir no organismo, entrar no corpo. Enquanto não se dissolverem as espécies ou aparências do pão e do vinho, em nós há a presença do Corpo e Sangue e Alma e Divindade de Cristo. Nosso organismo vivo passa a estar intimamente conectado em Jesus Cristo, verdadeiro Deus e verdadeiro Homem. Jesus promete a vida eterna para aqueles que recebeu a comunhão. E não diz "terá", mas "tem" a vida eterna. A vida, portanto, é eterna. Ou seja, a coeternidade. Com a comunhão temos a vida eterna. Ter vida eterna significa e é possuir tudo o que é necessário e indispensável para se tornar parte da coeternidade. Somos registrados "no cartório do céu". Para todos os efeitos, somos cidadãos da coeternidade. E insiste: "A minha Carne é verdadeira comida e o meu Sangue é verdadeira bebida". Dá-se todo. E ainda: "Quem comer a minha Carne e beber o meu Sangue permanece em mim e Eu nele". Quem comunga faz um lar. Casa em coabitação. Juntos sob o mesmo teto. "Em mim", "nele": mais que coabitação é a coesão de organismos que não se confundem, nem eles se fundem, mas se derramam, mas se unem. Tal união não é simbólica, não é poética, não é sentimental. Então o que é? Evidentemente, é o oposto do exterior ou do perto. É uma realidade que toca as raízes, que alcança as profundezas, mergulha no íntimo. Jesus quer realizar e efetuar essa união com o doar-se em Corpo e Sangue, Alma e Divindade. E termina assim: "Como o Pai, que tem a vida, me enviou, e eu vivo pelo Pai, assim também quem come de mim viverá para mim. Este é o pão que desceu do céu, não é como o que comeram vossos pais e morreram. Quem comer este pão viverá eternamente" (Jo 6,57-58). Jesus, o Revelador da Trindade, nos apresenta, na unidade absoluta, a Trindade. E indica seus respectivos nomes: Pai, Filho, Espírito Santo. O Pai gera. O Filho é gerado. O Espírito Santo procede do Pai e do Filho. Nós temos a existência. Com a comunhão, ela desemboca na vida. Jesus fala de vida, promete vida, dá vida. Essa vida é a Eucaristia. A Eucaristia é Cristo, verdadeiro Homem e verdadeiro Deus. O Pão de vida é Cristo. É o Pão que desceu do céu. Da Eternidade no tempo. Do céu ao planeta-terra. Descer: transportar-se do Acima ao Abaixo. O Acima se abre na plenitude dos tempos e se comunica com o Abaixo. Comunhão: injeção substancial e substanciosa de vida na existência. Conclusão: Jesus se torna substancialmente presente em Corpo, Sangue, Alma e Divindade sob as espécies ou aparências do pão e do vinho. O Concílio de Trento fala de "transubstanciação". Após a consagração do pão e do vinho, subsistem os acidentes: cor, sabor, aroma, quantidade. Pão e vinho em acidentes. Jesus na substância.

Carlo transcrevera algumas frases de santos que explicam o mistério da transubstanciação. São João Crisóstomo, grande doutor da Igreja, escreveu:

Precisamos unir-nos àquela Carne não só mediante o amor, mas em forma real: e isso acontece por meio do alimento que nos deu para nos demonstrar seu amor por nós, no qual se uniu a nós e coloca seu Corpo em nós, a fim de formar uma coisa só, como o corpo unido à cabeça... Ele se entregou a nós que o desejávamos, não apenas para ser visto, mas tocado, comido, para que mastigássemos a sua Carne com nossos dentes, e nos uníssemos intimamente com Ele de forma a satisfazer todos os desejos. Retornamos então daquela mesa quais leões cuspindo fogo, incutindo terror no Demônio... Os pais muitas vezes confiam seus

O SEGREDO DO MEU FILHO – Por que Carlo Acutis é considerado santo

filhos pequenos a outras pessoas para serem alimentados; eu, por outro lado, Ele diz, não faço isso, mas eu vos nutro com minhas Carnes, me ofereço a mim mesmo como vosso alimento... uni-me à carne e ao sangue por vós (na Encarnação), agora novamente dou-vos a mesma Carne e o Sangue, pelos quais me tornei vosso consanguíneo" (*Homiliae in Johannem*, 46,3).

Gostava muito também de Santo Tomás de Aquino e dele se servia para meditar sobre a presença real de Jesus no Santíssimo Sacramento:

"Porque a minha Carne é verdadeiro alimento e meu Sangue é verdadeira bebida" (Jo 6,56). Alguém de fato poderia ter pensado que as sentenças relacionadas com a Carne e o Sangue fossem paradoxos e parábolas; portanto, o Senhor, querendo excluir isso, afirma: "Minha carne é verdadeiramente comida"; como se dissesse: "Não penseis que esteja falando com significado figurado; mas minha carne está realmente contida na comida dos fiéis; e 'meu Sangue' está realmente contido no Sacramento do Altar, segundo as palavras da instituição (Mt 26,27-28): 'Este é o meu Corpo..., este é meu Sangue da nova aliança'... 'Quem come a minha Carne e bebe o meu Sangue permanece em Mim e eu Nele". Aqui o Senhor demonstra a virtude acima mencionada do alimento espiritual, isto é, que dá vida eterna. E recorre ao seguinte argumento: "Qualquer que come a minha Carne e bebe o meu Sangue se une a Mim; mas quem se une a mim tem a vida eterna"... portanto, "quem come minha Carne e bebe meu Sangue tem a vida eterna"... Mas há outra maneira pela qual quem come não permanece em Cristo, nem Cristo nele: é a maneira daqueles que o acessam com coração falso. Pois no homem falso o Sacramento não

— 316 —

produz nenhum dos seus efeitos. Na verdade, falso é aquele cujo interior não corresponde àquilo que significa exteriormente. Ora, no sacramento da Eucaristia externamente significa que Cristo vem incorporar-se com quem o recebe, e vice-versa. Portanto, quem não tem no coração o desejo dessa união, e não se esforça para remover qualquer impedimento a ela, é falso. Portanto, Cristo não permanece nele, nem ele permanece em Cristo" (*Comentário sobre o Evangelho de São João I-VI*).

Carlo dizia que do Santíssimo Sacramento presente no tabernáculo irradia-se amor curador que só Deus pode operar, e nos unimos à Igreja triunfante, aquela que está no paraíso e naquele momento está recolhida e prostrada diante do Cordeiro de Deus, para implorar graças e bênçãos para toda a Igreja. No tabernáculo, Jesus está presente naquela atitude de adoração ao Pai, ao qual deseja associar todos os homens. Jesus quer nos ensinar como devemos adorar o Pai. Nós também deveríamos ter essa atitude de reverência diante da Eucaristia. Santo Agostinho nos exorta a ter as disposições certas quando recebemos a Eucaristia: "Ninguém come esta carne sem primeiro adorá-la; nós pecaríamos se não a adorássemos" (*Enarrationes in Psalmos* 98,9: CCL XXXIX, 1385).

No mundo antigo, a palavra grega προσκύνησις (*proskýnesis*) e seu equivalente latino *adoratio* eram usados para indicar as ações de veneração, adoração, submissão e respeito para com a divindade. A submissão cristã não é senão uma forma de amor e confiança naquele Deus que nos tem amado primeiro e que a cada dia se torna nosso companheiro de jornada no Santíssimo Sacramento. Como dizia Carlo, a submissão significa "estar à disposição completa, total, global de Deus". Carlo tinha lido a Carta Encíclica *Ecclesia de Eucharistia* de João Paulo II, que exorta a todos os crentes a se colocarem "na escola de Maria, mulher eucarística". Com efeito, ninguém mais que ela pode introduzir-nos a adorar seu Filho que, em cada Eucaristia, se faz Pão para a nossa salvação: "Aquele Corpo dado em sacrifício e reapresentado nos sinais sacramentais é o mesmo Corpo concebido em seu seio". Aqui está o vínculo estreito entre Maria e a Eucaristia. O ventre de Maria é o primeiro "tabernáculo" da terra. Como João, que acolheu Maria em casa, nós também devemos acolhê-la para que nos ajude a nos tornarmos também nós "tabernáculos vivos": "Jesus, então, vendo a Mãe e aí ao lado dela o discípulo que Ele amava, disse à Mãe: 'Mulher, aqui está o teu filho!' Depois disse ao discípulo: 'Aqui está a tua Mãe!' E a partir desse momento o discípulo a tomou em sua casa (Jo 19,26-27)".

Carlo dizia:

Essa mulher, que jamais teria pensado ser imaculada, essa mulher, que sempre pensou ser a serva do Messias, essa mulher, que nunca teria sonhado aquele momento, essa nobre mulher do povo, descendente de Davi, essa mulher, escolhida e desejada pela Trindade, soube exclamar: "Aqui está a serva do Senhor, faça-se de mim segundo a tua palavra". Serva se declara. De acordo com o grego, equivalente de "escrava". Ou seja, à disposição, completa, total, global de Deus. Escrava: toda voltada às ordens de Deus. Escrava: sem "se" e sem "mas". Escrava: totalmente voltada para as ordens de Deus. Escrava: não faz objeções, não discute, não intervém, não condiciona, mas se põe de joelhos, ergue as mãos, direciona o olhar e "Sim" exclama.

Embora não haja nenhuma referência explícita nos Evangelhos, como não pensar que precisamente a participação espiritual da Santíssima Virgem com os discípulos no banquete eucarístico tem corroborado seu Coração para essa disponibilidade total em relação a Deus e à comunidade nascente? Os gestos de adoração, que são inclinar a cabeça, fazer genuflexão, prostrar-se, expressam sempre reverência, afeto, submissão, anulação, desejo de união, serviço e nunca, naturalmente, servilismo. A verdadeira adoração não significa afastamento, distância, mas é uma identificação de amor. Santo Tomás de Aquino explica que, na adoração autêntica, a humilhação externa do corpo manifesta e excita a devoção interior da alma, o anseio de se submeter a Deus e servi-lo. Imitando os Anjos, nós também deveríamos, espiritualmente, ter a mesma postura de louvor e ação de graças a Deus.

Para não ser dominado pela mornidão e secura espiritual na oração, Carlo dizia que é muito importante a posição que se assume com o corpo durante a oração: "Ajoelhai-vos diante dAquele que fez o céu, a terra, o mar e as nascentes" (Ap 14,6). Mesmo quando se participa da missa, é preciso com o corpo demonstrar aquilo em que se crê. Claro, se eu começar a rir ou mastigar chiclete que tirarei da boca um pouco antes de comungar ou me puser esparramado na cadeira, certamente não serei ajudado a orientar meu coração para Deus. A esse respeito há um episódio que se refere a Santa Gema encontrado no seu *Diário*: "Na igreja o Anjo não deixa de chamar-lhe a atenção porque por um instante 'ergueu os olhos para olhar como duas meninas estavam vestidas'". Pensando no

O SEGREDO DO MEU FILHO – Por que Carlo Acutis é considerado santo

Anjo de Gema, Carlo dizia jocosamente: "Imaginemos nossos Anjos da Guarda, o que deveriam dizer hoje com quão pouca discrição pessoas assistem à missa, facilmente distraídas". Para adorar, será importante direcionar o coração a Deus também com o nosso corpo, para adorar ao Senhor com todo o coração, com toda a alma e com todas as forças: "Escuta, Israel: o Senhor é o nosso Deus, o Senhor é somente um. Amarás o Senhor teu Deus com todo o teu coração, com toda a tua alma e com todas as forças. Esses preceitos que apresento hoje estejam fixados no teu coração" (Dt 6,4-6).

Adorar significa oferecer a Deus o melhor que se tem. É confiar-se a Jesus e com Jesus ao Pai e ao Espírito Santo. Para meu filho, na adoração eucarística dois abismos se encontram: o abismo de nossa pobre humanidade pecadora com o abismo da Divina misericórdia. O profeta Malaquias nos garante que pelo sol da justiça de Deus seremos curados: "Vai nascer o sol da justiça com raios benéficos" (Ml 3,20). Esse sol brilhando de justiça é Jesus na hóstia consagrada, e a cura que traz diz respeito a toda a humanidade sofredora e ferida, no purgatório e na terra. É todo o mistério da Igreja que está aí. Uma irradiação de amor. Deus sempre quer associar o homem ao mistério da obra de santificação, à difusão da sua graça, e a adoração eucarística é uma das maneiras em que essa redenção funciona. O cardeal de Bérulle escrevia: "E como a luz criada se uniu ao sol para ser um princípio de luz na terra e no céu, assim a Luz Eterna está unida e incorporada à humanidade de Jesus para criar nEle e por meio dEle, um Corpo de luz para toda a Eternidade". Carlo tinha grande devoção aos tabernáculos, dizia que deviam ser visitados como quando se faz peregrinação. Ele escreveu: "Se Jesus permanece conosco para sempre, onde quer que haja uma hóstia consagrada, que necessidade há de fazer a peregrinação a Jerusalém para visitar os lugares onde Jesus viveu há mais de 2.000 anos? Então também os tabernáculos deveriam ser visitados com a mesma devoção!"

Ele lamentava que muitas vezes estivessem abandonados. A respeito disso, dizia:

O tabernáculo é sinônimo de berço de graças. No tabernáculo trabalha a Santíssima Trindade. Eu vejo o tabernáculo dinâmico. A realidade eucarística é a prova, a segunda prova e a contraprova desse destino à santidade. Santidade que se realiza com fidelidade à Eucaristia, com a prática heroica das sete virtudes: as três virtudes teologais (fé, esperança e caridade), as quatro cardeais ou morais (prudência, justiça, fortaleza, temperança). O modelo é Deus. Os instrumentos são a razão e a Graça. Esta é dada ou devolvida pelos Sacramentos. O tabernáculo fica perto do Santo. É íntimo para ele. Por vinte séculos. A frequência com o Santo o torna santo. Portanto, frequentar o tabernáculo é candidatar-se à santidade. E pode haver uma não resposta, uma não fidelidade, uma hipocrisia, uma expressão egoísta, uma não solução arriscada, uma perigosa ida sem volta. Apresentamo-nos por aquilo que somos em humildade e simplicidade. A humildade que não altera os termos. A simplicidade que não complica os relacionamentos. Com esta apresentação, começa o colóquio, que certamente é caracterizado por familiaridade e confidência. Tal visita deve ser qualificada pela adoração. Adorar. Reconhece-se estar diante do Deus Único. A distância é infinita, mesmo que o tabernáculo esteja a poucos metros de distância. Adorar:

prestar homenagem reservada apenas a Deus. Usar palavras de conversação com um Interlocutor Absoluto. Refletir no próprio *intus* que estamos diante da Eucaristia. A visita se desenrola no sentido de culto entretecido de fé no único Deus, de esperança no único Deus, de amor ao único Deus. Além disso, confessamo-nos observantes dos mandamentos do Sinai, e seguindo os preceitos da Igreja e percorrendo as veredas dos deveres do próprio estado. E se torna oportuna a recitação do *Pai-nosso*, da *Ave-Maria*, do *Glória ao Pai*, do *Anjo de Deus*, do *Dai-lhes, Senhor*. A visita chega ao fim. Submete-se ao Senhor o programa do dia, protestando que tudo vai acontecer para a maior glória de Deus. A saudação de despedida pode ser externada com o uso de alguma jaculatória, como: "Ó Jesus, faze que eu Te ame um pouco mais". "Senhor, toma-me como sou e faze-me como quiseres". "Vou tentar te ofender menos". "Senhor, eu me abandono em Ti". E semelhantes.

Para Carlo, o episódio de Moisés orando no monte Sinai diante da sarça ardente é antecipação da adoração eucarística. Se Moisés começava a rezar na presença de Deus, o povo de Israel era vitorioso contra os amalecitas. Porém, se deixasse de rezar, os amalecitas venciam. É precisamente ao adorar a Deus que se manifesta na sarça ardente no monte Sinai, que Moisés recebe o mandato da parte do Senhor para libertar o povo de Israel da escravidão e opressão do Egito. A sarça ardente em que o Senhor se manifesta a Moisés é figura da Eucaristia, da adoração eucarística, que nos liberta da escravidão do pecado. Também a adoração dos santos Magos e dos pastores, ao Menino Jesus colocado em uma manjedoura, é outra prefiguração da adoração eucarística. Carlo ficou muito maravilhado quando descobriu que Jesus, escolhendo nascer na pequena cidade chamada Belém, já manifestou implicitamente o seu destino: tornar-se nosso alimento e bebida. A palavra Belém (*Beyt lehem* - בֵּית לֶחֶם), em hebraico significa "casa do pão" e em árabe significa "casa da carne" (*Bayti Lah. Min*). O próprio Jesus dirá de si mesmo: "Eu sou o pão vivo que desceu do céu. Se alguém comer deste pão viverá para sempre, e o pão que eu darei é a minha carne para a vida do mundo" (Jo 6,51).

Em 1916, o Senhor preparou os três pastorzinhos para a aparição de Nossa Senhora em Fátima, enviando por três vezes seu mensageiro, o anjo protetor de Portugal, que alguns pensam seja são Miguel. Durante a terceira aparição, Irmã Lúcia diz que o Anjo voltou a apresentar-se a eles, desta vez com um cálice na mão esquerda e suspensa acima dele uma hóstia, da qual caíam algumas gotas de sangue. Deixando o cálice e a hóstia suspensos no ar, prostrou-se no chão e repetiu três vezes esta oração:

> Santíssima Trindade, Pai, Filho e Espírito Santo, eu vos adoro profundamente e vos ofereço o preciosíssimo Corpo, Sangue, Alma e Divindade de Jesus Cristo, presente em todos os tabernáculos da terra, em reparação por todos os ultrajes, sacrilégios e indiferenças com os quais ele mesmo é ofendido. E pelos infinitos méritos de seu Santíssimo Coração e do Imaculado Coração de Maria, peço-vos a conversão dos pobres pecadores.

Então o anjo se levantou e apresentou a hóstia a Lúcia e dividiu o conteúdo do cálice entre Francisco e Jacinta, dizendo a cada um: "Pega e bebe o Corpo e o

Sangue de Jesus Cristo, horrivelmente indignado com homens ingratos! Repara os seus pecados e consola o teu Deus".

Carlo levou muito a sério o pedido do Anjo e, portanto, além de fazer adoração eucarística para santificar-se e interceder, também o fez para reparar os ultrajes feitos contra a Santíssima Eucaristia. O cardeal de Bérulle escreveu: "O Deus eterno está na terra, 'baixou em sua grandeza, revestiu-se de nossa mortalidade'. Em Jesus, o homem e Deus se encontram no íntimo do ser. Por isso a Encarnação merece adoração e precisamente neste mistério a Igreja deve estar sempre comprometida".

Sabemos que são três os mistérios fundamentais da fé cristã: o mistério da Santíssima Trindade, para o qual todas as pessoas foram criadas. Depois, há a Encarnação, por meio da qual uma nova vida reina na terra e o pecado é destruído. Finalmente, a Eucaristia mediante a qual Deus oferece a sua Graça, seu Espírito e sua divindade para poder alcançar a "vida eterna". Adorando a Deus presente na hóstia consagrada, encontraremos presente todo o Universo e poderemos pedir Graças por todo o mundo e também obter muitas vocações. Para Carlo, quando ficamos diante da Eucaristia, nos tornamos santos, já estamos transfigurados nesta terra. Entre suas anotações, encontrei estas lindas palavras sobre a importância dos tabernáculos:

> Devemos entrar na mentalidade do tabernáculo. É uma mentalidade muito especial. O batismo é regeneração espiritual. A confirmação é o crescimento espiritual. A Eucaristia é o alimento espiritual.

O sacramento da Eucaristia, embora sendo múltiplo por sua matéria, é um só por sua forma e perfeição. Num sentido absoluto, a Eucaristia é um só sacramento. A Eucaristia é o sacramento da unidade. Embora haja dois elementos, isto é, pão e vinho, dos quais é constituído todo o sacramento da Eucaristia, também, ensinados pela autoridade da Igreja, professamos que o sacramento é um. O batismo é necessário para iniciar a vida sobrenatural. A Eucaristia é necessária para completar a vida sobrenatural. O sacramento da Eucaristia tem três significados: o primeiro diz respeito ao passado enquanto comemora a Paixão do Senhor. É por isso que é chamado de sacrifício. O segundo diz respeito à unidade da Igreja. É por isso que se diz comunhão ou sinaxe. O terceiro diz respeito ao futuro: é prefigurativo da Bem-aventurança eterna, e por isso se chama Viático. No sacramento da Eucaristia, temos três elementos: *Sacramentum tantum*, ou seja, o pão e o vinho. *Res et sacramentum*, o verdadeiro Corpo de Cristo. *Res tantum*, que é o efeito desse sacramento. O Cordeiro pascal é a figura principal da Eucaristia. Cristo instituiu este sacramento sob as espécies de pão e vinho. Resulta do Evangelho. Na Eucaristia consomem-se pão e vinho, alimento comum para os seres racionais. Nesse Sacramento consuma-se o pão, como sacramento do Corpo, separadamente do vinho, como sacramento do Sangue. Esse Sacramento é o memorial da Paixão do Senhor, acontecida com a separação do Sangue do Corpo. O Corpo de Cristo para a salvação do corpo. O Sangue de Cristo para a salvação da alma. Cuidado para não esvaziar o "convosco!" Devemos demonstrar, documentar, testemunhar que a Eucaristia existe. Basta virar a esquina, apenas girar a porta, basta entrar em qualquer igreja... Há pessoas ajoelhadas. Há uma cerimônia em andamento. Há alguma coisa. Há alguém. Perguntamos. Questionamos. É a prova documental, é a prova testemunhal, é a prova quase palpável da influência da Eucaristia. Então ele tem o sacrossanto direito de cidadania. Devemos conversar sobre isso. Deve-se advertir a realidade. Deve-se! Estamos falando de cinco continentes: Europa, Ásia, África, América e Oceania. Suporta e apoia todos e cada um dos eventos do planeta. Não se pensa nisso, não se faz caso, mas, quando há um terremoto, uma erupção, uma inundação e assim por diante, o tabernáculo está envolvido como todo o resto. Quando um evento catastrófico é anunciado, não há menção do envolvimento e agitação dos tabernáculos. Presença que compartilha, que coparticipa... Presença que é presença. No tabernáculo e partindo dele, a divina substancial, substanciosa presença em ação. É absolutamente impossível não levá-lo em conta. Existe o Ser. Existe a Eternidade. Existe o Infinito. É um mundo à parte. É um planeta novo. É uma estrela nova. Deve ser mergulhado nos textos geográficos além dos históricos. O tabernáculo deve tornar-se a casa de todos, o domicílio de cada um, o reencontro das pessoas, o ponto de referência, o parâmetro, a unidade de medida. A adoração: é preciso torná-la mais profunda. É preciso torná-la mais personalizada. É necessário agradecer esse dom. Agradecer é reconhecer o benefício. É saber-se e sentir-se destinatários de graças. Agradecer, valorizar os dons de Deus. O tabernáculo é um dos maiores dons de Deus. O tabernáculo é o ambiente de ação de graças. Aqui Jesus dá graças. Agradece ao Pai. Agradece ao Espírito Santo. Agradece a Igreja. Agradece todos e cada um. Agradece por mim, por ti, por ele, por ela, por eles. Eflúvios de agradecimento saem do tabernáculo. Mas também propiciação. A Paixão continua. O perdão deve ser merecido. Em nosso nome o tabernáculo levanta os braços ao céu.

Para meu filho, a presença de Jesus é comparável a para-raios poderosíssimo, que, mal nos aproximamos, atrai fatalmente todas as almas que o procuram sinceramente e as faz se apaixonarem por Ele. Aqueles que estiverem disponíveis a se sintonizar com "Sua Voz", mesmo que isso comporte fadiga, perseverança, compromisso, sacrifício, mais cedo ou mais tarde eles terão sucesso. E quanto mais avançarem nessa jornada, tanto mais estarão aptos a perceber a batida do Coração de Jesus, que bate incessantemente de amor por nós. Para Carlo,

a história dos tabernáculos é a história da salvação que há mais de dois milênios se ritualiza de forma incruenta, a cada minuto/segundo em todo o mundo. Cada tabernáculo tem uma crônica, uma vicissitude, sua história. E não dentre as mais simples. Toda vez que se instala um tabernáculo significa que temos mais uma igreja/capela construída. Ano após ano, há mais de vinte séculos, houve uma admirável proliferação de tabernáculos. Se pudéssemos usar um mapa, marcando com uma pequena lâmpada todas as capelas ou igrejas surgidas nesse período, seriam acesas milhões de pequenas lâmpadas. A Eucaristia deve entrar neste mundo e misturar-se com todos os que vivem aqui. É preciso libertá-lo, deve ser purificado, deve ser humanizado com a Eucaristia. Não é uma discussão estranha e incompreensível. Trata-se de reumanizar, de recivilizar, de reintegrar. A presença viva e vital da Eucaristia pode definitivamente servir nesse sentido. Devemos tentar espalhar a ideia de adoração cultual. Há sério risco de nossa originalidade, nossa exclusividade, serem devoradas por congestionamento cultural. Tudo isso deve ser "eucaristizado". Não pareça uma ação utópica. Sim, é gigantesco, mas não impossível. Se a Eucaristia consegue entrar neste mundo, para se apresentar, para avançar, para investir de si neste mundo, está feito. Vitória! Ar fresco! Um botão, um gesto, um dedo e estamos em contato com o mundo da pequena e grande indústria. Telefone, rádio, TV, computador, internet estão em casa 24 horas por dia. Se formos "eucaristizados", alçamos voo. "Internetnico", voo cósmico intercontinental. E tudo isso passa na frente. Se pudermos "eucaristizar", está feito. Conseguiremos? Então forma-se uma corrente impetuosa na qual tudo é tomado, recolhido, fundido, padronizado. Uma vez que existe, substancialmente e vitalmente, a Eucaristia deve ser veiculada nesta corrente. É uma corrente chamada de multimídia. É um fluxo enorme. É um oceano de notícias, ideias, palavras, conselhos, sugestões, propostas, insinuações, tentativas, interferências e assim por diante. E nós estamos lá dentro até o pescoço. Corremos o risco de ser arrastados. É um vórtice insaciável. É a ocasião, não gostaria de dizer a última, de pôr a Eucaristia no vórtice. Quase de violência. Quase de prepotência. Falar disso, discutir isso. Confinada como está nos tabernáculos, arrisca ser candidata à prisão perpétua. Fechado, trancado, blindado... O Todo-poderoso... Dentro, no segredo, o Onisciente. Lá, o ser. Aí o essencial. Aí o único. Lá o uno. Aí o trino. Aí o paraíso. Lá 24 horas por dia. Sem parada. Sem liberação. Sem descanso. Sem nada. O Infinito no finito de um recipiente. O Infinito no finito de um dentro.

Dina Bélanger, beatificada por João Paulo II em 1993, escreveu em seu *Diário*: "Se as almas compreendessem o tesouro que possuem na divina Eucaristia, seria necessário proteger os tabernáculos com muros inexpugnáveis, porque, no delírio de uma fome santa e devoradora, elas próprias iriam nutrir-se com o pão dos anjos, as igrejas transbordariam de adoradores consumidos de amor pelo divino prisioneiro, quer de dia, quer de noite".

De acordo com Carlo, quanto mais nos sentirmos culpados, mais devemos aproximar-nos da Eucaristia como viático para a salvação pessoal. Ele mesmo não se sentia absolutamente melhor que ninguém. Ao contrário. Considerava-se um menino como muitos que, no entanto, ao contrário de outros, havia descoberto que o segredo de uma vida feliz está no abandono em Jesus, no encontro com ele na Eucaristia, no colocar Deus em primeiro lugar em nossa vida.

Meu filho estava convencido de que, mediante o encontro com o Santíssimo Sacramento, todos podem carregar tudo sozinhos, aquilo que somos, sem medo de sermos julgados. Na Eucaristia Jesus se doa a nós como "puro amor". Carlo havia descoberto esse "amor" e decidido jamais deixá-lo. Aprendera em Assis e no Santuário de La Verna a fazer adoração eucarística. Quantas vezes fomos a esses lugares, especialmente em La Verna, onde São Francisco recebeu, do Serafim, o dom dos estigmas. Aqui realmente percebíamos que era um lugar de Graça onde se sentia forte a presença de Deus. Era aí que com meu filho fazíamos retiros espirituais. Um ano, durante as férias de verão, Carlo e eu permanecemos em retiro por um mês. Foram momentos de crescimento espiritual. Justamente nesse lugar, Carlo recebeu a Graça de sentir internamente a Paixão de Cristo. Teve essa fortíssima experiência que muito o marcou, ajudando-o a compreender melhor o Sacrifício da missa. Lembro que demorou muito tempo para recuperar-se, e eu o vi muito comovido. Após essa forte experiência,

O SEGREDO DO MEU FILHO – Por que Carlo Acutis é considerado santo

começou a recitar a oração da *Via Crucis*. Foi desde então que começou a fazer cruzes de madeira com os galhos que encontrávamos ao longo das caminhadas que fazíamos nos bosques em La Verna. Gostava de espalhá-las nos caminhos da mata, como um presente para quem as encontrasse, como ajuda a meditar a Paixão de Cristo. Escreveu frases em algumas delas, incluindo a frase pronunciada por São João Paulo II durante a homilia da missa no início do seu pontificado, no dia 22 de outubro de 1978: "Não tenhais medo! Escancarai as portas para Cristo!".

Carlo dizia: "Frente ao sol você fica bronzeado, mas diante de Jesus Eucaristia torna-se santo". Fazia todos os dias um pouco de adoração eucarística antes ou depois da missa. Para ele, estar diante da Eucaristia era como estar frente ao sol brilhante. Para fazer compreender o que acontece na alma quando alguém adora a Deus no Santíssimo, usou esta metáfora:

> Quando, numa sala, na penumbra, um fino raio de luz entra, a poeira que está no ar você pode ver a olho nu, na verdade serão precisamente as partículas de poeira que estão na trajetória do feixe de luz a espalhar a luz em cada direção, como é o caso da lua visível à noite no céu. O mesmo vai acontecer com a nossa alma. Fazendo a adoração eucarística, ficaremos impressionados com a luz que a Eucaristia desprende e, assim, poderemos ver todo o "pó" que polui nossa alma e nos impede de progredir no caminho da santidade, que normalmente não pode ser visto a olho nu.

A adoração satisfaz aquela profunda aspiração de fazer "silêncio" para "escutar a voz de Deus" que tantos homens, muitas vezes inconscientemente, sentem. Adorando a Deus, que por amor de nós se humilha, permanecendo conosco sob as espécies humildes do pão e do vinho, nós também aprenderemos a amar. E uma vez que o amor sempre tende a se humilhar, na escola de Jesus aprenderemos a imitá-lo e cresceremos em humildade. Por meio da adoração, Jesus nos ajuda a nos descentralizar para nos tornarmos abertos à vontade divina. Como a terra gira em torno do sol, também todo o universo, com todas as suas infinitas galáxias, estrelas e planetas, gira em torno da Eucaristia! Santa Teresinha de Lisieux escreveu:

> Pensa, pois, que Jesus está aí no tabernáculo especialmente para ti, somente para ti; ele arde com o desejo de entrar em teu coração... A natureza do amor é humilhar-se. Para que o amor esteja plenamente satisfeito, é necessário que se abaixe ao nada e transforme esse nada em fogo. Conselho espiritual: considera a hora de adoração que te foi destinada como uma hora de paraíso; vai lá como se vai ao céu, ao banquete divino, e essa hora será desejada, acolhida com alegria. Conserva docemente vivo o desejo no teu coração. Dize a ti mesmo: Daqui a quatro horas, daqui a três horas, daqui a duas horas, irei para o céu, ao banquete divino, na audiência de graça e de amor de nosso Senhor; tem-me convidado, espera por mim, ele me quer.

Uma capela de adoração eucarística perpétua será como uma "usina nuclear" que espalhará a luz de Cristo em todo o mundo, derramando abundantemente sobre todos agradecimentos e bênçãos. Na Bíblia são rastreados dois caminhos: um "estreito", que leva à salvação, à felicidade eterna, e o outro "grande", que

O SEGREDO DO MEU FILHO – Por que Carlo Acutis é considerado santo

leva à perdição, para a infelicidade eterna. Ser fiéis a Deus e às suas palavras de vida, aos mandamentos, nos merecerá a bênção divina. Se o homem seguir o caminho oposto, ele se condenará e não receberá nenhuma bênção. Recusar o Senhor é privar-se de suas bênçãos. Foi precisamente depois que Moisés recebeu as tábuas da lei que o povo de Israel foi libertado da escravidão no Egito e começou seu "êxodo" para a terra prometida. Uma planta para crescer será regulamentada por leis naturais que a governam, e precisará de terra fértil, de água fresca e de luz. Se em vez de água eu der óleo, vai morrer. Então isso vai acontecer com a gente também, se não seguirmos os mandamentos que Deus nos deu; seremos como aquela planta que, se for irrigada com óleo, vai morrer inexoravelmente. Fomos criados por Deus, que dispôs para nós "leis" para nosso próprio bem. Vamos ser claros: teremos liberdade de recusar a sua ajuda e suas "regras", mas isso nos levará inexoravelmente a mergulhar em um abismo do qual não haverá mais volta. Jesus não veio para abolir os mandamentos, mas para cumpri-los, dando-nos a chave de leitura: o Amor.

O Deuteronomista até fala de uma maldição: sem Deus, nada de bom pode vir. A adoração eucarística é para as almas o antegozo da visão beatífica à qual todos os redimidos são destinados por vontade de Deus. Na presença do Santíssimo Sacramento, as almas que têm coração predisposto são instruídas sobre coisas celestiais, uma vez que Jesus está realmente presente nesse admirável sacramento, se torna seu mestre como foi para seus próprios discípulos durante seus três anos de ministério público. E eis que os adoradores são tanto irradiados pela graça, quanto imersos no imenso oceano do Amor do Coração de Jesus e na sua infinita misericórdia. Na Eucaristia encontramos o bom samaritano e o médico celestial que ata as feridas dos corações despedaçados e dá força e vigor, transfigurando as almas pecadoras e feridas pela culpa antiga em testemunhas autênticas, prontas para dar a vida por seu Senhor e Salvador e pelos irmãos. Para viver de amor, é preciso que as almas se alimentem de amor, e esse alimento espiritual nós o recebemos alimentando-nos com o pão da vida eterna e estando diante daquele que, como prisioneiro do amor, quis permanecer conosco para sempre até o fim do mundo. A Eucaristia é o sinal visível e tangível de Deus, que, na pessoa do Filho, quis que os homens de todos os tempos pudessem viver constantemente em sua presença para ser o Deus com eles, a fim de enxugar toda lágrima dos seus olhos, como diz o livro profético do Apocalipse. Carlo gostava muito da coragem e do exemplo do sacerdote Oreste Benzi, cuja causa de canonização está caminhando. É o fundador da Comunità Papa Giovanni XXIII. Cuidou dos últimos, dos doentes, do tráfico de mulheres, dos dependentes químicos.

Uma "autêntica cascata de luz num oceano escuro e tempestuoso", assim meu filho o definia. A respeito da Eucaristia, escreveu:

> Se os cristãos entendessem o que é a missa, competiriam para entrar na igreja, para nunca mais dela sair, pois é verdadeiramente uma ação criativa de vida dentro de nós e é a mesma vida de Jesus. A missa não é devoção: é um acontecimento, algo grandioso que acontece dentro de nós, em nossa vida, na qual somos envolvidos com Jesus, como coimolados com Ele. A missa outra coisa não é senão o

sacrifício da Cruz, o único sacrifício eterno que se renova e que aí nos envolve intimamente em sermos membros de seu Corpo. Cristo é um ser coletivo: se Ele for sacrificado, somos cossacrificados com Ele; se Ele também for imolado, somos coimolados com ele... O paraíso já está dentro de nós e já estamos no paraíso. Até estarmos nesta terra, porém, esse amor está crucificado; não por nada Jesus quis permanecer conosco em seu amor sacrificado no sacramento da Eucaristia. Dizer que amamos a outro e não aceitarmos a cruz que o outro carrega, é uma piada. A característica do amor sobre esta terra será sempre aquela de ser um amor crucificado. Unidos a Jesus, o seu amor crucificado nos gera; mas é uma Cruz que dá a vida, não a morte: sua cruz dá ressurreição, por isso não é nem tristeza nem desespero. Seria desespero se sofrêssemos por aquilo que não dá a vida. Na Eucaristia acontece esta osmose: o amor sacrificado de Cristo me toma e transforma minha pessoa, meus sentimentos, minha vontade, todo o meu ser. Entro em Jesus, em seu mistério íntimo e me torno Ele, alcançando a comunhão essencial e fundamental com o meu Senhor, para a qual fui criado. Ele passa por dentro de mim e eu por dentro dele. Se começardes a ir à missa todos os dias, não conseguireis parar de fazê-lo. E garanto que vos acontecerá isto: Se antes não encontráveis tempo para nada fazer, depois de terdes ido à missa encontrareis tempo para fazer tudo. Fazei essa experiência!

Queremos saber como será a eternidade? Queremos viver a eternidade na Casa do Pai? Então vamos à frente de Jesus vivo, verdadeiro e atuante na Santíssima Eucaristia. Com efeito, toda vez que nos encontramos pessoalmente com o Senhor Jesus, verdadeiro Deus e verdadeiro homem, realmente presente e atuante em seu sacramento de amor, nós subimos o monte Sinai, nós nos encontramos no monte Tabor, onde nos transfiguraremos como fez Jesus. Portanto, subamos ao *Monte Santo* do Senhor para viver em sua presença de agora em diante e para a Eternidade. A adoração do único Deus liberta o homem de toda alienação que o fecha em si mesmo. Para Carlo, um momento muito importante da missa era o da consagração. Ele dizia: "Durante a consagração, é preciso pedir as graças a Deus Pai pelos méritos do seu Filho Unigênito Jesus Cristo, por suas santas chagas, o seu preciosíssimo sangue e as lágrimas e dores da Virgem Maria que, sendo Sua Mãe, mais que todos pode interceder por nós". No fim da consagração, fazia sempre esta oração: "Pelo Sagrado Coração de Jesus e pelo Coração Imaculado de Maria, ofereço-vos todos os meus pedidos e peço que me deis ouvidos". Imediatamente após receber Jesus Eucaristia, Carlo rezava: "Jesus, ficai à vontade. A casa é vossa!" Repetia com frequência: "Vai-se diretamente ao paraíso se todos os dias nos aproximamos da Eucaristia!" Muito importante para Carlo era o agradecimento após haver comungado. Dizia que ajudava recordar a palavra latina "ardor"; ela nos recorda que devemos tentar despertar em nós sentimentos de Adoração, Ação de Graças, Petição, Oferecimento, Reparação. Santa Teresa de Ávila dizia que é momento extremamente precioso aquele que vem após a comunhão, porque nesse instante Jesus se compraz em instruir-nos e nós precisamos dar-lhe ouvidos. Também Santa Maria Madalena de Pazzi declarava que o tempo após a comunhão é o mais precioso que temos nesta vida, e o mais oportuno para tratar com Deus e nos inflamar de seu Amor Divino. Na Eucaristia, não precisamos de livros, porque o próprio Jesus é o Mestre e nos ensina como devemos amá-lo. Quando recebemos a comunhão, devemos ter os mesmos sentimentos que tiveram os discípulos de Emaús: quando reconheceram Jesus tiveram o coração que ardia de amor (cf. Lc 24,13-35).

Para meu filho "ser verdadeiros discípulos de Jesus" pressupõe amar a Deus acima de todas as coisas e, consequentemente, o próximo como a si mesmos. No ato extremo de amor, Deus nos entregou seu Filho Unigênito que, morrendo na Cruz, nos readmitiu à vida divina instituindo os Sacramentos e especialmente com a Eucaristia, o sacramento que expressa melhor o imenso amor que Deus tem por suas criaturas. Nela se imola todos os dias no altar para nossa salvação. A cada minuto/segundo no mundo, onde uma missa é celebrada, ritualiza-se de modo incruento o mesmo sacrifício acontecido na Cruz há mais de 2000 anos. Mas pensai naquilo que acontece de forma extraordinária! E como escrevia São João, o discípulo amado: "Todo aquele que ama é gerado por Deus e conhece a Deus. Quem não ama não conheceu a Deus, pois Deus é AMOR" (1Jo 4,7-8).

Tenhamos presente que os diferentes tipos de amor de que temos experiência, todos devem basear-se no dom gratuito de si mesmo, embora sob diferentes formas. Pode ser útil especificar que, na língua portuguesa, dispomos de um só termo para "amor", ao passo que, em grego, *Eros* corresponde ao amor sensível e instintivo; *Philia* indica o amor amizade, como troca de bens; *Agápe* se refere ao amor dedicação, o mais profundo; *Koinonia* se refere à partilha, comunhão. Tenhamos em mente todos esses significados, quando dizemos que o coração é símbolo natural do amor. A experiência e a vida cristã conservam juntas todas as diferentes facetas do amor presentes nestas palavras; todavia, o amor verdadeiro, que é dom de Deus, quer educar-nos à posse do verdadeiro bem.

Por exemplo, o amor de *philia*, de amizade, que é compartilhar os bens, na vida cristã é verdadeiro se se torna companhia na busca do único bem, Deus. No entanto, nossas diferentes expressões de amor são todas imperfeitas e, portanto, nos ajudam apenas até certo ponto para entender o amor que moveu toda a obra de Jesus Cristo (cf. João Paulo II, Carta Encíclica *Dives in Misericordia*, 1980, n. 14). No Evangelho de João, fica claro o que significa para o Senhor "amar": "Depois que comeram, Jesus perguntou a Simão Pedro: 'Simão de João, tu me amas (*agapao*, amor gratuito), mais do que estes?' Ele respondeu: 'Claro, Senhor, tu sabes que te amo' (*phileo*, amor de amizade). Ele disse: 'Apascenta meus cordeiros'. Ele perguntou novamente: 'Simão de João, tu me amas?' (amor *ágape*, amor gratuito). Respondeu: 'Claro, Senhor, tu sabes que te amo'. (*phileo*, amor de amizade). Jesus disse-lhe: 'Apascenta minhas ovelhas'. Perguntou-lhe pela terceira vez: 'Simão de João, tu me amas?' (*phileo*, amor pela amizade). Pedro ficou triste por perguntar-lhe pela terceira vez: tu me amas? E lhe respondeu: 'Senhor, tu sabes tudo; sabes que eu te amo' (*phileo*, amor pela amizade) Jesus respondeu: 'Apascenta as minhas ovelhas'" (21,15-17). Como se vê

O SEGREDO DO MEU FILHO – Por que Carlo Acutis é considerado santo

por esta passagem, o Senhor não está satisfeito com um simples querer bem, e pede mais, porém depois percebe que Pedro ainda não consegue amar como Jesus gostaria e abaixa o tom de sua solicitação. É preciso autêntica "fome e sede" da Eucaristia, porque é verdade que toda missa tem um valor infinito, mas é também verdade que a Graça que se receberá será proporcional ao nosso desejo de santidade e ao amor que nutriremos por Deus. Justamente como acontece quando tiramos água de uma fonte. A quantidade de água que poderemos levar vai depender sempre do tamanho do recipiente que tivermos à nossa disposição. Podemos comparar o nosso coração a esse recipiente: quanto mais será capaz de amar, tanto mais "Graça" receberá.

E onde encontrar a ajuda necessária para aumentar a nossa capacidade de amar, senão alimentando--nos da Eucaristia, o sacramento que contém aquele mesmo Deus de que fala São João, que outra coisa não é senão "Amor"? Esse mesmo Deus que morreu na cruz pela humanidade! Jesus é o Amor e quanto mais nos nutriremos da Eucaristia, que realmente contém seu Corpo, mais nós também aumentaremos nossas capacidades de amar; Ele mesmo nos ajudará, unindo-se ao nosso DNA e nos transformando. A Eucaristia vai nos configurar de uma forma única a Deus. Santos como Deus nos quer, nós nos tornaremos só amando-o acima de todas as coisas e ao próximo como a nós mesmos. Alimentando-nos da Eucaristia, que nada mais é do que o sacramento do Amor com o qual Deus nos ama, nos uniremos cada vez mais ao Coração de Cristo, assimilando seus sentimentos e disposições, para poder praticar cada vez mais, de forma heroica, as virtudes das quais Ele é o mestre e modelo, de acordo com a exortação paulina: "Tende em vós os mesmos sentimentos que havia em Cristo Jesus" (Fl 2,5).

São João apóstolo, o muito amado e predileto por Deus, na Última Ceia descansa a cabeça no Peito-Coração de Cristo. Há uma mensagem clara neste gesto e convite eucarístico. Na verdade, a Eucaristia realmente contém o Corpo de Jesus, que é ao mesmo tempo verdadeiro Homem e verdadeiro Deus, e cuja essência, substância é o "Amor". Portanto, a Eucaristia é a sede do Amor, e o gesto de João de apoiar-se sobre o peito de Cristo, sede de seu Coração, símbolo de amor, podemos defini-lo como um gesto eucarístico. Quereis ser íntimos com Jesus, discípulos prediletos, como João que até descansou encostado com a cabeça no seu peito? Fazei como ele. Sede pessoas que, da Eucaristia, fazem o centro de sua vida. Assim como Carlo. O convite destina-se a todos os homens de todos os tempos para se tornarem também eles verdadeiros discípulos de Cristo, poderíamos dizer uma autêntica prefiguração do "discípulo amado", do chamado universal que Deus dirige para segui-lo e se tornar amigos íntimos com Ele.

Para explicar a prefiguração e tornar-se "pré-discípulos amados", e mostrar como toda a Escritura fala de Cristo, nosso Salvador, Carlo gostava de contar esses episódios da Bíblia que são nítidas figuras de Jesus, dos Sacramentos e, em particular, do maravilhoso dom da Eucaristia que nos deixou. A Igreja afirma que é a inteira história do Povo de Israel que prepara e antecipa a vinda de Jesus Cristo, que é Deus que se faz homem e escolhe habitar entre nós e se oferecer em sacrifício para nos salvar. Apenas para mencionar algumas dessas prefigurações, lembremos, por exemplo, a ceia pascal dos Judeus (cf. Ex 12,1-11). Evoca a libertação da escravidão no Egito e a entrada na "Terra Prometida" do Povo de Israel. Nessa ceia judaica, era necessário oferecer em sacrifício um cordeiro "sem defeito". Para serem poupados pelo Anjo exterminador, deviam espalhar o sangue coletado nos umbrais das portas e na arquitrave da porta da casa, na qual a família estava reunida para a ceia da Páscoa. Tinham de comer também pão ázimo e vinho, claras prefigurações da Mesa eucarística, na qual Cristo é imolado para a nossa salvação. Durante a viagem do Êxodo, apresentam-se outras imagens eucarísticas.

Por exemplo, o maná (palavra hebraica que significa "o que é isso?", *Man-hu*), é um alimento que descia do céu e era como pão. Graças ao maná o povo de Israel pôde se alimentar no deserto e não morrer de fome (cf. Ex 16,11-15). A Arca da Aliança também era um sinal da presença e habitação de Deus no meio do povo de Israel. Isto prefigura a morada de Jesus com seu Corpo, seu Sangue, sua Alma e sua Divindade na Eucaristia, presente em todos os tabernáculos do mundo: "Eis que estou convosco todos os dias até o fim do mundo" (Mt 28,20). Outra figura é o pão (cf. 1Rs 19,4-8), que o Anjo traz para o profeta Elias, já com fome e desanimado, que lhe permite continuar sua cansativa jornada em direção ao monte Horeb. Mas também o pão que Deus dá ao profeta Daniel para seu alimento, enquanto está preso na cova dos leões (cf. Dn 14,33-39). O inocente Abel, morto por Caim por inveja, como o inocente Jesus (cf. Gn 4). O patriarca Isaac (cf. Gn 22,1-18), que, enquanto está para ser sacrificado, em honra a Deus, por seu pai Abraão, é poupado pelo próprio Deus. Por outro lado, Deus não poupou a vida a seu Filho Jesus, mas o entregou à morte e morte de Cruz, tornando-o um holocausto (vítima) do Sacrifício perfeito. Também a serpente, levantada no deserto, é símbolo de Cristo elevado na cruz, que salva o homem do pecado por meio do seu sacrifício. O Senhor disse a Moisés: "Faze uma serpente e coloca-a num poste; toda pessoa que for picada e olhar para ela, permanecerá viva" (Nm 21,8). No Evangelho, Jesus diz: "Como Moisés ergueu a serpente no deserto, assim é preciso que seja elevado o Filho do homem, para que quem nele crer tenha vida eterna" (Jo 3,14-15). O servo sofredor, que foi descrito pelo profeta Isaías, cerca de setecentos anos antes da vinda de Jesus, com as palavras: "Ele era como um cordeiro levado ao matadouro, como ovelha calada diante de seus tosquiadores, e não abriu sua boca" (Is 53,7). Ou a água que em Massa e Meriba jorrou da rocha após ter sido tocada por Moisés com sua vara (cf. Ex 17). São Paulo vê, na nuvem e na travessia do mar Vermelho, os eventos precursores do Batismo (cf. 1Cor 10,1-2); no maná e na água brotada da rocha vê prenunciada a Eucaristia: "Todos (os israelitas) comeram o mesmo alimento espiritual, todos beberam a mesma bebida espiritual: beberam, de fato, de uma rocha espiritual que os acompanhava e essa rocha era o Cristo" (1Cor 10,3-4). Mas também no Novo Testamento temos inúmeras prefigurações da Eucaristia, como a multiplicação dos pães e dos peixes (cf. Jo 6,1-13), as núpcias de Caná (cf.

Jo 2,1-12), a ressurreição de Lázaro (cf. Jo 11,1-44), a piscina conhecida como Betesda (casa da misericórdia) que, com seus cinco pórticos, remete às cinco chagas de Cristo (cf. Jo 5,2), apenas para citar alguns.

Para voltar ao nosso discurso do discípulo amado, com aquele gesto de João reclinando a cabeça no Coração de Cristo, o apóstolo ainda hoje nos exorta a nos tornarmos como ele, amigos íntimos de Jesus mediante intensa vida eucarística. Deus cria todos os homens potencialmente santos, cabe a nós implementar o plano único e irrepetível que o Senhor tem para cada um de nós. Todos nós somos chamados a ser, como João, discípulos amados, unidos ao seu Coração Eucarístico. Já nos tempos antigos, o Sagrado Coração era considerado um símbolo do amor infinito de Jesus pelos homens. Para confirmar que a hóstia consagrada é o coração de Cristo inflamado de amor, algumas maravilhas vêm em nosso socorro, alguns prodígios eucarísticos. No milagre eucarístico de Lanciano (750 d.C.), por exemplo, a hóstia consagrada é transformada em carne, que numerosas análises científicas confirmaram ser uma seção do miocárdio, aquele músculo específico que forma as paredes do coração e ao qual cabe a tarefa de transmitir o impulso para a contração de suas várias partes. O fato de que a carne do coração acabe sendo o miocárdio, tem um significado teológico. Na verdade, sem este músculo, o coração não pulsaria. Ele dá vida ao nosso organismo, exatamente como faz Eucaristia com a Igreja. Como diz o *Catecismo da Igreja católica*, n. 1324: "A Eucaristia é 'fonte e cume de toda a vida cristã'. Todos os Sacramentos, como também todos os ministérios eclesiásticos e as obras de apostolado são intimamente unidos à Sagrada Eucaristia e estão a ela ordenados. Na santíssima Eucaristia está incluído todo o bem espiritual da Igreja, ou seja, o próprio Cristo, nossa Páscoa". Quando Carlo ainda vivia, houve muitos milagres eucarísticos impressionantes em Buenos Aires, na Argentina, que envolveram o próprio papa Francisco, então cardeal (1992-1994-1996). Também ali a hóstia consagrada se transformou em carne, do miocárdio. A amostra foi examinada por cientistas eminentes, incluindo um dos maiores especialistas médicos do mundo de medicina forense do coração, o Professor Frederick Zugibe, da Columbia University, em Nova York. Também ele confirmou que a amostra correspondia ao músculo do coração, o miocárdio, exatamente o ventrículo esquerdo, e o paciente a quem pertencia a amostra havia sofrido muito. De acordo com o professor, o paciente havia levado uma pancada no peito. Além disso, o coração exibiu atividade dinâmica (viva) quando era levado ao laboratório, porque, tendo sido encontrados glóbulos brancos intactos, que são transportados somente pelo sangue, isso confirmou que a amostra estava pulsando. Antecipo que o professor não sabia que a amostra era uma hóstia transformada em carne. Grande foi o seu espanto, quando soube a verdade.

Este chamado para se tornar discípulos íntimos de Jesus, mediante o encontro com o Senhor na Eucaristia, é ainda mais evidente no relato da crucificação. Aos pés da Cruz, no monte Gólgota, além de Nossa Senhora e das piedosas mulheres, encontramos novamente São João, o discípulo amado, ao passo que todos os outros fugiram. Também aqui ele

O SEGREDO DO MEU FILHO – Por que Carlo Acutis é considerado santo

nos indica a Eucaristia como caminho privilegiado de união com Deus. Se pensarmos bem sobre aquele sacrifício da Cruz que aconteceu dois mil anos atrás de uma forma sangrenta, vemos que é atualizado de uma forma sem sangue em todas as missas que são celebradas todos os dias no mundo. Como João, nós também podemos associar-nos àquele mesmo sacrifício da Cruz acontecido de forma cruenta há mais de 2.000 anos, e assim provar o nosso amor a Deus, participando da celebração eucarística todos os dias. Participar da missa significa colocar-se como João aos pés da cruz e unir-se a Cristo no sacrifício que Ele oferece ao Pai, para nossa salvação. Nós não podemos ignorar o convite de Jesus para nos unirmos a Ele.

Antes de Carlo morrer, eu sempre lhe dizia que pedisse a Jesus a realização de outros milagres eucarísticos, semelhantes ao de Lanciano, onde era evidente que, na hóstia consagrada, há de fato sua real presença. Penso que a intercessão do meu filho foi atendida; na verdade, apenas dez dias depois de sua morte, em 21 de outubro de 2006, aconteceu um milagre eucarístico em Tixtla, no México, e logo depois, dois na Polônia, em Sokolka (2008) e Legnicka, em 2013. Todos esses milagres, estudados por cientistas eminentes e confirmados por autoridades eclesiásticas, são semelhantes ao milagre eucarístico de Lanciano. Também nestes a hóstia consagrada é transformada em carne que, após cuidadoso exame científico, resultou ser feita de tecido cardíaco, o miocárdio. Jesus opera essas maravilhas para nos ajudar a reviver a nossa fé, que muitas vezes vacila. Também naquele tempo, quando ainda estava neste mundo, é o evangelista João quem o declara, no capítulo 6, como Jesus promete o dom da Eucaristia. Para preparar os discípulos ao fato de que Ele estará presente no pão e no vinho consagrados, faz dois milagres, mostrando claramente que tem o poder de suspender as leis da natureza. Na verdade, multiplica pães e peixes e cruza o lago Tiberíades, caminhando sobre as águas. Assim Jesus demonstra que tem também o poder de transformar o pão e o vinho no seu Corpo e em seu Sangue. E nos milagres eucarísticos Jesus continua a fazer o mesmo, nos instrui sobre sua presença real na Eucaristia, suspendendo as leis de natureza, ação que só Ele pode fazer.

No extremo ato de amor, Deus nos deu seu Filho Unigênito que, morrendo na cruz, nos readmitiu à vida divina, instituindo os Sacramentos. Particularmente a Eucaristia, sacramento que expressa melhor o imenso amor que Deus tem por suas criaturas. O que será essa divina misericórdia que Deus demonstra para todos os homens senão haver instituído os Sacramentos, jorrados do seu lado traspassado, de onde saíram "rios de água viva"?

Os sacramentos são os meios que a Santíssima Trindade escolheu para nos salvar e nos acompanhar ao longo do caminho da vida, repleto de espinhos e tentações. Eles nos ajudam a orientar para Deus a nossa vontade e, sobretudo, a Eucaristia que, como já foi dito antes, é o próprio Cristo que se entrega a nós e nos ajuda a perseverar no caminho do Bem. O mundo, qual polvo com seus tentáculos, procura impedir a nossa santificação, atraindo-nos a si como um para-raios. Também o Demônio, príncipe deste mundo, emprega todas as suas energias

O SEGREDO DO MEU FILHO – Por que Carlo Acutis é considerado santo

para nos enredar e nos fazer desistir de fazer o Bem; mas Jesus garantiu que venceu o mundo, e quem o segue entrará nessa dinâmica de salvação eterna atuada uma vez para sempre pela sua Paixão, Morte e Ressurreição.

Carlo foi várias vezes ao Santuário do Amor Misericordioso de Collevalenza. Disse-me ter recebido, ali, graças interiores especiais. A beata Madre Esperança, fundadora da Congregação das Servas do Amor Misericordioso e dos Filhos do Amor Misericordioso, grande taumaturga, teve muitas aparições de Jesus e de Nossa Senhora. Justamente mediante uma visão que a beata recebeu de Jesus Crucificado, tendo por trás a Eucaristia, temos a confirmação que, instituindo o sacramento da Eucaristia, Deus realizou o maior ato de amor que poderia fazer por nós. Sacrifício da Cruz e Eucaristia coincidem.

O escultor espanhol Cullot Valera teve, em 1930, o encargo de esculpir um Crucifixo no qual fosse evidente não tanto o tormento da Cruz, mas o amor que levou Jesus à Cruz para, com seu Sangue, anular os nossos pecados. Para expressar isso, Jesus é representado ainda vivo, com o corpo não atormentado nem caído, e sim ereto, em postura de vítima voluntária; com o semblante que comunica tanta serenidade, embora em meio a dores e sofrimentos; com o olhar voltado para o céu, enquanto diz ao Pai: "Perdoa-lhes, porque não sabem o que fazem"; com o coração pintado sobre o peito, trazendo a palavra *Charitas* (Amor). A hóstia por trás da Cruz é a Eucaristia dos nossos altares nos quais a cada dia o Senhor renova o Sacrifício da Cruz e dá para nós, ele mesmo, um sinal de amor levado ao inacreditável.

O globo sobre o qual a Cruz repousa indica a universalidade do amor salvador de Deus; Cristo de fato morreu para salvar o mundo inteiro. A coroa régia no globo recorda que Cristo é o Rei que reina na Cruz porque, atraindo-nos todos para Si com a sua morte e ressurreição, fez de nós o povo dos filhos de Deus, o reino do amor e da imortalidade. O livro do lado esquerdo é o Evangelho, aberto à página onde lemos: "Amai-vos como eu vos amei" (Jo 15,12).

O Santuário de Collevalenza, na Úmbria, onde repousam os restos mortais da freira, é, como Lourdes, lugar onde são recebidas muitíssimas graças. Jesus ordenou a Madre Esperança que cavasse para encontrar a fonte através da qual teria dado abundantes bênçãos:

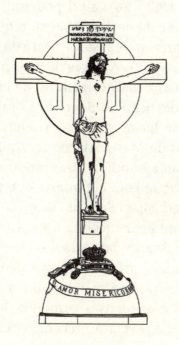

O SEGREDO DO MEU FILHO – Por que Carlo Acutis é considerado santo

Eu quero que digas, até ficar gravado nos corações e mentes de todos aqueles que recorrem a ti, que usem essa água com muita fé e confiança, e sempre se verão livres de graves enfermidades; antes disso, todos passem, para curar suas pobres almas das feridas que as afligem, por este meu Santuário, onde as espera não um juiz para condená-los e imediatamente dar-lhes a punição, mas um Pai que os ama, os perdoa, não leva em consideração, e esquece... A esta água, o Senhor dará o poder de curar do câncer, certos tipos de leucemia e de paralisia, figuras das almas em pecado mortal e pecado venial habitual.

Jesus é o templo de onde flui a água viva da salvação, é Aquele que nos dá o Espírito Santo. Tenhamos presente que João e a Mãe de Jesus assistem à cena da perfuração do lado. E Jesus, da Cruz, entregou a mãe a João (cf. Jo 19,25-26): aqui podemos ver o nascimento da Igreja e do dom dos Sacramentos, com clara alusão ao Batismo (água) e à Eucaristia (sangue) (cf. *Haurietis aquas*, n. 48). Através de suas mostras, Carlo entendeu cada vez mais o mistério de amor que está escondido na devoção ao Sagrado Coração de Jesus. Ele foi capaz de ler as revelações feitas pelo Senhor a Santa Margarida Maria Alacoque. Na Eucaristia ele viu este Coração escondido dos sentidos, mas perceptível com a fé. Para isso, ele queria que toda a sua família se consagrasse ao Sagrado Coração de Jesus. Foi realizada por um padre Jesuíta no Centro São Fidelis, em Milão. Lembrado das palavras de Jesus a Santa Margarida Maria, Carlo costumava dedicar a comunhão nas primeiras sextas-feiras do mês para reparar os pecados e as ofensas cometidas contra Cristo. Transcrevera-se a revelação recebida pela santa entre os dias 13 e 20 de junho de 1675, na oitava da solenidade de Corpus Christi:

> Eis aquele Coração que tanto amou os homens, que não poupou nada até esgotar-se e consumar-se para testemunhar-lhes seu amor; e como reconhecimento nada recebe da maioria deles a não ser ingratidões, por suas irreverências e seus sacrilégios, e pela frieza e o desprezo que têm por mim neste sacramento de amor. Mas o que mais me entristece é que há corações consagrados a mim que se comportam assim. Por causa disso, peço-te que a primeira sexta-feira após a oitava do Santíssimo Sacramento seja dedicada a uma festa particular, em honra do meu Coração, comungando naquele dia e fazendo-lhe reparação honrosa com ressarcimento honroso, para reparar as indignidades que recebeu durante o tempo em que ficou exposto nos altares. Eu também te prometo que o meu coração se expandirá para espalhar abundantemente as influências de seu amor divino para aqueles que lhe darão essa honra, e que procurarão que lhe seja dada.

Ficara impressa nele a grande promessa de Jesus da perseverança final, revelada a Santa Margarida Maria em 1686, para quem se aproximasse da comunhão nas primeiras sextas-feiras de cada mês. Ele espalhou essa prática entre os que conhecia e procurava envolvê-los na reparação. Sentia profundamente esse convite a rezar e oferecer sacrifícios pelos pecadores e por todos aqueles que estavam afastados da Graça divina. Durante a Paixão, o Coração de Cristo foi golpeado pela lança, golpe vibrado apenas para certificar-se de sua morte. Portanto, a ferida do Coração Sacratíssimo de Jesus, agora expirado, deve continuar nos séculos

O SEGREDO DO MEU FILHO – Por que Carlo Acutis é considerado santo

a vívida imagem do dom imenso que o próprio Deus deu à humanidade, de oferecer o seu Filho Unigênito para a redenção do mundo. Cristo amou a todos nós com amor tão veemente, a ponto de oferecer-se como vítima de imolação cruenta no Calvário: "E caminhai na caridade, como também Cristo nos amou e deu a si mesmo por nós, oferecendo-se a Deus como sacrifício de suave odor" (Ef 5,2).

ÍNDICE

"Daqui eu não saio vivo, prepara-te".................. 7

"Tenho sede" 61

Pequenos sinais 99

O cálice amargo 109

Nada vai nos separar 123

"Os olhos são a candeia da alma"....................... 141

Os pobres, os mais fracos,
meus melhores amigos 165

Meu filho santo? 183

Mestre de humildade 191

Irmã Terra 229

Um anjo caminhará à sua frente 247

"No fim, meu Imaculado Coração triunfará"...... 255

"A Eucaristia é o meu caminho para o céu" 299

MEMÓRIA FOTOGRÁFICA

Carlo bebê.

Na casa dos pais.

Memória fotográfica

Carlo com sua mãe Antonia.

Carlo com sua mãe Antonia.

Carlo no santuário de Santo Antônio, em Pádua.

Fazendo farra na cadeirinha de alimentação.

Memória fotográfica

Brincando na neve.

Desde pequeno, penetrado em seus pensamentos.

Com a equipe de futebol na escola.

Em Assis.

Memória fotográfica

Nos bosques do santuário de Monte Alverne (Itália).

O SEGREDO DO MEU FILHO – Por que Carlo Acutis é considerado santo

Carlo amava o contato com a natureza.

Fazendo pose para a foto.

Memória fotográfica

Com a "amiga" *Chiara*.

Brincando de caminhar sobre as águas.

O SEGREDO DO MEU FILHO – Por que Carlo Acutis é considerado santo

Carlo no dia da primeira comunhão.

Memória fotográfica

Carlo com Rajesh.

No alto da montanha.

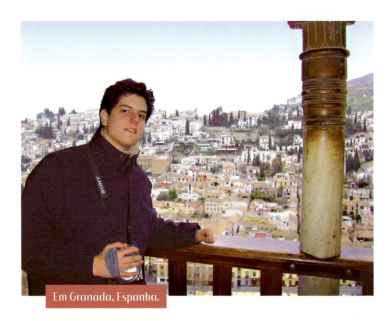

Em Granada, Espanha.

Em Alta Verna, Itália.

Memória fotográfica

Em Santarém, Portugal.

O SEGREDO DO MEU FILHO – Por que Carlo Acutis é considerado santo

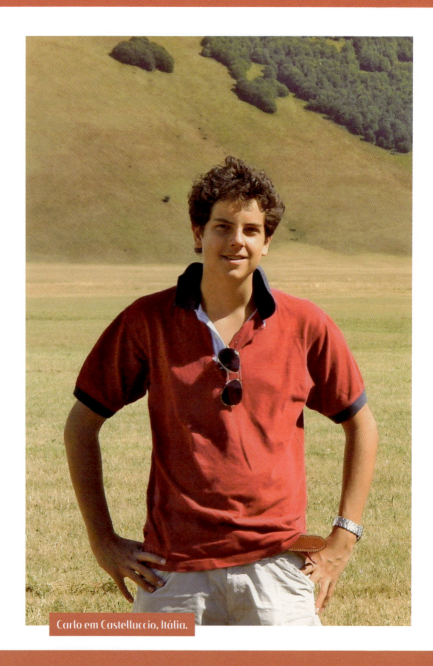

Carlo em Castelluccio, Itália.

Memória fotográfica

Em Lisboa, junto do Mosteiro dos Jerônimos.